CÓMO ENTENDER A CRISTO Y AL ESPÍRITU

CÓMO ENTENDER A CRISTO Y AL ESPÍRITU

UNA DE LAS SIETE PARTES DE LA *TEOLOGÍA SISTEMÁTICA* DE GRUDEM

WAYNE GRUDEM

La misión de Editorial Vida es ser la compañía líder en satisfacer las necesidades de las personas con recursos cuyo contenido glorifique al Señor Jesucristo y promueva principios bíblicos.

CÓMO ENTENDER A CRISTO Y AL ESPÍRITU
Edición en español publicada por
Editorial Vida — 2012
Miami, Florida

Publicado previamente en el libro *Teología Sistemática*

© 2007, 2012 por Wayne Grudem

Originally published in the USA under the title:
Systematic Theology: an Introduction to Biblical Doctrine
Copyright © 1994 by Wayne Grudem
Published by permission of Zondervan, Grand Rapids, Michigan 49530 and Inter-Varsity Press, Gran Bretaña

Diseño interior: *Rojas & Rojas Editores, Inc*
Adaptación de cubierta: *Gus Camacho*
Diseño de cubierta: *Rob Monacelli*

RESERVADOS TODOS LOS DERECHOS. A MENOS QUE SE INDIQUE LO CONTRARIO, EL TEXTO BÍBLICO SE TOMÓ DE LA SANTA BIBLIA NUEVA VERSIÓN INTERNACIONAL. © 1999 POR BÍBLICA INTERNACIONAL.

Esta publicación no podrá ser reproducida, grabada o transmitida de manera completa o parcial, en ningún formato o a través de ninguna forma electrónica, fotocopia u otro medio, excepto como citas breves, sin el consentimiento previo del publicador.

ISBN: 978-0-8297-6052-1

CATEGORÍA: *Teología cristiana / General*

IMPRESO EN ESTADOS UNIDOS DE AMÉRICA
PRINTED IN THE UNITED STATES OF AMERICA

12 13 14 15 ❖ 6 5 4 3 2 1

CONTENIDO

PREFACIO ... 7

ABREVIATURAS ... 11

Capítulo 1 • Introducción a la teología sistemática ... 13

Capítulo 2 • La persona de Cristo ... 34

Capítulo 3 • La expiación ... 73

Capítulo 4 • Resurrección y ascensión ... 113

Capítulo 5 • Los oficios de Cristo ... 128

Capítulo 6 • La obra del Espíritu Santo ... 137

PREFACIO

No he escrito este libro para otros profesores de teología (aunque espero que muchos de ellos lo lean). Lo he escrito para estudiantes; y no solo para estudiantes, sino también para todo creyente que tenga hambre de saber las doctrinas centrales de la Biblia con mayor profundidad.

He tratado de hacerlo comprensible incluso para creyentes que nunca antes han estudiado teología. He evitado usar términos técnicos sin primero explicarlos. La mayoría de los capítulos se pueden leer de manera independiente, de modo que cualquiera puede empezar en cualquier capítulo y comprenderlo sin tener que leer el material previo.

Los estudios introductorios no tienen que ser superficiales ni simplistas. Estoy convencido de que la mayoría de los creyentes pueden comprender las enseñanzas doctrinales de la Biblia con profundidad, siempre y cuando se las presenten en forma clara y sin usar lenguaje altamente técnico. Por consiguiente, no he vacilado en hablar con algún detalle de disputas teológicas en donde me ha parecido necesario.

Sin embargo, este libro es con todo una *introducción* a la teología sistemática. Se han escrito libros enteros sobre los temas que se cubren en cada capítulo de este libro, y se han escrito artículos enteros sobre muchos de los versículos que se citan en este libro. Por consiguiente, cada capítulo puede abrirse con el fin de obtener un estudio adicional con mayor amplitud y mayor profundidad para los que se interesan. Las bibliografías al final de cada capítulo darán alguna ayuda en esa dirección, para los que entienden inglés.

Los siguientes seis rasgos distintivos de este libro brotan de mis convicciones en cuanto a lo que es la teología sistemática y cómo se debe enseñar:

1. Una base bíblica clara para las doctrinas. Debido a que estoy convencido que la teología debe basarse explícitamente en las enseñanzas de la Biblia, en cada capítulo he intentado señalar cuando la Biblia respalda las doctrinas que se están considerando. Es más, debido a que creo que las palabras de las Escrituras en sí mismas tienen mayor peso y autoridad que cualquier palabra humana, no menciono simplemente referencias bíblicas; frecuentemente he *citado* pasajes bíblicos extensos para que los lectores puedan examinar fácilmente por sí mismos la evidencia bíblica y de esa manera ser como los nobles bereanos, quienes «con toda avidez y todos los días examinaban las Escrituras para ver si era verdad lo que se les anunciaba» (Hch 17:11). Esta convicción en cuanto a la naturaleza singular de la Biblia como palabra de Dios también ha llevado a la inclusión de pasajes bíblicos para memorizar al final de cada capítulo.

2. Claridad en la explicación de las doctrinas. No creo que Dios quiso que el estudio de la teología resultara en confusión y frustración. El estudiante que sale de un curso de teología lleno solo con incertidumbre doctrinal y mil preguntas sin contestación pienso que difícilmente «pueda exhortar a otros con la sana doctrina y refutar a los que se opongan» (Tit 1:9). Por consiguiente he tratado de indicar la posición doctrinal de este libro claramente y mostrar en qué lugar de la Biblia hallo evidencia convincente para estas posiciones. No espero que todo el que lea este libro concuerde conmigo en todo punto de doctrina; pero sí pienso que todo lector entenderá las posiciones que propongo y en qué lugar de la Biblia se puede hallar respaldo para esas posiciones.

Esto no quiere decir que paso por alto otros puntos de vista. En donde hay diferencias doctrinales dentro del cristianismo evangélico he tratado de presentar con justicia otras posiciones, explicar por qué discrepo de ellas, y dar referencias de las mejores defensas disponibles para las posiciones opuestas (Si no he logrado presentar acertadamente un punto de vista opuesto apreciaría una carta de cualquiera que sostenga ese punto de vista, e intentaré hacer correcciones si se publica una edición subsecuente de este libro).

3. Aplicación a la vida. No creo que Dios quiso que el estudio de teología fuera tedioso y aburrido. ¡La teología es el estudio de Dios y todas sus obras! ¡La teología tiene el propósito de que uno la *viva* y la *eleve en oración* y la *cante!* Todos los grandes escritos doctrinales de la Biblia (como la epístola de Pablo a los Romanos) están llenos de alabanzas a Dios y aplicación personal a la vida. Por esta razón he incorporado notas de aplicación de tiempo en tiempo en el texto, y añadido «Preguntas para aplicación personal» al final de cada capítulo, todo relacionado con el tema de ese capítulo. La verdadera teología es «doctrina que es conforme a la piedad» (1 Ti 6:3, RVR 1960), y la teología, cuando se estudia apropiadamente, conducirá a crecimiento en nuestras vidas cristianas y a la adoración.

4. Enfoque en el mundo evangélico. No pienso que un verdadero sistema de teología se pueda construir desde lo que podríamos llamar la tradición teológica «liberal», es decir, de personas que niegan la absoluta veracidad de la Biblia, o que piensan que las palabras de la Biblia no son exactamente palabras de Dios. Por esta razón, los otros escritores con quienes dialogo en este libro están en su mayoría dentro de lo que hoy se llama la tradición «evangélica conservadora» más amplia; desde los grandes reformadores Juan Calvino y Martín Lutero, hasta los escritos de los eruditos evangélicos de hoy. Escribo como evangélico y para evangélicos. Esto no quiere decir que los que siguen la tradición liberal no tengan nada valioso que decir; sino que las diferencias con ellos casi siempre se reducen a diferencias en cuanto a la naturaleza de la Biblia y su autoridad. La cantidad de acuerdo doctrinal que se puede lograr con personas que tienen bases ampliamente divergentes de autoridad es muy limitada. Claro, los profesores pueden siempre asignar lecturas adicionales de teólogos liberales de interés actual, y estoy agradecido por mis amigos evangélicos que escriben críticas extensas de la teología liberal. Pero no pienso que todos están llamados a hacer eso, ni que un análisis extenso de nociones liberales sea la manera más útil de edificar un sistema positivo de teología basado en la total veracidad de toda la Biblia. De hecho, de alguna manera como el niño del cuento de Hans Christian Andersen que gritaba:

«¡El emperador no lleva ropa!», pienso que alguien necesita decir que es dudoso que los teólogos liberales nos hayan dado alguna noción significativa de las enseñanzas doctrinales de la Biblia que no se halle ya en los escritores evangélicos.

No siempre se aprecia que el mundo de la erudición evangélica conservadora es tan rico y diverso que permite una amplia oportunidad para la exploración de diferentes puntos de vista y nociones de la Biblia. Pienso que a la larga logramos mucho más profundidad de comprensión de la Biblia cuando podemos estudiarla en compañía de un gran número de eruditos que parten de la convicción de que esta es completamente veraz y absolutamente autoritativa.

5. Esperanza de progreso en la unidad doctrinal en la iglesia. Creo que todavía hay mucha esperanza de que la iglesia logre una comprensión doctrinal más honda y más pura, y que supere viejas barreras, incluso las que han persistido por siglos. Jesús está obrando en perfeccionar su iglesia «para presentársela a sí mismo como una iglesia radiante, sin mancha ni arruga ni ninguna otra imperfección, sino santa e intachable » (Ef 5:27), y ha dado dones para equipar a la iglesia, y «de este modo, todos llegaremos a la unidad de la fe y del conocimiento del Hijo de Dios» (Ef 4:13). Aunque la historia pasada de la iglesia puede desalentarnos, estos pasajes bíblicos siguen siendo ciertos, y no debemos abandonar la esperanza de un acuerdo mayor. Es más, en este siglo ya hemos visto una comprensión mucho mayor y algún acuerdo doctrinal mayor entre los teólogos del pacto y dispensacionalistas, y entre carismáticos y no carismáticos; todavía más, pienso que la comprensión de la iglesia respecto a la inerrancia bíblica y los dones del Espíritu también ha aumentado significativamente en las últimas décadas. Creo que el debate presente sobre los apropiados papeles del hombre y la mujer en el matrimonio y en la iglesia a la larga resultará igualmente en una comprensión mucho mayor de la enseñanza bíblica, por dolorosa que la controversia pueda ser al presente. Por consiguiente, en este libro no he vacilado en levantar de nuevo algunas de las viejas diferencias, en relación con determinados temas con la esperanza de que, por lo menos en algunos casos, un vistazo fresco a la Biblia pueda provocar un nuevo examen de estas doctrinas y tal vez pueda impulsar algún movimiento no solo hacia una mayor comprensión y tolerancia de otros puntos de vista, sino incluso a un consenso doctrinal mucho mayor en la iglesia.

6. Un sentido de la urgente necesidad de una mayor comprensión doctrinal en toda la iglesia. Estoy convencido de que hay una necesidad urgente en la iglesia cristiana hoy de una mayor comprensión de la doctrina cristiana, o teología sistemática. No solo los pastores y maestros necesitan entender la teología con mayor profundidad, sino que *la iglesia entera* lo necesita también. Un día, por la gracia de Dios, quizá podamos tener iglesias llenas de creyentes que pueden debatir, aplicar, y *vivir* las enseñanzas doctrinales de la Biblia con tanta facilidad como hablan de los detalles de sus trabajos o pasatiempos o la suerte de su equipo favorito de deportes o programa de televisión. No es que los creyentes carezcan de *capacidad* para entender la doctrina; es simplemente que deben tener acceso a ella en una forma comprensible. Una vez que eso tenga lugar, pienso que muchos creyentes hallarán que comprender (y vivir) las doctrinas de la Biblia es una de sus mayores alegrías.

Den gracias al Señor, porque él es bueno; su gran amor perdura para siempre. (Sal 118:29)

La gloria, Señor, no es para nosotros; no es para nosotros sino para tu nombre. (Sal 115:1)

Wayne Grudem
Trinity Evangelical Divinity School
2065 Half Day Road
Deerfield, Illinois 60015

ABREVIATURAS

BAGD	*A Greek-English Lexicon of the New Testament and Other Early Christian Literature.* Ed. Walter Bauer. Rev. y trans. Wm. Arndt, F. W. Gingrich, y F. Danker. University of Chicago Press, Chicago, 1979.
BDB	*A Hebrew and English Lexicon of the Old Testament,* F. Grown, S. R. Driver, and C. Briggs. Clarendon Press, Oxford, 1907; reimpreso, con correcciones, 1968.
BETS	*Bulletin of the Evangelical Theological Theology*
BibSac	*Bibliotheca Sacra*
cf.	compare
CRSQ	*Creation Research Society Quarterly*
CT	*Christianity Today*
CThRev	*Criswell Theological Review*
EBC	*Expositor's Bible Commentary,* Frank E. Gaebelein, ed. Zondervan, Grand Rapids, 1976.
ed.	editor, edición
EDT	*Evangelical Dictionary of Theology.* Walter Elwell, ed. Baker, Grand Rapids, 1984.
et al.	y otros
IBD	*The Illustrated Bible Dictionary.* Ed. J. D. Douglas, et al. 3 tomos. Intervarsity Press, Leicester, y Tyndale House, 1980.
ISBE	*International Standard Bible Encyclopedia.* Edición revisada. G. W. Bromiley, ed. Eerdmans, Grand Rapids, 1982.
JAMA	*Journal of the American Medical Association.*
JBL	Journal of Biblica Literature
JETS	*Journal of the Evangelical Theological Society*
JSOT	*Journal for the Study of the Old Testament*
KJV	Versión King James (Versión inglesa autorizada)
LSJ	*A Greek-English Lexico,* novena edición. Henry Liddell, Robert Scott, H. S. Jones, R. McKenzie. Clarendon Press, Oxford, 1940
LBLA	La Biblia de las Américas
LXX	Septuaginta
n.	nota
n.f.	no dice la fecha de publicación
n.l.	no dice el lugar de publicación
NASB	New American Standard Bible

NDT		*New Dictionary of Theology*. S. B. Ferguson, D. F. Wright, J. I. Packer, editores. Intervarsity Press, Downers Grove, Ill., 1988.
NIDCC		*New International Dictionary of the Christian Church*. Ed. J. D. Douglas et al. Zondervan, Grand Rapids, 1974.
NIDCC		*New International Dictionary of New Testament Theology*. 3 tomos. Colin Brown, gen. ed. Zondervan, Grand Rapids, 1975-78
NIGTC		*New International Greek Testament Commentaries*
NIV		New International Version
NVI		Nueva Versión Internacional
NTS		*New Testament Studies*
ODCC		*Oxford Dictionary of the Christian Church*. Ed. F. L. Cross. Oxford University Press, Londres y Nueva York, 1977.
rev.		revisada
RVR 1960		Versión Reina Valera, revisión de 1960
TB		*Tyndale Bulletin*
TDNT		*Theological Dictionary of the New Testament*, 10 tomos. G. Kittel y G. Friedrich, editores; trad. G. W. Bromiley. Eerdmans, Grand Rapids, 1964-76.
TNTC		Tyndale New Testament Commentaries
TOTC		Tyndale Old Testament Commentaries
trad.		traducido por
VP		Versión Popular (*Dios Habla Hoy*)
WBC		Word Biblical Commentary
WTJ		Westminster Theological Journal

Capítulo 1

INTRODUCCIÓN A LA TEOLOGÍA SISTEMÁTICA

¿Qué es teología sistemática?
¿Por qué los creyentes deben estudiarla?
¿Cómo debemos estudiarla?

EXPLICACIÓN Y BASE BÍBLICA

A. Definición de teología sistemática

¿Qué es teología sistemática? Se han dado muchas definiciones diferentes, pero para los propósitos de este libro se usará la siguiente definición: *Teología sistemática es cualquier estudio que responde a la pregunta «¿Qué nos enseña toda la Biblia hoy?» respecto a algún tema dado*[1].

Esta definición indica que la teología sistemática incluye la recolección y comprensión de todos los pasajes relevantes de la Biblia sobre varios temas y luego un resumen claro de sus enseñanzas de modo que sepamos qué creer en cuanto a cada tema.

1. Relación con otras disciplinas. El énfasis de este libro no estará, por consiguiente, en la *teología histórica* (el estudio histórico de cómo los cristianos en diferentes períodos han entendido los varios temas teológicos) ni en la *teología filosófica* (el estudio de temas teológicos principalmente sin el uso de la Biblia, sino usando las herramientas y métodos del razonamiento filosófico y lo que se puede saber en cuanto a Dios al observar el universo) ni *apologética* (la provisión de una defensa de la veracidad de la fe cristiana con el propósito de convencer a los que no creen). Estos tres asuntos, aunque son temas dignos de que

---

[1] Esta definición de teología sistemática la tomo del profesor John Frame, ahora en el Westminster Seminary de Escondido, California, bajo quien tuve el privilegio de estudiar de 1971 a 1973 (en el Seminario Westminster, Filadelfia). Aunque es imposible reconocer mi deuda a él en todo punto, es apropiado expresar mi gratitud a él en este punto, y decir que probablemente ha influido en mi pensamiento teológico más que cualquier otra persona, especialmente en los asuntos cruciales de la naturaleza de la teología sistemática y la doctrina de la palabra de Dios. Muchos de sus ex alumnos reconocerán ecos de sus enseñanzas en las páginas que siguen, especialmente en esos dos asuntos.

los creyentes los estudien, a veces se incluyen en una definición más amplia del término *teología sistemática*. De hecho, algo de consideración de asuntos históricos, filosóficos y apologéticos se halla en algunos puntos en todo este libro. Esto se debe a que el estudio histórico nos informa de los conceptos adquiridos y las equivocaciones previamente cometidas por otros al entender la Biblia; el estudio filosófico nos ayuda a entender el bien y el mal mediante formas comunes en nuestra cultura y otras; y el estudio de la apologética nos ayuda a llegar al punto en que las enseñanzas de la Biblia afectan las objeciones que levantan los que no creen. Pero esos aspectos de estudio no son el enfoque de esta obra, que más bien interactúa directamente con el texto bíblico a fin de entender lo que la Biblia misma nos dice respecto a varios temas teológicos.

Si alguien prefiere usar el término *teología sistemática* en el sentido más amplio que acabo de mencionar en lugar del sentido estrecho que se ha definido arriba, no habrá mucha diferencia[2]. Los que usan una definición más estrecha concordarán en que estos otros aspectos de estudio definitivamente contribuyen de una manera positiva a nuestra comprensión de la teología sistemática, y los que usan una definición más amplia por cierto concordarán en que la teología histórica, la teología filosófica y la apologética se pueden distinguir del proceso de recoger y sintetizar todos los pasajes relevantes de la Biblia sobre varios temas. Además, aunque los estudios históricos y filosóficos en efecto contribuyen a nuestra comprensión de las cuestiones teológicas, solo la Biblia tiene la autoridad final para definir qué debemos creer[3], y es, por consiguiente, apropiado dedicar algún tiempo a enfocar el proceso de analizar la enseñanza de la Biblia misma.

La teología sistemática, según la hemos definido, también difiere de la teología del Antiguo Testamento, la teología del Nuevo Testamento y la teología bíblica. Estas tres disciplinas organizan sus temas históricamente y en el orden en que los temas están presentados en la Biblia. Por consiguiente, en la teología del Antiguo Testamento uno pudiera preguntar: «¿Qué enseña Deuteronomio sobre la oración?» o «¿Qué enseña Salmos en cuanto a la oración?» o «¿Qué enseña Isaías en cuanto a la oración?» o incluso, «¿Qué enseña todo el Antiguo Testamento en cuanto a la oración, y cómo se desarrolla esa enseñanza en la historia del Antiguo Testamento?». En la teología del Nuevo Testamento uno pudiera preguntar: «¿Qué enseña el Evangelio de Juan sobre la oración?» o «¿Qué enseña Pablo en cuanto a la oración?» o incluso «¿Qué enseña el Nuevo Testamento en cuanto a la oración y cuál es el desarrollo histórico de esa enseñanza conforme progresa a través del Nuevo Testamento?».

«Teología bíblica» tiene un significado técnico en los estudios teológicos. Es la categoría más amplia que contiene la teología del Antiguo Testamento y la teología del Nuevo Testamento, según las hemos definido arriba. La teología bíblica da atención especial a las enseñanzas de *autores individuales y secciones* de la Biblia, y el lugar de cada enseñanza en el *desarrollo histórico* de la Biblia[4]. Así que uno pudiera preguntar: «¿Cuál es

---

[2] Gordon Lewis y Bruce Demarest han acuñado una nueva frase: «teología integradora», para referirse a la teología sistemática en ese más amplio sentido; véase su excelente obra en tres volúmenes, *Integrative Theology* (Zondervan, Grand Rapids, 1987-94). En cada doctrina ellos analizan alternativas históricas y pasajes bíblicos pertinentes, dan un sumario coherente de la doctrina, responden a objeciones filosóficas y dan aplicación práctica.

[3] Charles Hodge dice: «The Scriptures contain all the Facts of Theology [Las Escrituras contienen todos los datos de la teología]» (subtítulo de sección en *Systematic Theology*, 1:15). Arguye que las ideas que se adquieren por intuición, observación o experiencia son válidas en teología solo si cuentan con respaldo de la enseñanza de la Biblia.

[4] El término «teología bíblica» puede parecer natural y apropiado para el proceso que he llamado «teología sistemática». Sin embargo, su uso en

el desarrollo histórico de la enseñanza en cuanto a la oración según se ve a través de la historia del Antiguo Testamento y después del Nuevo Testamento?». Por supuesto, esa pregunta es muy parecida a esta: «¿Qué nos enseña la Biblia hoy en cuanto a la oración?» (Lo que sería *teología sistemática* según nuestra definición). Se hace entonces evidente que las líneas limítrofes entre estas varias disciplinas a menudo se superponen en los bordes, y partes de un estudio se combinan con el siguiente. Sin embargo hay con todo una diferencia, porque la teología bíblica rastrea el desarrollo histórico de una doctrina y la manera en que el lugar de uno en algún punto en ese desarrollo histórico afecta la comprensión y aplicación de uno en cuanto a esa doctrina en particular. La teología bíblica también enfoca la comprensión de cada doctrina que los autores bíblicos y sus oyentes o lectores originales tenían.

La teología sistemática, por otro lado, hace uso del material de la teología bíblica y a menudo edifica sobre los resultados de la teología bíblica. En algunos puntos, especialmente en donde se necesita gran cuidado y detalles en el desarrollo de una doctrina, la teología sistemática usará incluso un método teológico bíblico, analizando el desarrollo de cada doctrina mediante el desarrollo histórico de la Biblia. Pero el enfoque de la teología sistemática sigue siendo diferente: su enfoque es la recolección y luego un sumario de la enseñanza de todos los pasajes bíblicos, un pasaje sobre un tema en particular. La teología sistemática pregunta, por ejemplo: «¿Qué nos enseña hoy la Biblia entera en cuanto a la oración?». Procura resumir las enseñanzas de la Biblia en una declaración breve, comprensible y cuidadosamente formulada.

2. Aplicación a la vida. Además, la teología sistemática se concentra en hacer un resumen de cada doctrina como deberían entenderla los creyentes del día presente. Esto a veces incluirá el uso de términos e incluso conceptos que en sí mismos no fueron usados por ningún autor bíblico individual, pero que son el resultado apropiado de combinar las enseñanzas de dos o más autores bíblicos sobre un tema en particular. Los términos *Trinidad, encarnación* y *deidad de Cristo* por ejemplo, no se hallan en la Biblia, pero constituyen un resumen útil de conceptos bíblicos.

Definir la teología sistemática para incluir «lo que toda la Biblia *nos enseña* hoy» implica que la aplicación a la vida es una parte necesaria del correcto empeño de la teología sistemática. Por tanto, una doctrina bajo consideración se ve en términos de su valor práctico para vivir la vida cristiana. En ninguna parte de la Biblia hallamos doctrinas que se estudian por estudiarlas o aisladas de la vida. Los escritores bíblicos siempre aplicaban a la vida sus enseñanzas. Por consiguiente, cualquier cristiano que lee este libro debe hallar su vida cristiana enriquecida y profundizada durante este estudio; ciertamente, si el crecimiento espiritual personal no ocurre, el autor no ha escrito apropiadamente este libro, o el lector no lo ha estudiado correctamente.

3. Teología sistemática y teología desorganizada. Si usamos esta definición de teología sistemática, se verá que la mayoría de los creyentes en realidad hacen teología sistemática

---

estudios teológicos para referirse al rastreo de desarrollos históricos de doctrinas a través de la Biblia está demasiado bien establecido, así que empezar a usar ahora el término *teología bíblica* para referirse a lo que yo he llamado *teología sistemática* resultaría en confusión.

(o por lo menos declaraciones teológicas sistemáticas) muchas veces por semana. Por ejemplo: «La Biblia dice que todo el que cree en Cristo será salvo». «La Biblia dice que Jesucristo es el único camino a Dios». «La Biblia dice que Jesús viene otra vez». Todos estos son resúmenes de lo que la Biblia dice y, como tales, son afirmaciones teológicas sistemáticas. Es más, cada vez que el creyente dice algo en cuanto a lo que dice toda la Biblia, en un sentido está haciendo teología sistemática, conforme a nuestra definición, al pensar en varios temas y responder a la pregunta: «¿Qué nos enseña toda la Biblia hoy?»[5].

¿Cómo difiere entonces este libro de la «teología sistemática» que la mayoría de los cristianos hacen? Primero, trata los temas bíblicos *de una manera cuidadosamente organizada* para garantizar que todos los temas importantes reciben consideración cabal. Tal organización también provee cierta verificación contra un análisis inexacto de temas individuales, porque quiere decir que todas las otras doctrinas que se tratan pueden ser comparadas con cada tema por uniformidad en metodología y ausencia de contradicciones en las relaciones entre las doctrinas. Esto también ayuda a asegurar una consideración balanceada de doctrinas complementarias: la deidad de Cristo y su humanidad se estudian juntas, por ejemplo, así como también la soberanía de Dios y la responsabilidad del hombre, de modo que no se deriven conclusiones erradas de un énfasis desequilibrado en solo un aspecto de la presentación bíblica completa.

De hecho, el adjetivo *sistemática* en teología sistemática se debe entender como «organizada cuidadosamente por temas», en el sentido de que se verá que los temas estudiados encajan siempre, e incluyen todos los principales temas doctrinales de la Biblia. Así que «sistemática» se debe tener como lo opuesto de «arreglada al azar» o «desorganizada». En la teología sistemática los temas se tratan de una manera ordenada o «sistemática».

Una segunda diferencia entre este libro y la manera en que la mayoría de los cristianos hacen teología sistemática es que trata los temas *con mucho mayor detalle* que lo que lo hacen la mayoría de los creyentes. Por ejemplo, el creyente promedio como resultado de la lectura regular de la Biblia puede hacer la siguiente afirmación teológica: «La Biblia dice que todo el que cree en Jesucristo será salvo». Ese es un sumario perfectamente cierto de una doctrina bíblica principal. Sin embargo, se pudiera dedicar varias páginas para elaborar más precisamente lo que quiere decir «creer en Jesucristo», y se pudieran dedicar varios capítulos a explicar lo que quiere decir «ser salvo» en todas las muchas implicaciones de esa expresión.

Tercero, un estudio formal de la teología sistemática hará posible formular sumarios de las enseñanzas bíblicas con *mucha mayor exactitud* que la alcanzada por los creyentes que no han realizado este estudio. En la teología sistemática, los sumarios de enseñanzas bíblicas se deben redactar precisamente para evitar malos entendidos y excluir enseñanzas falsas.

Cuarto, un buen análisis teológico debe hallar y tratar equitativamente *todos los pasajes bíblicos pertinentes* a cada tema en particular, y no solo algunos o unos pocos de los

---

[5] Robert L. Reymond, «The Justification of Theology with a Special Application to Contemporary Christology», en Nigel M. Cameron, ed., *The Challenge of Evangelical Theology: Essays in Approach and Method* (Rutherford House, Edimburgo, 1987), pp. 82-104 cita varios ejemplos del Nuevo Testamento de esta clase de búsqueda por toda la Biblia para demostrar conclusiones doctrinales: Jesús en Lc 24:25-27 (y en otros lugares); Apolos en Hch 18:28; el concilio de Jerusalén en Hch 15; y Pablo en Hch 17:2-3; 20:27; y todo Romanos. A esta lista se pudiera añadir Heb 1 (sobre la condición de Hijo divino que tiene Cristo, Heb 11 (sobre la naturaleza de la verdadera fe), y muchos otros pasajes de las Epístolas.

pasajes pertinentes. Esto a menudo quiere decir que debemos depender de los resultados de una cuidadosa exégesis (o interpretación) de la Biblia con la que concuerdan en general los intérpretes evangélicos o, en donde haya diferencias significativas de interpretación, la teología sistemática incluirá exégesis detalladas en ciertos puntos.

Debido al crecido número de temas que se abordan en un estudio de teología sistemática, y debido al gran detalle con que se analizan esos temas, es inevitable que alguien que estudie un texto de teología sistemática o esté tomando un curso de teología sistemática por primera vez vea muchas de sus creencias cuestionadas o modificadas, refinadas o enriquecidas. Es de extrema importancia, por consiguiente, que toda persona que empieza tal curso resuelva firmemente en su mente abandonar como falsa cualquier idea que se halle que la enseñanza de la Biblia claramente contradice. Pero también es muy importante que toda persona resuelva no creer ninguna doctrina individual solo porque este libro de texto o algún otro libro de texto o maestro dice que es verdad, a menos que este libro o el instructor de un curso pueda convencer al estudiante partiendo del texto de la Biblia misma. Es solo la Biblia, y no «la tradición evangélica conservadora» ni ninguna otra autoridad humana, la que debe funcionar como autoridad normativa para la definición de lo que debemos creer.

4. ¿Cuáles son doctrinas? En este libro la palabra *doctrina* se entenderá de la siguiente manera: *Una doctrina es lo que la Biblia entera nos enseña hoy en cuanto a un tema en particular.* Esta definición se relaciona directamente con nuestra definición anterior de teología sistemática, puesto que muestra que una «doctrina» es simplemente el resultado del proceso de hacer teología sistemática con respecto a un tema en particular. Entendidas de esta manera, las doctrinas pueden ser muy amplias o muy reducidas. Podemos hablar de «la doctrina de Dios» como una categoría doctrinal principal, incluyendo un sumario de todo lo que la Biblia nos enseña hoy en cuanto a Dios. Tal doctrina sería excepcionalmente grande. Por otro lado, podemos hablar más limitadamente de la doctrina de la eternidad de Dios, o de la doctrina de la Trinidad, o de la doctrina de la justicia de Dios[6].

Dentro de cada una de estas categorías doctrinales principales se han seleccionado muchas más enseñanzas específicas como apropiadas para incluirlas. Generalmente estas tienen por lo menos uno de los siguientes tres criterios: (1) son doctrinas que se enfatizan bastante en la Biblia; (2) son doctrinas que han sido las más significativas en toda la historia de la iglesia y han sido importantes para todos los cristianos de todos los tiempos; (3) son doctrinas que han llegado a ser importantes para los creyentes en la situación presente de la historia del cristianismo (aunque algunas de estas doctrinas tal vez no hayan sido de tan gran interés anteriormente en la historia de la iglesia). Algunos ejemplos de doctrinas en la tercera categoría son la doctrina de la inerrancia de la Biblia, la doctrina del bautismo en el Espíritu Santo, la doctrina de Satanás y los demonios con referencia particular a la guerra espiritual, la doctrina de los dones espirituales en la edad del Nuevo Testamento, y la doctrina de la creación del hombre como hombre y mujer en relación a la comprensión de las funciones apropiadas de hombres y mujeres hoy.

---

[6] La palabra *dogma* es un sinónimo aproximado para *doctrina*, pero no la he usado en este libro. *Dogma* es un término que usan más a menudo los teólogos católicos romanos y luteranos, y el término frecuentemente se refiere a doctrinas que tienen el endoso oficial de la iglesia. *Teología dogmática* es lo mismo que *teología sistemática*.

Finalmente, ¿cuál es la diferencia entre teología sistemática y *ética cristiana*? Aunque hay inevitablemente algún traslapo inevitable entre el estudio de la teología y el estudio de la ética, he tratado de mantener una distinción en énfasis. El énfasis de la teología sistemática recae en lo que Dios quiere que *creamos* y *sepamos*, en tanto que el énfasis de la ética cristiana es lo que Dios quiere que *hagamos* y cuáles *actitudes* quiere que tengamos. Tal distinción se refleja en la siguiente definición: *La ética cristiana es cualquier estudio que responde a la pregunta: «¿Qué nos exige Dios que hagamos y qué actitudes exige él que tengamos hoy?» con respecto a alguna situación dada*. La teología, pues, se enfoca en ideas en tanto que la ética enfoca las circunstancias de la vida. La teología nos dice cómo debemos pensar en tanto que la ética nos dice cómo debemos vivir. Un texto de ética, por ejemplo, considerará temas tales como el matrimonio y el divorcio, mentir y decir la verdad, robar y tener algo en propiedad, el aborto, control de nacimiento, homosexualidad, la función del gobierno civil, disciplina de los hijos, pena capital, guerra, cuidado de los pobres, discriminación racial, y temas por el estilo. Por supuesto que habrá alguna superposición: la teología debe aplicarse a la vida (por consiguiente a menudo es ética hasta cierto punto); y la ética se debe basar en ideas apropiadas de Dios y su mundo (por consiguiente es teológica hasta cierto punto).

Este libro hace énfasis en la teología sistemática, aunque no vacilará en aplicar la teología a la vida en donde tal aplicación vaya bien. Con todo, para un tratamiento exhaustivo de la ética cristiana, sería necesario otro texto similar a este en alcance.

B. Presuposiciones iniciales de este libro

Empezamos con dos presuposiciones o cosas que damos por sentado: (1) que la Biblia es verdad y que es, en efecto, nuestra sola norma absoluta de verdad; (2) que el Dios de que habla la Biblia existe, y que es quien la Biblia dice que es: el Creador del cielo y la tierra y todo lo que hay en ellos. Estas dos presuposiciones, por supuesto, siempre están abiertas para ajuste, modificación o confirmación más honda posteriormente, pero en este punto estas dos presuposiciones forman el punto desde el cual empezamos.

C. ¿Por qué deben los cristianos estudiar teología?

¿Por qué deben los cristianos estudiar teología sistemática? Es decir, ¿por qué debemos empeñarnos en el proceso de recoger y hacer un sumario de las enseñanzas de muchos pasajes individuales de la Biblia sobre temas en particular? ¿Por qué no es suficiente seguir leyendo la Biblia en forma regular todos los días de nuestras vidas?

1. La razón básica. Se han dado muchas respuestas a esta pregunta, pero demasiado a menudo se deja la impresión de que la teología sistemática de alguna manera puede «mejorar» lo que dice la Biblia al hacer un mejor trabajo en organizar sus enseñanzas y explicarlas más claramente de lo que la misma Biblia las explica. Así podemos empezar negando implícitamente la claridad de la Biblia.

Sin embargo, Jesús ordenó a sus discípulos y nos ordena ahora *enseñar* a los creyentes a que observen todo lo que él ordenó:

> Por tanto, vayan y hagan discípulos de todas las naciones, bautizándolos en el nombre del Padre y del Hijo y del Espíritu Santo, *enseñándoles* a obedecer todo

CAPÍTULO 1 · INTRODUCCIÓN A LA TEOLOGÍA SISTEMÁTICA

lo que les he mandado a ustedes. Y les aseguro que estaré con ustedes siempre, hasta el fin del mundo (Mt 28:19-20).

Enseñar todo lo que Jesús ordenó, en un sentido limitado, es enseñar el contenido de la enseñanza oral de Jesús según se registra en las narrativas de los Evangelios. Sin embargo, en un sentido más amplio, «todo lo que Jesús ordenó» incluye la interpretación y aplicación de su vida y enseñanzas, porque el libro de Hechos contiene una narración de lo que Jesús *continuó* haciendo y enseñando por medio de los apóstoles después de su resurrección (nótese que 1:1 habla de «todo lo que Jesús *comenzó* a hacer y enseñar»). «Todo lo que Jesús ordenó» también puede incluir las Epístolas, puesto que fueron escritas bajo la supervisión del Espíritu Santo y también se consideraron como un «mandamiento del Señor» (1 Co 14:37; véase también Jn 14:26; 16:13; 1 Ts 4:15; 2 P 3:2; y Ap 1:1-3). Así que en un sentido más amplio, «todo lo que Jesús ordenó» incluye todo el Nuevo Testamento.

Todavía más, cuando consideramos que los escritos del Nuevo Testamento endosaron la confianza absoluta que Jesús tenía en la autoridad y confiabilidad de las Escrituras del Antiguo Testamento como palabras de Dios, y cuando nos damos cuenta de que las Epístolas del Nuevo Testamento también endosaron esta perspectiva del Antiguo Testamento como palabras absolutamente autoritativas de Dios, se hace evidente que no podemos enseñar «todo lo que Jesús ordenó» sin incluir por igual todo el Antiguo Testamento (entendido apropiadamente en las varias maneras en que se aplica a la edad del nuevo pacto en la historia de la redención).

La tarea de cumplir la gran comisión incluye, por lo tanto, no solo evangelización sino también *enseñanza,* y la tarea de enseñar todo lo que Jesús nos ordenó es, en un sentido amplio, la tarea de enseñar lo que la Biblia entera nos dice hoy. Para enseñarnos a nosotros mismos efectivamente, y enseñar a otros lo que la Biblia entera dice, es necesario *recoger* y *resumir* todos los pasajes bíblicos sobre un tema en particular.

Por ejemplo, si alguien me pregunta: «¿Qué enseña la Biblia en cuanto al retorno de Cristo?», yo podría decir: «Siga leyendo la Biblia y lo hallará». Pero si el que pregunta empieza a leer en Génesis 1:1, pasará largo tiempo antes de que halle la respuesta a su pregunta. Para entonces habrá muchas otras preguntas que necesitan respuesta, y su lista de preguntas sin respuestas empezará a verse muy larga en verdad. ¿Qué enseña la Biblia en cuanto a la obra del Espíritu Santo? ¿Qué enseña la Biblia en cuanto a la oración? ¿Qué enseña la Biblia en cuanto al pecado? No hay tiempo en toda nuestra vida para leer la Biblia entera buscando una respuesta por nosotros mismos cada vez que surge un asunto doctrinal. Por consiguiente, para que aprendamos lo que la Biblia dice es muy útil tener el beneficio del trabajo de otros que han investigado todas las Escrituras y han hallado respuestas a estos varios temas.

Podemos enseñar más efectivamente a otros si podemos dirigirlos a los pasajes más pertinentes y sugerir un sumario apropiado de las enseñanzas de esos pasajes. Entonces el que nos pregunta puede inspeccionar esos pasajes rápidamente por sí mismo y aprender mucho más rápido cuál es la enseñanza bíblica sobre ese tema en particular. Así que la necesidad de la teología sistemática para enseñar lo que la Biblia dice surge primordialmente porque somos finitos en nuestra memoria y en la cantidad de tiempo que tenemos disponible.

La razón básica de estudiar la teología sistemática, entonces, es que nos enseña a nosotros mismos y a otros lo que toda la Biblia dice, cumpliendo así la segunda parte de la gran comisión.

2. Los beneficios para nuestra vida. Aunque la razón básica de estudiar la teología sistemática es que es un medio de obediencia al mandamiento de nuestro Señor, hay también algunos beneficios adicionales que surgen de tal estudio.

Primero, estudiar la teología nos ayuda a *superar nuestras ideas erradas*. Si no hubiera pecado en nosotros, podríamos leer la Biblia de tapa a tapa y, aunque no aprenderíamos de inmediato todo lo que dice la Biblia, con mucha probabilidad aprenderíamos solo cosas verdaderas en cuanto a Dios y su creación. Cada vez que la leamos aprenderemos más cosas ciertas y no nos rebelaríamos ni rehusaríamos aceptar algo que esté escrito allí. Pero con el pecado en nuestros corazones retenemos algo de rebelión contra Dios. En varios puntos hay —para todos nosotros— enseñanzas bíblicas que por una razón u otra no queremos aceptar. El estudio de teología sistemática nos ayuda a superar esas ideas rebeldes.

Por ejemplo, supóngase que hay alguien que no quiere creer que Jesús regresará a la tierra. Podríamos mostrarle a esta persona un versículo o tal vez dos que hablan del retorno de Jesús a la tierra, pero la persona tal vez todavía halle una manera de evadir la fuerza de esos versículos o leer en ellos un significado diferente. Pero si recogemos veinticinco o treinta versículos que dicen que Jesús vuelve a la tierra personalmente, y los anotamos en un papel, nuestro amigo que vaciló en creer en el retorno de Cristo con mayor probabilidad se persuadirá ante la amplitud y diversidad de la evidencia bíblica para esta doctrina. Por supuesto, todos tenemos cuestiones como esa, temas en que nuestro entendimiento de la enseñanza de la Biblia es inadecuado. En estos temas es útil que se nos confronte con *el peso total de la enseñanza de la Biblia* sobre ese tema, para que seamos más fácilmente persuadidos incluso contra nuestras inclinaciones erradas iniciales.

Segundo, estudiar teología sistemática nos ayuda a *tomar mejores decisiones más adelante* sobre nuevas cuestiones de doctrina que puedan surgir. No podemos saber cuáles nuevas controversias doctrinales surgirán en las iglesias en las cuales viviremos y ministraremos de aquí a diez, veinte o treinta años, si el Señor no regresa antes. Estas nuevas controversias doctrinales a veces incluirán asuntos que nadie ha enfrentado con mucha atención antes. Los cristianos preguntarán: «¿Qué dice la Biblia entera en cuanto a este tema?». (La naturaleza precisa de la inerrancia bíblica y el entendimiento apropiado de la enseñanza bíblica sobre los dones del Espíritu Santo son dos ejemplos de asuntos que han surgido en nuestro siglo con mucha mayor fuerza que nunca antes en la historia de la iglesia).

Cualesquiera que sean las nuevas controversias doctrinales en años futuros, los que han aprendido bien la teología sistemática serán mucho más capaces de responder a las otras preguntas que surjan. Esto se debe a que todo lo que la Biblia dice de alguna manera se relaciona a todo lo demás que la Biblia dice (porque todo encaja de una manera congruente, por lo menos dentro de la propia comprensión de Dios de la realidad, y en la naturaleza de Dios y la creación tal como son). Así que las nuevas preguntas tendrán que ver con mucho de lo que ya se ha aprendido de la Biblia. Mientras mejor se haya aprendido ese material anterior, más capaces seremos de lidiar con esas nuevas preguntas.

CAPÍTULO 1 · INTRODUCCIÓN A LA TEOLOGÍA SISTEMÁTICA

Este beneficio se extiende incluso más ampliamente. Enfrentamos problemas al aplicar la Biblia a la vida en muchos más contextos que debates doctrinales formales. ¿Qué enseña la Biblia en cuanto a las relaciones entre esposo y esposa? ¿Qué, en cuanto a la crianza de los hijos? ¿En cuanto a testificarle a algún compañero de trabajo? ¿Qué principios nos da la Biblia para estudiar psicología, economía o ciencias naturales? ¿Cómo nos guía en cuanto a gastar dinero, ahorrarlo o dar el diezmo? En todo asunto que busquemos influirán ciertos principios teológicos, y los que han aprendido bien las enseñanzas teológicas de la Biblia serán mucho más capaces de tomar decisiones que agradan a Dios.

Una analogía útil en este punto es la de un rompecabezas. Si el rompecabezas representa «lo que la Biblia entera nos enseña hoy acerca de todo», un curso de teología sistemática será como armar el borde y algunos sectores principales incluidos en el rompecabezas. Pero nunca podremos saber todo lo que la Biblia enseña acerca de todas las cosas, así que nuestro rompecabezas tendrá muchas brechas, muchas piezas que todavía faltan por colocar. Resolver un problema nuevo en la vida real es como completar otra sección del rompecabezas: mientras más piezas tiene uno en su lugar correcto al empezar, más fácil es colocar nuevas piezas en su sitio, y menos posibilidades tiene uno de cometer equivocaciones. En este libro el objetivo es permitir que los creyentes pongan en su «rompecabezas teológico» tantas piezas con tanta precisión como sea posible, y animar a los creyentes a seguir poniendo más y más piezas correctas por el resto de su vida. Las doctrinas cristianas que se estudian aquí actuarán como pautas para ayudarle a llenar todo otro sector, aspectos que pertenecen a todos los aspectos de verdad en todos los aspectos de la vida.

Tercero, estudiar teología sistemática *nos ayudará a crecer como creyentes*. Mientras más sabemos de Dios, de su Palabra, de sus relaciones con el mundo y la humanidad, más confiaremos en él, más plenamente le alabaremos, y con mayor presteza le obedeceremos. Estudiar apropiadamente la teología sistemática nos hace creyentes más maduros. Si no hacemos esto, no estamos estudiándola de la manera que Dios quiere.

Por cierto, la Biblia a menudo conecta la sana doctrina con la madurez en la vida cristiana: Pablo habla de «*la doctrina que se ciñe a la verdadera religión*» (1 Ti 6:3) y dice que su obra como apóstol es «para que, mediante la fe, los elegidos de Dios lleguen a conocer *la verdadera religión*» (Tit 1:1). En contraste, indica que toda clase de desobediencia e inmoralidad «está en contra de la sana doctrina» (1 Ti 1:10).

En conexión con esta idea es apropiado preguntar qué diferencia hay entre una «doctrina principal» y una «doctrina menor». Los cristianos a menudo dicen que quieren buscar acuerdo en la iglesia en cuanto a doctrinas principales pero dar campo para diferencias en doctrinas menores. He hallado útil la siguiente pauta:

> Una doctrina principal es la que tiene un impacto significativo en lo que pensamos de otras doctrinas, o que tiene un impacto significativo en cómo vivimos la vida cristiana. Una doctrina menor es la que tiene muy poco impacto en cómo pensamos en cuanto a otras doctrinas, y muy poco impacto en cómo vivimos la vida cristiana.

Según esta norma, doctrinas como la autoridad de la Biblia, la Trinidad, la deidad de Cristo, la justificación por la fe y muchas otras se considerarían apropiadamente doctrinas principales. Los que no están de acuerdo con la comprensión evangélica histórica de algunas de estas doctrinas tendrán amplios puntos de diferencias con los creyentes evangélicos que afirman estas doctrinas. Por otro lado, me parece que las diferencias en cuanto a las formas de gobierno de la iglesia o algunos detalles en cuanto a la cena del Señor o las fechas de la gran tribulación tienen que ver con doctrinas menores. Los creyentes que difieren sobre estas cosas pueden estar de acuerdo tal vez en cualquier otro punto de la doctrina, pueden vivir vidas cristianas que no difieren de manera importante, y pueden tener genuina comunión unos con otros.

Por supuesto, tal vez hallemos doctrinas que caen en algún punto entre «principales» y «menores» de acuerdo a esta norma. Por ejemplo, los cristianos pueden diferir sobre el grado de significación que se debe asignar a la doctrina del bautismo o el milenio o el alcance de la expiación. Eso es natural, porque muchas doctrinas tienen *alguna* influencia sobre otras doctrinas o sobre la vida, pero podemos diferir en cuanto a si pensamos que sea una influencia «significativa». Podemos incluso reconocer que habrá una gama de significación aquí, y simplemente decir que mientras más influencia tiene una doctrina sobre otras doctrinas y la vida, más «principal» llega a ser. Esta cantidad de influencia incluso puede variar de acuerdo a las circunstancias históricas y necesidades de la iglesia en un momento dado. En tales casos, los cristianos deben pedirle a Dios que les dé sabiduría madura y juicio sano al tratar de determinar hasta qué punto una doctrina se debe considerar «principal» en sus circunstancias particulares.

D. Una nota sobre dos objeciones al estudio de la teología sistemática

1. «Las conclusiones son "demasiado pulidas" para ser verdad». Algunos estudiosos miran con sospecha la teología sistemática cuando —o incluso porque— sus enseñanzas encajan unas con otras en una manera no contradictoria. Objetan que el resultado sea «demasiado pulidas» y que los teólogos sistemáticos deben por consiguiente estar embutiendo las enseñanzas de la Biblia en un molde artificial y distorsionando el significado verdadero de las Escrituras a fin de lograr un conjunto ordenado de creencias.

A esta objeción se pueden dar dos respuestas: (1) Debemos primero preguntar a los que hacen tal objeción qué puntos específicos de la Biblia han sido interpretados mal, y entonces debemos lidiar con la comprensión de esos pasajes. Tal vez se hayan cometido equivocaciones, y en ese caso debe haber correcciones.

Sin embargo, también es posible que el objetor no tenga pasajes específicos en mente, o ninguna interpretación claramente errónea que señalar en las obras de los teólogos evangélicos más responsables. Desde luego, se puede hallar exégesis incompetente en los escritos de eruditos menos competentes en *cualquier* campo de estudios bíblicos, no solo en la teología sistemática, pero esos «malos ejemplos» constituyen una objeción no contra la erudición como un todo, sino contra el erudito incompetente mismo.

Es muy importante que el objetor sea específico en este punto porque esta objeción a veces la hacen quienes, tal vez inconscientemente, han adoptado de nuestra cultura un concepto escéptico de la posibilidad de hallar conclusiones universalmente verdaderas en cuanto a algo, incluso en cuanto a Dios y su Palabra. Esta clase de escepticismo respecto a la verdad teológica es especialmente común en el mundo universitario moderno en donde «teología sistemática», si es que se estudia, se estudia solo desde la perspectiva de la teología filosófica y la teología histórica (incluyendo tal vez un estudio histórico de las varias ideas que creyeron los primeros cristianos que escribieron el Nuevo Testamento, y otros cristianos de ese tiempo y a través de la historia de la iglesia). En este tipo de clima intelectual el estudio de «teología sistemática» según se define en este capítulo se consideraría imposible, porque se da por sentado que la Biblia es meramente la obra de muchos autores humanos que escribieron en diversas culturas y experiencias en el curso de más de mil años. Se pensaría que tratar de hallar «lo que toda la Biblia enseña» en cuanto a algún asunto sería tan inútil como tratar de hallar «lo que todos los filósofos enseñan» respecto a algún asunto, porque se pensaría que la respuesta en ambos casos no es una noción sino muchas nociones diversas y a menudo en conflicto. Este punto de vista escéptico lo deben rechazar los evangélicos que ven las Escrituras como producto de autoría humana y divina, y por consiguiente como una colección de escritos que enseñan verdades no contradictorias en cuanto a Dios y en cuanto al universo que él creó.

(2) Segundo, se debe contestar que en la mente de Dios, y en la naturaleza de la realidad en sí misma, los hechos e ideas *verdaderos* son todos congruentes entre sí. Por consiguiente, si hemos entendido acertadamente las enseñanzas de Dios en la Biblia debemos esperar que nuestras conclusiones «encajen unas con otras» y sean congruentes entre sí. La congruencia interna, entonces, es un argumento a favor, y no en contra, de cualquier resultado individual de la teología sistemática.

2. «La selección de temas dicta las conclusiones». Otra objeción general a la teología sistemática tiene que ver con la selección y arreglo de los temas, e incluso el hecho de que se haga tal estudio de la Biblia arreglado por temas, usando categorías a veces diferentes de las que se hallan en la misma Biblia. ¿Por qué se tratan *estos* temas teológicos en lugar de simplemente los demás que recalcan los autores bíblicos, y por qué los temas *se arreglan de esta manera* y no de otra? Tal vez, diría esta objeción, nuestras tradiciones y nuestras culturas han determinado los temas que tratamos y el arreglo de los temas, para que los resultados en este estudio teológico sistemático de la Biblia, aunque aceptable en nuestra propia tradición teológica, en realidad no sea fiel a la Biblia misma.

Una variante de esta objeción es la afirmación de que nuestro punto de partida a menudo determina nuestras conclusiones respecto a temas controversiales: si decidimos empezar con un énfasis en la autoría divina de la Biblia, por ejemplo, acabaremos creyendo en la inerrancia bíblica, pero si empezamos con un énfasis en la autoría humana de la Biblia, acabaremos creyendo que hay algunos errores en la Biblia. En forma similar, si empezamos con un énfasis en la soberanía de Dios, acabaremos siendo calvinistas, pero si empezamos con un énfasis en la capacidad del hombre para tomar decisiones libres, acabaremos siendo arminianos, y así por el estilo. Esta objeción hace que parezca que las preguntas teológicas más importantes probablemente se pudieran decidir echando una moneda al aire para decidir en dónde empezar, puesto que se puede llegar a conclusiones *diferentes* e *igualmente válidas* desde diferentes puntos de partida.

Los que hacen tal objeción a menudo sugieren que la mejor manera de evitar este problema es no estudiar ni enseñar teología sistemática, sino limitar nuestros estudios temáticos al campo de la teología bíblica, tratando solo los temas y asuntos que los autores bíblicos mismos recalcan y describir el desarrollo histórico de estos temas bíblicos a través de la Biblia.

En respuesta a esta objeción, una gran parte de la consideración en este capítulo en cuanto a la necesidad de enseñar la Biblia será pertinente. Nuestra selección de temas no tiene que estar restringida a los principales intereses de los autores bíblicos, porque nuestra meta es hallar lo que Dios requiere de nosotros en todos los aspectos de interés para nosotros hoy.

Por ejemplo, a ningún autor del Nuevo Testamento le interesó *sobremanera* explicar temas tales como el «bautismo en el Espíritu Santo», o las funciones de las mujeres en la iglesia, o la doctrina de la Trinidad, pero estos son asuntos válidos de interés para nosotros hoy, y debemos buscar todos los lugares en la Biblia que hacen referencia a esos temas (sea que esos términos específicos se mencionen o no, y sea que esos temas sean el foco primordial de cada pasaje que examinamos o no) para ser capaces de entender y explicar a otros «lo que toda la Biblia enseña» en cuanto a ellos.

La única alternativa —porque *en efecto* pensaremos *algo* sobre esos temas— es formar nuestras opiniones sin orden ni concierto partiendo de una impresión general de lo que pensamos que es la posición «bíblica» sobre cada tema, o tal vez apuntalar nuestras posiciones con análisis cuidadoso de uno o dos pasajes pertinentes, sin ninguna garantía de que esos pasajes presenten una noción balanceada de «todo el propósito de Dios» (Hch 20:27) sobre el tema que se considera. En verdad este enfoque, demasiado común en círculos evangélicos hoy, podría, me parece, llamarse «teología asistemática» o incluso ¡«teología al azar y desordenada»! Tal alternativa es demasiado subjetiva y demasiado sujeta a presiones culturales. Tiende a la fragmentación doctrinal e incertidumbre doctrinal ampliamente extendida, y deja a la iglesia teológicamente inmadura, como «niños, zarandeados por las olas y llevados de aquí para allá por todo viento de enseñanza» (Ef 4:14).

Respecto a la objeción en cuanto a la selección y secuencia de los temas, nada hay que nos impida acudir a la Biblia para buscar respuestas a *cualquier* pregunta doctrinal, considerada en *cualquier secuencia*. La secuencia de temas en este libro es muy común y se ha adoptado porque es ordenada y se presta bien para el aprendizaje y la enseñanza. Pero los capítulos se pueden leer en cualquier secuencia que uno quiera, y las conclusiones no van a ser diferentes, ni tampoco lo persuasivo de los argumentos —si están derivados apropiadamente de la Biblia— se reducirá significativamente. He tratado de escribir los capítulos de modo que se puedan leer como unidades independientes.

E. ¿Cómo deben los cristianos estudiar teología sistemática?

¿Cómo, entonces, debemos estudiar la teología sistemática? La Biblia provee algunas pautas que responden a esta pregunta.

1. Debemos estudiar la teología sistemática en oración. Si estudiar teología sistemática es solo una manera de estudiar la Biblia, los pasajes de la Biblia que hablan de la manera en que debemos estudiar la Palabra de Dios nos orientan en esta tarea. Tal como el salmista ora en Salmo 119:18: «Ábreme los ojos, para que contemple las maravillas de tu ley», debemos orar y buscar la ayuda de Dios para entender su Palabra. Pablo nos dice

CAPÍTULO 1 · INTRODUCCIÓN A LA TEOLOGÍA SISTEMÁTICA

en 1 Corintios 2:14 que «El que no tiene el Espíritu no acepta lo que procede del Espíritu de Dios, pues para él es locura. No puede entenderlo, porque hay que discernirlo espiritualmente». Estudiar teología es por consiguiente una actividad espiritual en la que necesitamos la ayuda del Espíritu Santo.

Por inteligente que sea, si el estudiante no persiste en orar para que Dios le dé una mente que comprenda, y un corazón creyente y humilde, y el estudiante no mantiene un andar personal con el Señor, las enseñanzas de la Biblia serán mal entendidas y no se creerá en ellas, resultará error doctrinal, y la mente y el corazón del estudiante no cambiarán para bien sino para mal. Los estudiantes de teología sistemática deben resolver desde el principio mantenerse libres de toda desobediencia a Dios o de cualquier pecado conocido que interrumpiría su relación con él. Deben resolver mantener con gran regularidad su vida devocional. Deben orar continuamente pidiendo sabiduría y comprensión de las Escrituras.

Puesto que es el Espíritu Santo el que nos da la capacidad de entender apropiadamente la Biblia, necesitamos darnos cuenta de que lo que hay que hacer, particularmente cuando no podemos entender algún pasaje o alguna doctrina de la Biblia, es pedir la ayuda de Dios. A menudo lo que necesitamos no es más información sino más perspectiva en cuanto a la información que ya tenemos disponible. Esa perspectiva la da solamente el Espíritu Santo (cf. 1Co 2:14; Ef 1:17-19).

2. Debemos estudiar teología sistemática con humildad. Pedro nos dice: «Dios se opone a los orgullosos, pero da gracia a los humildes» (1 P 5:5). Los que estudian teología sistemática aprenderán muchas cosas en cuanto a las enseñanzas de la Biblia que tal vez no saben o no conocen bien otros creyentes en sus iglesias o parientes que tienen más años en el Señor que ellos. También pueden comprender cosas en cuanto a la Biblia que algunos de los oficiales de su iglesia no entienden, e incluso que su pastor tal vez haya olvidado o nunca aprendió bien.

En todas estas situaciones sería muy fácil adoptar una actitud de orgullo o superioridad hacia otros que no han hecho tal estudio. Pero qué horrible sería si alguien usara este conocimiento de la Palabra de Dios solo para ganar discusiones o para denigrar a otro creyente en la conversación, o para hacer que otro creyente se sienta insignificante en la obra del Señor. El consejo de Santiago es bueno para nosotros en este punto: «Todos deben estar listos para escuchar, y ser lentos para hablar y para enojarse; pues la ira humana no produce la vida justa que Dios quiere» (Stg 1:19-20). Nos dice que lo que uno comprende de la Biblia debe ser impartido en humildad y amor:

> ¿Quién es sabio y entendido entre ustedes? Que lo demuestre con su buena conducta, mediante obras hechas con la humildad que le da su sabiduría. […] En cambio, la sabiduría que desciende del cielo es ante todo pura, y además pacífica, bondadosa, dócil, llena de compasión y de buenos frutos, imparcial y sincera. En fin, el fruto de la justicia se siembra en paz para los que hacen la paz (Stg 3:13, 17-18).

La teología sistemática estudiada como es debido no conducirá a un conocimiento que «envanece» (1 Co 8:1), sino a humildad y amor por otros.

3. Debemos estudiar teología sistemática con razonamiento. Hallamos en el Nuevo Testamento que Jesús y los autores del Nuevo Testamento a menudo citan un versículo de la Biblia y luego derivan de él conclusiones lógicas. *Razonan* partiendo del pasaje bíblico. Por consiguiente, no es errado usar el entendimiento humano, la lógica humana y la razón humana para derivar conclusiones de las afirmaciones de la Biblia. No obstante, cuando razonamos y derivamos de la Biblia lo que pensamos sean deducciones lógicas correctas, a veces cometemos errores. Las deducciones que derivamos de las afirmaciones de la Biblia no son iguales a las afirmaciones de la Biblia en sí mismas, en certeza o autoridad, porque nuestra capacidad para razonar y derivar conclusiones no es la suprema norma de verdad; pues solo la Biblia lo es.

¿Cuáles son, entonces, los límites en nuestro uso de nuestras capacidades de razonamiento para derivar deducciones de las afirmaciones de la Biblia? El hecho de que razonar y llegar a conclusiones que van más allá de las meras afirmaciones de la Biblia es apropiado e incluso necesario para estudiar la Biblia, y el hecho de que la Biblia en sí misma es la suprema norma de verdad, se combinan para indicarnos que *somos libres para usar nuestras capacidades de razonamiento para derivar deducciones de cualquier pasaje de la Biblia en tanto y en cuanto esas deducciones no contradigan la clara enseñanza de algún otro pasaje de la Biblia*[7].

Este principio pone una salvaguarda en nuestro uso de lo que pensamos sean deducciones lógicas de la Biblia. Nuestras deducciones supuestamente lógicas pueden estar erradas, pero la Biblia en sí misma no puede estar errada. Por ejemplo, podemos leer la Biblia y hallar que a Dios Padre se le llama Dios (1 Co 1:3), que a Dios Hijo se le llama Dios (Jn 20:28; Tit 2:13) y que a Dios Espíritu Santo se le llama Dios (Hch 5:3-4). De esto podemos deducir que hay tres Dioses. Pero después hallamos que la Biblia explícitamente nos enseña que Dios es uno (Dt 6:4; Stg 2:19). Así que concluimos que lo que nosotros *pensamos* que era una deducción lógica válida en cuanto a tres Dioses estaba errada y que la Biblia enseña (a) que hay tres personas separadas (Padre, Hijo y Espíritu Santo), cada una de las cuales es plenamente Dios, y (b) que hay solo un Dios.

No podemos entender exactamente cómo estas dos afirmaciones pueden ser verdad a la vez, así que constituyen una *paradoja* («afirmación que aunque parece contradictoria puede ser verdad»)[8]. Podemos tolerar una paradoja (tal como «Dios es tres personas y

---

[7] Esta pauta también la adopto del profesor John Frame, del Westminster Seminary (vea p. 13).

[8] El *American Heritage Dictionary of the English Language*, ed. William Morris (Houghton-Mifflin, Boston, 1980), p. 950 (primera definición). Esencialmente el mismo significado lo adopta el *Oxford English Dictionary* (ed. 1913, 7:450), el *Concise Oxford Dictionary* (ed. 1981, p. 742), el *Random House Collage Dictionary* (ed. 1979, p. 964), y el *Chambers Twentieth Century Dictionary* (p. 780), aunque todos notan que *paradoja* también puede significar «contradicción» (aunque en forma menos común); compare la *Encyclopedia of Philosophy*, ed. Paul Edwards (Macmillan and the Free Press, New York, 1967), 5:45, y todo el artículo «Logical Paradoxes» («Paradojas lógicas») de John van Heijenoort en las pp. 45-51 del mismo volumen, que propone soluciones a muchas de las paradojas clásicas en la historia de la filosofía. (Si *paradoja* significa «contradicción», tales soluciones serían imposibles).

Cuando uso la palabra *paradoja* en el sentido primario que definen estos diccionarios hoy me doy cuenta de que difiero en alguna medida con el artículo «*Paradox*» («Paradoja») de K. S. Kantzer in *EDT*, ed. Walter Elwell, pp. 826 27 (que toma *paradoja* para significar esencialmente «contradicción»). Sin embargo, uso *paradoja* en el sentido ordinario del inglés y que es conocido en la filosofía. Me parece que no hay disponible ninguna otra palabra mejor que *paradoja* para referirse a lo que parece ser una contradicción y no lo es en realidad.

Hay, sin embargo, alguna falta de uniformidad en el uso del término *paradoja* y un término relacionado: *antinomia*, en el debate evangélico contemporáneo. La palabra *antinomia* se ha usado a veces para aplicarla a lo que aquí llamo *paradoja*, es decir, «lo que parecen ser afirmaciones contradictorias que sin embargo ambas son verdades» (vea, por ejemplo, John Jefferson Davis, *Theology Primer* [Baker, Grand Rapids, 1981], p. 18). Tal sentido de *antinomia* ganó respaldo en un libro ampliamente leído *Evangelism and the Sovereignty of God*, por J. I Packer (Intervarsity Press, Londres, 1961). En las pp. 18-22 Packer define *antinomia* como «una apariencia de contradicción» (pero admite en la p. 18 que esta definición difiere del *Shorter Oxford Dictionary*). Mi problema en cuanto a usar *antinomia* en este sentido es que la palabra es tan poco conocida en el inglés ordinario que solo aumenta el

CAPÍTULO 1 · INTRODUCCIÓN A LA TEOLOGÍA SISTEMÁTICA

solo un Dios») porque tenemos la confianza de que en última instancia Dios sabe plenamente la verdad en cuanto a sí mismo y en cuanto a la realidad, y esto no puede ser.

Cuando el salmista dice: «La suma de tus palabras es la verdad; tus rectos juicios permanecen para siempre» (Sal 119:160), implica que las palabras de Dios no solo son verdad individualmente sino también cuando se ven juntas como un todo. Vistas colectivamente, su «suma» es también «verdad». En última instancia, no hay contradicción interna ni en la Biblia ni en los pensamientos de Dios.

4. Debemos estudiar teología sistemática con la ayuda de otros. Debemos estar agradecidos de que Dios ha puesto maestros en la iglesia («En la iglesia Dios ha puesto, en primer lugar, apóstoles; en segundo lugar, profetas; en tercer lugar, *maestros*», 1 Co 12:28). Debemos permitir que los que tienen estos dones de enseñanza nos ayuden a entender las Escrituras. Esto significa que debemos usar teologías sistemáticas y otros libros que han escrito algunos de los maestros que Dios le ha dado a la iglesia en el curso de su historia. También significa que nuestro estudio de teología incluirá *hablar con otros cristianos* en cuanto a las cosas que estamos estudiando. Entre aquellos con quienes hablamos a menudo estarán algunos con dones de enseñanza que pueden explicar las enseñanzas bíblicas claramente y ayudarnos a entenderlas más fácilmente. De hecho, algunos de los aprendizajes más efectivos en los cursos de teología sistemática en universidades y seminarios a menudo ocurren fuera del salón de clases en conversaciones informales entre estudiantes que intentan entender por sí mismos las doctrinas bíblicas.

5. Debemos estudiar la teología sistemática recogiendo y comprendiendo todos los pasajes de la Biblia pertinentes a cualquier tema. Mencioné esto en nuestra definición de teología sistemática al principio de este capítulo, pero aquí hay que describir el proceso en sí. ¿Cómo realizar uno un sumario doctrinal de lo que todos los pasajes de la Biblia enseñan sobre cierto tema? Para los temas que se cubren en este libro, muchos pensarán que estudiar los capítulos de este libro y leer los versículos bíblicos anotados en los capítulos basta. Pero algunos querrán estudiar más la Biblia sobre algún tema particular o estudiar algún nuevo tema no cubierto aquí. ¿Cómo puede un estudiante usar la Biblia para investigar lo que enseñan sobre algún tema nuevo, tal vez uno que no se ha discutido explícitamente en ninguno de sus textos de teología sistemática?

El proceso sería así: (1) Buscar todos los versículos relevantes. La mejor ayuda en este paso es una buena concordancia que le permita a uno buscar palabras clave y hallar los versículos en que se trata el tema. Por ejemplo, al estudiar lo que significa que el hombre fue creado a imagen y semejanza de Dios, uno necesita buscar todos los versículos en los cuales aparece «imagen», «semejanza» y «crear». (Las palabras «hombre» y «Dios» ocurren con demasiada frecuencia para que sean útiles para una búsqueda en la concordancia). Al

---

caudal de términos técnicos que los cristianos tienen que aprender a fin de entender a los teólogos, y todavía más tal sentido no lo respalda ninguno de los diccionarios citados arriba, todos los cuales definen *antinomia* en el sentido «contradicción» (por ej., *Oxford English Dictionary*, 1:371). El problema no es serio, pero ayudaría a la comunicación si los evangélicos pudieran convenir en un sentido uniforme para estos términos.

Una paradoja por cierto es aceptable en la teología sistemática, y las paradojas son hechos inevitables siempre que tengamos una comprensión definitiva de algún tema teológico. Sin embargo, es importante reconocer que la teología cristiana nunca debe afirmar una «contradicción» (un conjunto de dos afirmaciones, una de las cuales niega a la otra). Una contradicción sería: «Dios es tres personas y Dios no es tres personas» (en donde el término *personas* tiene el mismo sentido en ambas mitades de la oración).

estudiar la doctrina de la oración se podrían buscar muchas palabras (*oración, orar, interceder, petición, súplica, confesar, confesión, alabanza, dar gracias, acción de gracias*, et al).; y tal vez la lista de versículos sería demasiado larga para ser manejable, así que el estudiante tendría que revisar ligeramente la concordancia sin buscar los versículos, o la búsqueda se podría probablemente dividir en secciones, o limitarse de alguna otra manera. También se puede hallar versículos al pensar en la historia global de la Biblia y buscando las secciones donde pueda haber información sobre el tema a mano; por ejemplo, el que quiere estudiar sobre la oración tal vez querrá leer pasajes como la oración de Ana por un hijo (en 1 S 1), la oración de Salomón en la dedicación del templo (en 1 R 8), la oración de Jesús en el huerto del Getsemaní (en Mt 26 y paralelos), y así por el estilo. Luego, además del trabajo en la concordancia y de leer otros pasajes que uno pueda hallar sobre el tema, revisar las secciones relevantes en algunos libros de teología sistemática a menudo trae a la luz otros versículos que uno puede haber pasado por alto, a veces porque en estos versículos no se usa ninguna de las palabras que se usaron para la búsqueda en la concordancia[9].

(2) El segundo paso es leer, tomar notas y tratar de hacer un sumario de los puntos que hacen los versículos relevantes. A veces un tema se repetirá a menudo y el sumario de varios versículos será relativamente fácil de hacer. En otras ocasiones habrá versículos difíciles de entender, y el estudiante necesitará dedicar tiempo para estudiar un versículo a profundidad (solo leyendo el versículo en su contexto vez tras vez, o usando herramientas especializadas como comentarios y diccionarios) hasta que se logre una comprensión satisfactoria.

(3) Finalmente, las enseñanzas de los varios versículos se deben resumir en uno o más puntos que la Biblia afirma en cuanto a ese tema. El sumario no tiene que tener la forma exacta de la conclusión de otros sobre el tema, porque bien podemos ver en la Biblia cosas que otros no han visto, o tal vez organizamos el tema en forma diferente, o enfatizamos cosas diferentes.

Por otro lado, en este punto es también útil leer secciones relacionadas, si se puede hallar alguna, en varios libros de teología sistemática. Esto provee una verificación útil contra errores o detalles que se hayan pasado por alto, y a menudo hace que uno se percate de perspectivas y argumentos alternos que pueden hacernos modificar o fortificar nuestra posición. Si el estudiante halla que otros han argumentado a favor de conclusiones fuertemente divergentes, entonces hay que indicar correctamente esas otras perspectivas y luego contestarlas. A veces otros libros de teología nos alertarán a consideraciones históricas o filosóficas que han surgido antes en la historia de la iglesia, y estas proveerán nociones adicionales o advertencias contra el error.

El proceso bosquejado arriba es posible para cualquier cristiano que puede leer su Biblia y puede buscar las palabras en una concordancia. Por supuesto, las personas serán cada vez más ágiles y más precisas en este proceso con el tiempo, la experiencia y la madurez cristiana, pero será una tremenda ayuda para la iglesia si los creyentes generalmente dedicaran mucho más tiempo a investigar los temas de la Biblia por sí mismos y derivar

---

[9] He leído una cantidad de ensayos de estudiantes que dicen que el Evangelio de Juan no dice nada en cuanto a cómo los creyentes deben orar, por ejemplo, porque al examinar una concordancia hallaron que la palabra *oración* no aparece en Juan, y la palabra *orar* solo aparece cuatro veces en referencia a Jesús orando en Juan 14, 16:17. Pasaron por alto el hecho de que Juan contiene varios versículos importantes en donde se usa la palabra *pedir* en lugar de la palabra *orar* (Jn 14:13-14; 15:07, 16; et. al).

conclusiones según el proceso indicado arriba. El gozo de descubrir temas bíblicos será ricamente recompensador. Especialmente los pastores y los que dirigen estudios bíblicos hallarán frescor adicional en su comprensión de la Biblia y en su enseñanza.

6. Debemos estudiar teología sistemática con alegría y alabanza. El estudio de teología no es meramente un ejercicio teórico intelectual. Es un estudio del Dios viviente, y de las maravillas de sus obras en la creación y en la redención. ¡No podemos estudiar este tema desapasionadamente! Debemos amar todo lo que Dios es, todo lo que él dice, y todo lo que él hace. «Ama al Señor tu Dios con todo tu corazón» (Dt 6:5). Nuestra respuesta al estudio de la teología de la Biblia debe ser la del salmista que dijo: «¡Cuán preciosos, oh Dios, me son tus pensamientos!» (Sal 139:17). En el estudio de las enseñanzas de la Palabra de Dios no debe sorprendernos si a menudo hallamos nuestros corazones irrumpiendo espontáneamente en expresiones de alabanza y deleite como las del salmista:

Los preceptos del Señor son rectos: traen alegría al corazón. (Sal 19:8)

Me regocijo en el camino de tus estatutos más que en todas las riquezas. (Sal 119:14)

¡Cuán dulces son a mi paladar tus palabras! ¡Son más dulces que la miel a mi boca! (Sal 119:103)

Tus estatutos son mi herencia permanente; son el regocijo de mi corazón (Sal 119:111).

Yo me regocijo en tu promesa como quien halla un gran botín (Sal 119:162).

A menudo en el estudio de teología la respuesta del cristiano será similar a la de Pablo al reflexionar sobre el prolongado argumento teológico que acababa de completar al final de Romanos 11:32. Irrumpe en alabanza gozosa por las riquezas de la doctrina que Dios le ha permitido expresar:

¡Qué profundas son las riquezas de la sabiduría y del conocimiento de Dios!
¡Qué indescifrables sus juicios e impenetrables sus caminos!

«¿Quién ha conocido la mente del Señor,
o quién ha sido su consejero?».
«¿Quién le ha dado primero a Dios,
para que luego Dios le pague?».

Porque todas las cosas proceden de él, y existen por él y para él. A él sea la gloria por siempre! Amén. (Ro 11:33-36)

PREGUNTAS DE APLICACIÓN PERSONAL

Estas preguntas al final de cada capítulo enfocan la aplicación a la vida. Debido a que pienso que la doctrina se debe sentir a nivel emocional tanto como entenderse a nivel intelectual, en muchos capítulos he incluido algunas preguntas en cuanto a cómo el lector *se siente* respecto a un punto de doctrina. Pienso que estas preguntas serán muy valiosas para los que dedican tiempo para reflexionar en ellas.

1. ¿De qué maneras (si acaso alguna) ha cambiado este capítulo su comprensión de lo que es teología sistemática? ¿Cuál era su actitud hacia el estudio de la teología sistemática antes de leer este capítulo? ¿Cuál es su actitud ahora?

2. ¿Qué es lo más probable que sucedería a una iglesia o denominación que abandonara el aprendizaje de teología sistemática por una generación o más? ¿Ha sido esto cierto en su iglesia?

3. ¿Hay alguna doctrina que se incluye en la tabla de contenido para la cual una comprensión más amplia le ayudaría a resolver una dificultad personal en su vida al momento presente? ¿Cuáles son los peligros espirituales y emocionales que usted personalmente debe tener presente al estudiar teología sistemática?

4. Ore pidiéndole a Dios que haga de este estudio de doctrinas cristianas básicas un tiempo de crecimiento espiritual y más íntima comunión con él, y un tiempo en el que usted entienda y aplique correctamente las enseñanzas de la Biblia.

TÉRMINOS ESPECIALES

apologética
contradicción
doctrina
doctrina menor
doctrina principal
ética cristiana
paradoja
presuposición

teología bíblica
teología del Nuevo Testamento
teología del Antiguo Testamento
teología dogmática
teología histórica
teología filosófica teología sistemática

BIBLIOGRAFÍA

Baker, D. L. «Biblical Theology». En *NDT* p. 671.
Berkhof, Louis. *Introduction to Systematic Theology*. Eerdmans, Grand Rapids, 1982, pp. 15–75 (publicado primero en 1932).
Bray, Gerald L., ed. *Contours of Christian Theology*. Intervarsity Press, Downers Grove, IL, 1993.
_____. «Systematic Theology, History of». En NDT pp. 671–72.
Cameron, Nigel M., ed. *The Challenge of Evangelical Theology: Essays in Approach and Method*. Rutherford House, Edinburgh, 1987.

CAPÍTULO 1 · INTRODUCCIÓN A LA TEOLOGÍA SISTEMÁTICA

Carson, D. A. «Unity and Diversity in the New Testament: The Possibility of Systematic Theology». En *Scripture and Truth*. Ed. por D. A. Carson y John Woodbridge. Zondervan, Grand Rapids, 1983, pp. 65–95.

Davis, John Jefferson. *Foundations of Evangelical Theology*. Baker, Grand Rapids, 1984.

———. *The Necessity of Systematic Theology*. Baker, Grand Rapids, 1980.

———. *Theology Primer: Resources for the Theological Student*. Baker, Grand Rapids, 1981.

Demarest, Bruce. "Systematic Theology." En *EDT* pp. 1064–66.

Erickson, Millard. *Concise Dictionary of Christian Theology*. Baker, Grand Rapids, 1986.

Frame, John. *Van Til the Theologian*. Pilgrim, Phillipsburg, NJ, 1976.

Geehan, E.R., ed. *Jerusalem and Athens*. Craig Press, Nutley, NJ, 1971.

Grenz, Stanley J. *Revisioning Evangelical Theology: A Fresh Agenda for the 21st Century*. InterVarsity Press, Downers Grove, IL, 1993.

House, H. Wayne. *Charts of Christian Theology and Doctrine*. Zondervan, Grand Rapids, 1992.

Kuyper, Abraham. *Principles of Sacred Theology*. Trad. por J. H. DeVries. Eerdmans, Grand Rapids, 1968 (reimpresión; primero publicada como *Encyclopedia of Sacred Theology* en 1898).

Machen, J. Gresham. *Christianity and Liberalism*. Eerdmans, Grand Rapids, 1923. (Este libro de 180 páginas es, en mi opinión, uno de los estudios teológicos más significativos jamás escritos. Da un claro vistazo general de las principales doctrinas bíblicas y en cada punto muestra las diferencias vitales con la teología protestante liberal, diferencias que todavía nos confrontan hoy. Es lectura que exijo en todas mis clases de introducción a la teología).

Morrow, T. W. «Systematic Theology». En *NDT* p. 671.

Poythress, Vern. *Symphonic Theology: The Validity of Multiple Perspectives in Theology*. Zondervan, Grand Rapids, 1987.

Preus, Robert D. *The Theology of Post-Reformation Lutheranism: A Study of Theological Prolegomena*. 2 vols. Concordia, St. Louis, 1970.

Van Til, Cornelius. *In Defense of the Faith vol. 5: An Introduction to Systematic Theology*. n. p. Presbyterian and Reformed, 1976, pp. 1–61, 253–62.

———. The Defense of the Faith. Filadelfia: Presbyterian and Reformed, 1955.

Vos, Geerhardus. «The Idea of Biblical Theology as a Science and as a Theological Discipline». En *Redemptive History and Biblical Interpretation* pp. 3–24. Ed. por Richard Gaffin. Presbyterian and Reformed, Phillipsburg, NJ, 1980 (article first published 1894).

Warfield, B. B. «The Indispensableness of Systematic Theology to the Preacher». En *Selected Shorter Writings of Benjamin B. Warfield* 2:280–88. Ed. by John E. Meeter. Presbyterian and Reformed, Nutley, NJ, 1973 (publicado primero en 1897).

———. «The Right of Systematic Theology». En *Selected Shorter Writings of Benjamin B. Warfield* 2:21–279. Ed. Por John E. Meeter. Presbyterian and Reformed, Nutley, NJ, 1973 (artículo publicado primero en 1896).

Wells, David. *No Place for Truth, or, Whatever Happened to Evangelical Theology?* Eerdmans, Grand Rapids, 1993.

Woodbridge, John D., and Thomas E. McComiskey, eds. *Doing Theology in Today's World: Essays in Honor of Kenneth S. Kantzer.* Zondervan, Grand Rapids, 1991.

PASAJE BÍBLICO PARA MEMORIZAR

Los estudiantes repetidamente han mencionado que una de las partes más valiosas de cualquiera de sus cursos en la universidad o seminario ha sido los pasajes bíblicos que se les exigió memorizar. «En mi corazón atesoro tus dichos para no pecar contra ti» (Sal 119:11). En cada capítulo, por consiguiente, he incluido un pasaje apropiado para memorizar de modo que los instructores puedan incorporar la memorización de la Biblia dentro de los requisitos del curso siempre que sea posible. (Los pasajes bíblicos para memorizar que se indican al final de cada capítulo se toman de la NVI).

Mateo 28:18-20: *Jesús se acercó entonces a ellos y les dijo: Se me ha dado toda autoridad en el cielo y en la tierra. Por tanto, vayan y hagan discípulos de todas las naciones, bautizándolos en el nombre del Padre y del Hijo y del Espíritu Santo, enseñándoles a obedecer todo lo que les he mandado a ustedes. Y les aseguro que estaré con ustedes siempre, hasta el fin del mundo.*

HIMNO

La buena teología sistemática nos lleva a alabar. Es correcto por tanto que al final de cada capítulo se incluya un himno relacionado con el tema del capítulo. En un aula, el himno debe cantarse al principio y al final de la clase. Por otro lado, el lector individual puede cantarlo en privado o simplemente meditar en silencio en las palabras. A menos que se señale lo contrario, las palabras de estos himnos son ya de dominio público y no están sujetas a restricciones de derechos de autor. Desde luego, se pueden escribir para proyectarlas o fotocopiarlas.

¿Por qué he usado tantos himnos? Aunque me gustan muchos de los más recientes cánticos de adoración y alabanza que tanto se cantan hoy, cuando comencé a seleccionar himnos que correspondieran a las grandes doctrinas de la fe cristiana, me di cuenta que los grandes himnos de la iglesia de siempre tienen una riqueza y amplitud que todavía no tiene igual. No sé de muchos cánticos de adoración modernos que abarquen los temas de los capítulos de este libro de una manera amplia. Quizá lo que digo sirva de exhortación a los compositores modernos a estudiar estos capítulos y después escribir canciones que reflejen las enseñanzas de la Biblia en los respectivos temas.

Para este capítulo, sin embargo, no hallé himno antiguo ni moderno que diera gracias a Dios por el privilegio de estudiar teología sistemática a partir de las páginas de la Biblia. Por tanto, he seleccionado un himno de alabanza general, que es siempre apropiado.

«¡Oh, que tuviera lenguas mil!»

Este himno de Carlos Wesley (1707-88) empieza deseando tener «mil lenguas» para cantarle alabanzas a Dios. La segunda estrofa es una oración pidiendo que Dios le «ayude» a proclamar su alabanza por toda la tierra.

¡Oh, que tuviera lenguas mil
Del Redentor cantar
La gloria de mi Dios y Rey,
Los triunfos de su amor!

Bendito mi Señor y Dios,
Te quiero proclamar;
Decir al mundo en derredor
Tu nombre sin igual.

Dulce es tu nombre para mí,
Pues quita mi temor;
En él halla salud y paz
El pobre pecador.

Rompe cadenas del pecar;
Al preso librará;
Su sangre limpia al ser más vil,
¡Gloria a Dios, soy limpio ya!

AUTOR: CARLOS WESLEY, TRAD. ROBERTO H. DALKE
(TOMADO DE HIMNOS DE FE Y ALABANZA, #25).

Capítulo 2

LA PERSONA DE CRISTO

¿Cómo es que Jesús es completamente Dios y completamente hombre y a la vez una sola persona?

EXPLICACIÓN Y BASES BÍBLICAS

Podemos resumir la enseñanza bíblica sobre la persona de Cristo de la siguiente manera: Jesucristo era completamente Dios y completamente hombre en una sola persona, y lo será para siempre.

El material bíblico que apoya esa definición es amplio. Estudiaremos primero la humanidad de Cristo, y luego su deidad, y entonces intentaremos mostrar cómo la deidad y la humanidad de Jesús están unidas en la persona de Cristo.

A. La humanidad de Cristo

1. El nacimiento virginal. Cuando hablamos de la humanidad de Cristo es apropiado empezar hablando del nacimiento virginal de Cristo. Las Escrituras claramente afirman que Jesús fue concebido en el vientre de su madre María mediante la acción milagrosa del Espíritu Santo y sin padre humano.

«El nacimiento de Jesús, el Cristo, fue así: Su madre, María, estaba comprometida para casarse con José, *pero antes de unirse a él*, resultó que estaba encinta por obra del Espíritu Santo» (Mt 1:18). Poco después de eso un ángel del Señor le dijo a José que estaba desposado con María; «José, hijo de David, no temas recibir a María por esposa, *porque ella ha concebido por obra del Espíritu Santo*» (Mt 1:20). Luego leemos que José «hizo lo que el ángel del Señor le había mandado y recibió a María por esposa. Pero no tuvo relaciones conyugales con ella hasta que dio a luz un hijo, a quien le puso por nombre Jesús» (Mt 1:24-25).

Esos mismos hechos los encontramos confirmados en el Evangelio de Lucas, donde leemos acerca de la aparición del ángel Gabriel a María. Después de que el ángel le anunciara que daría a luz un hijo, María dijo: «¿Cómo podrá suceder esto, puesto que soy virgen?» A lo que el ángel respondió:

«El Espíritu Santo vendrá sobre ti,
y el poder del Altísimo te cubrirá con su sombra

CAPÍTULO 2 · LA PERSONA DE CRISTO

Así que [el niño que va a nacer se llamará santo]
Hijo de Dios». (Lc 1:35)

La importancia doctrinal del nacimiento virginal la podemos ver al menos en tres cosas:

1. Muestra que la salvación debe venir en última instancia de parte del Señor. Como Dios había prometido que la «simiente» de la mujer (Gn 3:15) destruiría al final a la serpiente, hizo que esto sucediera mediante su poder, no por medio del esfuerzo humano. El nacimiento virginal de Cristo es un recordatorio inconfundible de que la salvación nunca llega mediante el esfuerzo humano, sino que es obra de Dios mismo. Nuestra salvación solo se produce a través de la obra sobrenatural de Dios, y eso se hizo evidente al principio de la vida de Jesús cuando «Dios envió a su Hijo, nacido de una mujer, nacido bajo la ley, para rescatar a los que estaban bajo la ley, a fin de que fuéramos adoptados como hijos» (Gá 4:4-5).

2. El nacimiento virginal hizo posible que se pudiera unir en una sola persona la deidad en su plenitud y la humanidad en su plenitud. Este fue el medio que Dios usó para enviar a su Hijo (Jn 3:16; Gá 4:4) al mundo como hombre. Si pensamos por un momento en otras posibles formas en las que Cristo hubiera podido venir a la tierra, ninguna de ellas habría unido tan claramente a la humanidad y a la deidad en una persona. Para Dios probablemente hubiera sido posible crear a Jesús como un completo ser humano en el cielo y enviarlo a la tierra sin la intervención de un padre humano. Pero entonces hubiera sido muy difícil para nosotros poder ver que Jesús era completamente humano como nosotros, ni hubiera sido parte de la raza humana que descendía físicamente de Adán. Por otro lado, probablemente a Dios le hubiera sido posible hacer que Jesús viniera a este mundo por medio de dos padres humanos, padre y madre, y con naturaleza divina unida milagrosamente a su naturaleza humana en algún momento oportuno de su vida. Pero entonces hubiera sido bastante difícil para nosotros comprender cómo Jesús podía ser completamente Dios, puesto que su origen era como el nuestro en todos los sentidos. Pensar en estas otras dos posibilidades nos ayuda a entender cómo Dios, en su sabiduría, ordenó una combinación de influencias humanas y divinas en el nacimiento de Cristo, de manera que toda su humanidad fuera evidente para nosotros en razón del hecho de su nacimiento humano normal de una madre humana, y su plena deidad fuera evidente en el hecho de la concepción en el vientre de María mediante la obra poderosa del Espíritu Santo[1].

3. El nacimiento virginal hizo también posible que Jesús fuera completamente humano pero sin la herencia de pecado. Todos los seres humanos hemos heredado la culpa legal y la naturaleza moral corrompida de nuestro primer padre, Adán (lo que a veces se le llama «pecado heredado» o «pecado original»). Pero el hecho de que Jesús no tuviera un padre humano significa que la línea de descendencia de Adán quedó parcialmente interrumpida. Jesús no descendía de Adán exactamente en la misma manera que los demás seres humanos han descendido de Adán. Y esto nos ayuda a comprender por qué la culpa legal y la corrupción moral que cargan los demás seres humanos no la encontramos en Cristo.

---

[1] Esto no quiere decir que hubiera sido imposible para Dios hacer que Jesús viniera al mundo en otra manera diferente, sino tan solo decir que Dios, en su sabiduría, decidió que esta era la mejor forma de hacer que sucediera, y parte de ello es evidente en el hecho de que el nacimiento virginal nos ayuda a comprender cómo Jesús podía ser completamente Dios y completamente humano. Las Escrituras no nos dicen si hubiera sido «posible» traer a Cristo al mundo en algún sentido absoluto de «posible».

Esta idea parece estar indicada en la declaración del ángel Gabriel a María, cuando dice:

> «El Espíritu Santo vendrá sobre ti,
> y el poder del Altísimo te cubrirá con su sombra
> *Así que [el niño que va a nacer se llamará santo]*
> Hijo de Dios». (Lc 1:35)

Debido a que el Espíritu Santo causó la concepción de Jesús en el vientre de María, el niño sería llamado *«santo»*[2]. Esa conclusión no debe interpretarse como que quiere decir que la transmisión del pecado viene solo por medio del padre, porque las Escrituras no hacen una aseveración así en ninguna parte. Baste decir que *en este caso* la línea ininterrumpida de la descendencia de Adán quedó interrumpida, y Jesús fue concebido por el poder del Espíritu Santo. Lucas 1:35 conecta esta concepción por el Espíritu Santo con la santidad o pureza moral de Cristo, y la reflexión en ese hecho nos permite entender que gracias a la ausencia de un padre humano, Jesús no era completamente un descendiente de Adán, y que esa interrupción de la línea de descendencia fue el método que Dios usó para hacer que Jesús fuera completamente humano sin que heredara el pecado de Adán.

Pero ¿por qué Jesús no heredó de María una naturaleza pecaminosa? La Iglesia Católica Romana responde a esa pregunta diciendo que María misma estaba libre del pecado, pero las Escrituras no enseñan eso, y de todas maneras eso no resuelve el problema (¿acaso no heredó María el pecado de su madre?)[3]. Una solución mejor es decir que la obra del Espíritu Santo en María debe haber prevenido no solo la transmisión del pecado de José (porque Jesús no tuvo padre humano), sino también, en una forma milagrosa, la transmisión del pecado de María: «El Espíritu Santo vendrá sobre ti… Así que al santo niño que va a nacer lo llamarán Hijo de Dios» (Lc 1:35).

Ha sido común, al menos en generaciones anteriores, para los que no aceptan la completa veracidad de las Escrituras negar la doctrina del nacimiento virginal de Cristo.

---

[2] He insertado aquí una traducción de la versión inglesa *RSV*, que pienso que es correcta. La frase griega es *dio kai to gennomenon hagion klethesetai, huios theou*. La decisión de cuál es la traducción correcta depende de si tomamos *gennomenon* como el sujeto significando «el niño que nacerá» o pensamos que el sujeto es *to hagion*, «el santo niño», con el participio *gennomenon* funcionando como un adjetivo, dando el sentido que tiene en las versiones hispanas.

Recientemente, una investigación léxica amplia parece indicar que la expresión *to gennomenon* era una expresión bastante común que se solía entender como «el niño que nacerá». Ejemplos de este uso se puede ver en Plotino, *Nead*, 3.6.20; Platón, *Menexenus*, 237E; *Laws*, 6,775C; Filón, *Sobre la creación*, 100; *Sobre el cambio de nombres*, 267; Plutarco, *Moralia*, «Consejos para los Novios», 140F; «Sobre el afecto a los hijos» 495E. Se podrían encontrar probablemente más ejemplos con una investigación de computadora más completa, pero estos parecen suficientes para demostrar que la simple posibilidad gramatical de traducir Lucas 1:35 en la manera que lo hacen las versiones castellanas no es un argumento fuerte a favor de sus traducciones, porque los lectores de habla griega del primer siglo hubieran entendido generalmente las palabras *to gennomenon* como una unidad que significa «el niño que nacerá». Debido a este hecho, la traducción que propongo representa el sentido que hubieran entendido los lectores del primer siglo: «Así que el niño que nacerá será llamado santo». (Descubrí estos ejemplos de *to gennomenon* al investigar la información en el Thesaurus Linguae Graecae basado en la computadora Ibycus en el Trinity Evangelical Divinity School).

[3] La Iglesia Católica Romana enseña la doctrina de la *inmaculada concepción*. Esta doctrina no se refiere a la concepción de Jesús en el vientre de María, sino a la concepción de *María* en el vientre de su madre, y enseña que María estaba libre de la herencia del pecado. El 8 de diciembre de 1854, el Papa Pío IX proclamó: «La Santísima Virgen María fue, desde el primer momento de su concepción… en vista de los méritos de Cristo Jesús… preservada libre de la mancha del pecado original» (Ludwig Ott, *Fundamentals of Catholic Dogma*, trad. Patrick Lynch [Tan, Rockfort, 1960], p. 190), (La Iglesia Católica también enseña que «como consecuencia de un privilegio especial de gracia de Dios, María estaba libre de pecado personal durante toda su vida», p. 203.)

En respuesta, debemos decir que el Nuevo Testamento honra mucho a María como una persona a quien Dios le «ha concedido su favor» (Lc 1:30), y que es «bendita entre las mujeres» (Lc 1:42), pero en ninguna parte indica la Biblia que María estaba libre del pecado heredado. La expresión «¡Te saludo, tú que has recibido el favor de Dios. El Señor está contigo» (Lc 1:28) simplemente significa que María había encontrado gran bendición de parte de Dios; la misma palabra que traducimos «favor» o «favorecida» en Lucas 1:28 (gr. *charitoo*) se usa para todos los cristianos en Efesios 1:6: «para alabanza de su gloriosa gracia, que *nos concedió* en su Amado». En realidad, Ott dice: «La doctrina de la Inmaculada Concepción de María no está explícitamente revelada en las Escrituras» (p. 200, aunque él piensa que está implícita en Gn 3:15 y Lc 1:28, 41.

Pero si nuestras creencias van a ser gobernadas por las declaraciones de las Escrituras, no negaremos ciertamente esta enseñanza. Ya sea que podamos o no discernir algunos aspectos de importancia doctrinal de esta enseñanza, debiéramos creerla primero que nada porque las Escrituras la afirman. Por supuesto, un milagro así no es demasiado difícil para el Dios que creó el universo y todo lo que hay en él, todo el que afirme que un nacimiento virginal es «imposible» está confesando su propia incredulidad en el Dios de la Biblia. No obstante, además del hecho de que las Escrituras enseñan el nacimiento virginal, podemos ver que es doctrinalmente importante, y si vamos a entender la enseñanza bíblica sobre la persona de Cristo correctamente, es importante que empecemos con una afirmación de esta doctrina.

2. Debilidades y limitaciones humanas

a. Jesús tuvo un cuerpo humano: El hecho de que Jesús tuviera un cuerpo humano como nosotros lo podemos ver en muchos pasajes de las Escrituras. Nació de la misma manera que nacen todos los demás seres humanos (Lc 2:7). Creció como niño hasta llegar a la edad adulta como todos los niños lo hacen. «El niño crecía y se fortalecía; progresaba en sabiduría, y la gracia de Dios lo acompañaba» (Lc 2:40). Además, Lucas nos dice que «Jesús siguió creciendo en sabiduría y estatura, y cada vez más gozaba del favor de Dios y de toda la gente» (Lc 2:52).

Jesús se cansaba como todos nosotros, porque leemos que «Jesús, fatigado del camino, se sentó junto al pozo» (Jn 4:6) en Samaria. Sintió sed, porque cuando estaba en la cruz dijo: «*Tengo sed*» (Jn 19:28). Después de haber ayunado durante cuarenta días en el desierto, leemos que «*tuvo hambre*» (Mt 4:2). A veces se sintió físicamente débil, porque durante el tiempo de sus tentaciones en el desierto ayunó por cuarenta días (hasta el punto en que la fortaleza física de las personas se agota por completo y puede suceder un daño irreparable si continúa el ayuno). En ese tiempo «unos ángeles acudieron a servirle» (Mt 4:11), y aparentemente cuidaron de él y le proveyeron sustento hasta que recuperó sus energías para salir del desierto. Cuando Jesús estaba de camino al Gólgota para ser crucificado, los soldados obligaron a Simón de Cirene a que llevara la cruz (Lc 23:26), muy probablemente debido a que Jesús se encontraba tan debilitado después de los latigazos que le habían dado que ya no contaba con fuerzas para llevarla él mismo. La culminación de las limitaciones de Jesús en términos de su cuerpo físico la vemos cuando murió en la cruz (Lc 23:46). Su cuerpo humano cesó de tener vida y cesaron sus funciones, lo mismo que en nuestros cuerpos cuando morimos.

Jesús también resucitó de entre los muertos en un cuerpo físico, humano, aunque uno que era perfecto y ya no estaba sujeto a las limitaciones de la debilidad, la enfermedad o la muerte. Les demostró repetidas veces a sus discípulos que tenía un cuerpo físico auténtico: él dijo: «Miren mis manos y mis pies. ¡Soy yo mismo! Tóquenme y vean; *un espíritu no tiene carne ni huesos*, como ven que los tengo yo» (Lc 24:39). Les mostró y les enseñó que tenía «carne y huesos» y que no era solo un «espíritu» sin cuerpo. Otra evidencia de esto lo vemos en que ellos «le dieron un pedazo de pescado asado, así que lo tomó y se lo comió delante de ellos» (Lc 24:42; cf. v. 30; Jn 20:17, 20, 27; 21:9, 13).

En este mismo cuerpo humano (aunque era un cuerpo resucitado que ya era perfecto), Jesús también ascendió al cielo. Dijo antes de dejarlos: «Ahora dejo de nuevo el mundo y vuelvo al Padre» (Jn 16:28; cf. 17:11). La manera en que Jesús ascendió al cielo fue calculada para demostrar la continuidad entre su existencia en un cuerpo físico aquí en la tierra y la continuidad de su existencia en ese cuerpo en el cielo. Unos pocos versículos después de que Jesús les dijera: «Un espíritu no tiene carne ni huesos, como ven que los tengo yo» (Lc 24:39), leemos en el Evangelio de Lucas que Jesús «los llevó hasta Betania; allí alzó las manos y los bendijo. Sucedió que, mientras los bendecía, se alejó de ellos y fue llevado al cielo» (Lc 24:50-51). Asimismo, leemos en Hechos: «Mientras ellos lo miraban, fue llevado a las alturas hasta que una nube lo ocultó de su vista» (Hch 1:9).

Todos estos versículos tomados juntos muestran que, en lo concerniente al cuerpo humano de Jesús, era como el nuestro en todos los sentidos antes de la resurrección, y después de su resurrección era todavía un cuerpo humano con «carne y huesos», pero hecho perfecto, la clase de cuerpo que nosotros tendremos cuando Cristo regrese y nos resucite también de entre los muertos[4]. Jesús sigue existiendo en ese cuerpo en el cielo, como la ascensión tiene el propósito de enseñarnos.

b. Jesús tuvo una mente humana: El hecho de que Jesús «*siguió creciendo en sabiduría*» (Lc 2:52) nos dice que pasó por un proceso de aprendizaje como lo hacen todos los niños. Aprendió a comer, a hablar, a leer y escribir, y cómo ser obediente a sus padres (vea He 5:8). Este proceso de aprendizaje común a todos fue parte de la auténtica humanidad de Cristo.

También podemos ver que Jesús tuvo una mente como la nuestra cuando habla del día en que regresará a la tierra: «Pero en cuanto al día y la hora, nadie lo sabe, ni siquiera los ángeles en el cielo, ni el Hijo, sino solo el Padre» (Mr 13:32)[5].

c. Jesús tuvo un alma humana y emociones humanas: Vemos varias indicaciones de que Jesús tuvo alma humana (o espíritu). Poco antes de su crucifixión, Jesús dijo: «Ahora todo mi ser está *angustiado*» (Jn 12:27). Juan nos dice un poco después: «Dicho esto, Jesús se *angustió* profundamente» (Jn 13:21). En ambos versículos la palabra *angustiar* representa al término griego *tarasso*, una palabra que se usa con frecuencia para referirse a personas con ansiedad o sorprendidas repentinamente por un peligro[6].

Además, antes de la crucifixión de Jesús, al darse cuenta del sufrimiento que iba a enfrentar, dijo: «Es tal la angustia que me invade, que me siento morir» (Mt 26:38). Tan grande era la tristeza que sentía que parecía como que, si hubiera llegado a ser más fuerte, hubiera acabado con su vida.

Jesús experimentó una gama completa de emociones. Se «asombró» de la fe del centurión (Mt 8:10). Lloró con tristeza por causa de la muerte de Lázaro (Jn 11:35). Y oró con un corazón lleno de emoción, porque en «los días de su vida mortal, Jesús ofreció oraciones y súplicas *con fuerte clamor y lágrimas* al que podía salvarlo de la muerte, y fue escuchado por su reverente sumisión» (He 5:7).

---

[4] Vea capítulo 4, pp. 113-118, sobre la naturaleza del cuerpo resucitado.

[5] Vea adelante una consideración más completa de este versículo, pp. 41-43.

[6] La palabra *tarasso*, «angustiado», se usaba, por ejemplo, para hablar del hecho de que Herodes se «turbó» cuando se enteró de que los magos habían acudido a Jerusalén buscando al nuevo rey de los judíos (Mt 2:3); los discípulos se «aterraron» cuando vieron a Jesús caminando sobre las aguas del lago y pensaron que era un fantasma (Mt 14:26); Zacarías se «asustó» cuando de repente vio a un ángel aparecer en el templo en Jerusalén (Lc 1:12); y los discípulos se «asustaron» cuando Jesús apareció repentinamente entre ellos después de la resurrección (Lc 24:38). Pero la palabra aparece también en Juan 14:1, 27, cuando Jesús dice: «No se angustien. Confíen en Dios...». Cuando Jesús estaba angustiado en su espíritu, no pensemos, por tanto, que era una falta de fe o que estaba afectado por algún pecado, era definitivamente una fuerte emoción humana que suele aparecer en momentos de gran peligro.

CAPÍTULO 2 · LA PERSONA DE CRISTO

Además, el autor de Hebreos nos dice: «Aunque era Hijo, mediante el sufrimiento *aprendió a obedecer*; y consumada su perfección, llegó a ser autor de salvación eterna para todos los que le obedecen» (Heb 5:8-9). Con todo, si Jesús nunca pecó, ¿cómo podía él «aprender obediencia»? Al parecer, al tiempo que Jesús crecía en madurez, como todos los demás niños humanos, fue capaz de desarrollar su responsabilidad moral. Cuanto mayor se hacía tantas más demandas podían sus padres exigirle en términos de obediencia, y más difíciles serían las tareas que su Padre celestial podía asignarles para llevarlas a cabo según las fuerzas de su naturaleza humana. Con cada tarea que aumentaba en dificultad, incluso cuando involucraba algún sufrimiento (como He 5:8 especifica), la habilidad moral de Jesús, su capacidad de obedecer bajo circunstancias cada vez más difíciles se incrementaba. Podemos decir que su «fibra moral» se fortalecía mediante ejercicios cada vez más difíciles. No obstante, en todo este proceso nunca pecó.

La ausencia completa de pecado en la vida de Jesús es muy notable a causa de las severas tentaciones que enfrentó, no solo en el desierto, sino a lo largo de su vida. El autor de Hebreos afirma que Jesús fue «*tentado en todo* de la misma manera que nosotros, aunque sin pecado» (Heb 4:15). El hecho de que enfrentara tentaciones significa que tenía una naturaleza humana auténtica que podía ser tentada, porque las Escrituras claramente dicen que «Dios no puede ser tentado por el mal» (Stg 1:13).

d. Las personas cercanas a Jesús le vieron solo como un hombre: Mateo nos informa de un incidente asombroso en medio del ministerio de Jesús. Aunque Jesús había recorrido toda Galilea «enseñando en las sinagogas, anunciando las buenas nuevas del reino y sanando toda enfermedad y dolencia entre la gente», de manera que le «seguían grandes multitudes» (Mt 4:23-25), cuando llegó a Nazaret, el pueblo donde se había criado, sus vecinos que le había conocido por tantos años no le recibieron:

> Cuando Jesús terminó de contar estas parábolas, se fue de allí. Al llegar a su tierra, comenzó a enseñar a la gente en la sinagoga, los que se preguntaban maravillados: «*¿De dónde sacó éste tal sabiduría y tales poderes milagrosos? ¿No es acaso el hijo del carpintero? ¿No se llama su madre María; y no son sus hermanos Jacobo, José, Simón y Judas? ¿No están con nosotros todas sus hermanas? ¿Así que de dónde sacó todas estas cosas? Y se escandalizaban a causa de él*. Y por la incredulidad de ellos, no hizo allí muchos milagros. (Mt 13:53-58)

Este pasaje nos indica que las personas que le conocieron mejor, los vecinos con los que había vivido y trabajado durante treinta años, solo le vieron como un hombre común y corriente, un buen hombre, sin duda, justo, amable y sincero, pero ciertamente no un profeta de Dios que pudiera hacer milagros, y desde luego no Dios mismo en la carne. Aunque en las secciones siguientes veremos cómo Jesús era completamente divino en todos los sentidos —que era verdaderamente Dios y hombre en una persona— debemos con todo reconocer toda la fuerza de un pasaje como este. Durante los primeros treinta años de su vida Jesús vivió una vida humana que era tan común y corriente que las personas de Nazaret que le conocían mejor se quedaran asombradas de que él pudiera enseñar con autoridad y obrar milagros. Ellos le conocían. Era uno de ellos. Era el «hijo del carpintero» (Mt 13:55), y él mismo era «el carpintero» (Mt 6:3), tan común y normal que se preguntaban: «¿Así que de dónde sacó todas estas cosas?» (Mt 13:56). Y Juan nos dice que «*ni siquiera sus hermanos creían en él*» (Jn 7:5).

¿Fue Jesús completamente humano? Era tan humano que los que vivieron y trabajaron con él durante treinta años, y aun sus hermanos que crecieron juntos bajo el mismo techo, no lo vieron más que como un buen ser humano. Aparentemente no tenían ni idea de que Dios se hubiera encarnado y viviera entre ellos.

3. Sin pecado. Aunque el Nuevo Testamente afirma con absoluta claridad que Jesús era completamente humano como nosotros lo somos, también afirma que Jesús era diferente en un aspecto importante: Era sin pecado, y nunca cometió ningún pecado durante su vida humana. Algunos han objetado diciendo que si Jesús no pecó, entonces no era *verdaderamente* humano, porque todos los seres humanos pecan. Pero los que hacen esta objeción no se dan cuenta que los seres humanos se encuentran ahora en una situación *anormal*. Dios no nos creó pecaminosos, sino santos y justos. Adán y Eva antes de que pecaran en el huerto del Edén eran *verdaderamente* humanos, y nosotros ahora, aunque humanos, no estamos a la altura de la manera de ser que Dios desea para nosotros cuando quede restaurada por completo nuestra humanidad sin pecado.

La impecabilidad de Jesús se enseña con frecuencia en el Nuevo Testamento. Vemos sugerencias de ello temprano en su vida cuando «progresaba en sabiduría, y la gracia de Dios lo acompañaba» (Lc 2:40). Luego vemos que Satanás no tuvo éxito en su intento de tentar a Jesús, y que después de cuarenta días no logró persuadirle a que pecara. «Así que el diablo, habiendo agotado todo recurso de tentación, lo dejó hasta otra oportunidad» Lc 4:13). Tampoco vemos en los evangelios sinópticos (Mateo, Marcos y Lucas) ninguna evidencia de falta o error de parte de Jesús. A los judíos que se le oponían, Jesús les preguntó: «¿Quién de ustedes me puede probar que soy culpable de pecado?» (Jn 8:46) y nadie le respondió.

Las declaraciones acerca de la impecabilidad de Jesús son más explícitas en el Evangelio de Juan. Jesús hizo la asombrosa declaración: «Yo soy la luz del mundo» (Jn 8:12). Si entendemos que la luz representa veracidad y pureza moral, Jesús está aquí afirmando que él es la fuente de la verdad y de la pureza moral y la santidad en el mundo, lo cual es una afirmación sorprendente, algo que solo podía decir alguien que estuviera libre de pecado. Además, en cuanto a la obediencia a su Padre en el cielo, dijo: «Siempre hago lo que le agrada» (Jn 8:29; el tiempo presente nos da el sentido de una actividad continua: «*Estoy haciendo siempre* lo que le agrada»). Al final de su vida, Jesús podía decir: «Así como yo he obedecido los mandamientos de mi Padre y permanezco en su amor» (Jn 15:10). Es significativo que cuando Jesús estaba siendo sometido a juicio ante Pilato, a pesar de las acusaciones de los judíos, Pilato solo pudo llegar a la conclusión: «Yo no encuentro que éste sea culpable de nada» (Jn 18:38).

En el libro de Hechos a Jesús le llaman varias veces: «Santo y Justo», o se refieren a él con expresiones similares (vea Hch 2:27; 3:14; 4:30; 7:52; 13:35). Cuando Pablo habla de que Jesús vino a vivir como hombre es muy cuidadoso en no decir que Jesús vino en «carne de pecado», sino más bien dice que «Dios enviando a su Hijo *en semejanza* de carne de pecado» (Ro 8:3, RVR 1960). Y se refiere a Jesús como el «que no cometió alguno, por nosotros Dios lo trató como pecador» (2 Co 5:21).

CAPÍTULO 2 · LA PERSONA DE CRISTO

El autor de Hebreos afirma que Jesús fue tentado, pero a la vez insiste en que no pecó: «Sino uno que ha sido tentado en todo de la misma manera que nosotros, *aunque sin pecado*» (Heb 4:15). Él es un sumo sacerdote que es «santo, irreprochable, puro, apartado de los pecadores y exaltado sobre los cielos» (Heb 7:26). Pedro habla de Jesús como «un cordero sin mancha y sin defecto» (1 P 1:19), usando las imágenes del Antiguo Testamento para afirmar que está libre de todo defecto moral. Pedro declara directamente: «*No cometió ningún pecado*, ni hubo engaño en su boca» (1 P 2:22). Cuando Jesús murió, era «el justo por los injustos, a fin de llevarlos a ustedes a Dios» (1 P 3:18). Y Juan, en su primera epístola, llama a Jesús «Jesucristo, el Justo» (1 Jn 2:1) y dice: «y él no tiene pecado» (1 Jn 3:15). Es difícil de negar, entonces, que la impecabilidad de Cristo se enseña claramente en las secciones más importantes del Nuevo Testamento. Él era verdaderamente hombre, pero sin pecado.

En relación con la impecabilidad de Jesús, debiéramos notar en más detalles la naturaleza de las tentaciones en el desierto (Mt 4:1-11; Mr 1:12-13; Lc 4:1-13). En esencia estas tentaciones fueron un intento de persuadir a Jesús de que escapara del camino duro de obediencia y sufrimiento que estaba preparado para él como el Mesías. Jesús fue «llevado por el Espíritu al desierto. Allí estuvo cuarenta días y fue tentado por el diablo» (Lc 4:1-2). En muchos sentidos esta tentación fue semejante a la prueba que enfrentaron Adán y Eva en el huerto del Edén, pero fue mucho más difícil. Adán y Eva tenían comunión con Dios y uno con el otro y abundancia de toda clase de alimento, y solo se les dijo que no comieran de un árbol. Por el contrario, Jesús no tenía compañerismo humano con nadie y nada para comer, y después de haber ayunado durante cuarenta días estaba al borde del agotamiento físico. En ambos casos la clase de obediencia que se requería no era la obediencia a un principio moral eterno enraizado en el carácter de Dios, sino una prueba de pura y simple obediencia a un mandato específico de Dios. Con Adán y Eva, a quienes Dios les había dicho que no comieran del árbol del conocimiento del bien y del mal, la cuestión era si ellos obedecerían porque Dios les había dicho que lo hicieran. En el caso de Jesús, «llevado por el Espíritu» al desierto por cuarenta días, este al parecer se dio cuenta de que era la voluntad del Padre que no comiera durante esos días, sino que permaneciera allí hasta que el Padre, por medio de la dirección del Espíritu Santo, le dijera que la tentación había terminado y que podía marcharse de allí.

Podemos entender, entonces, la fuerza de la tentación: «Si eres el Hijo de Dios, dile a esta piedra que se convierta en pan» (Lc 4:3). Por supuesto, Jesús era el Hijo de Dios, y desde luego tenía poder para convertir la piedra en pan instantáneamente. Muy pronto transformaría el agua en vino y multiplicaría los panes y los peces. La tentación estaba intensificada por el hecho de que parecía que, si no comía pronto, corría el riesgo de perder la vida. Con todo, él había venido a obedecer a Dios de manera perfecta en nuestro lugar, y hacerlo *como hombre*. Esto significa que tenía que obedecer basado solo en sus propias fuerzas humanas. Si hubiera invocado sus poderes divinos para hacer que la tentación le resultara más fácil, no habría obedecido a Dios completamente como *un hombre*. La tentación consistía en «manipular» un poco los requerimientos y hacer que la obediencia resultara de cierta forma más fácil. Pero Jesús, a diferencia de Adán y Eva, rehusó comer cuando parecía que era bueno y necesario para él, prefiriendo más bien obedecer el mandamiento de su Padre celestial.

La tentación de inclinarse y adorar a Satanás por un momento y recibir autoridad sobre «todos los reinos del mundo» (Lc 4:5) fue la tentación de recibir poder no por medio del camino de la obediencia de toda una vida a su Padre celestial, sino mediante el sometimiento erróneo al príncipe de las tinieblas. Jesús de nuevo rechazó esta senda aparentemente fácil y eligió el camino de la obediencia que lo llevó a la cruz.

Del mismo modo, la tentación de arrojarse desde lo alto del pináculo del templo (Lc 4:9-11) fue la tentación de «forzar» a Dios a realizar un milagro y rescatarlo en una forma espectacular, y de ese modo atraer a una multitud de seguidores sin tener que seguir el difícil camino que tenía por delante, que incluía tres años de ministrar a las personas en sus necesidades, enseñar con autoridad y ser un ejemplo de absoluta santidad en su vida en medio de una dura oposición. Pero Jesús de nuevo se resistió al «camino fácil» para el cumplimiento de sus metas como Mesías (de nuevo, un camino que en realidad no le hubiera llevado a cumplir con esas metas en ningún sentido).

Estas tentaciones fueron en verdad la culminación de un proceso moral de toda una vida de fortalecimiento y maduración que tuvo lugar durante toda la niñez y temprana adultez de Jesús, al ir «creciendo en sabiduría y estatura, y cada vez gozaba más del favor de Dios» (Lc 2:52) y «mediante el sufrimiento *aprendió a obedecer*» (Heb 5:8). En esas tentaciones en el desierto y en las varias tentaciones que tuvo que enfrentar a lo largo de los treinta y tres años de su vida, Cristo obedeció a Dios en nuestro lugar y como representante nuestro, y triunfó allí donde Adán había fallado, donde el pueblo de Israel en el desierto había fallado, y donde nosotros hemos fallado (vea Ro 5:18-19).

Con todo lo difícil que pueda ser para nosotros comprenderlo, las Escrituras afirman que en estas tentaciones Jesús aumentó su capacidad para entender y ayudarnos en nuestras tentaciones. «*Por haber sufrido él mismo la tentación*, puede socorrer a los que son tentados» (Heb 2:18). El autor sigue relacionando la capacidad de Jesús para condolerse de nuestras debilidades por el hecho de que fue tentado como nosotros lo somos:

> No tenemos un sumo sacerdote incapaz de compadecerse de nuestras debilidades, sino uno que ha sido tentado en todo de la misma manera que nosotros, aunque sin pecado. Así que acerquémonos confiadamente al trono de la gracia para recibir misericordia y hallar la gracia que nos ayude en el momento que más la necesitemos. (Heb 4:15-16)

Esto tiene una aplicación práctica para todos nosotros: En cada situación en la que luchamos con la tentación, debiéramos reflexionar en la vida de Cristo y preguntarnos si no son situaciones similares a las que él enfrentó. En general, después de reflexionar un poco, seremos capaces de pensar en algunos momentos de la vida de Cristo en los que enfrentó tentaciones que, aunque no fueron iguales en cada detalle, fueron semejantes a las situaciones que nosotros enfrentamos a diario[7].

---

[7]Particularmente en relación con la vida familiar, nos ayuda el recordar que José no aparece mencionado en ninguna parte en los evangelios después del incidente en el templo cuando Jesús tenía doce años. Es especialmente interesante notar que José no aparece en los versículos que hablan de la madre y otros miembros de la familia, mencionando incluso los nombres de los hermanos y hermanas (vea Mt 13:55-56; Mr 6:3; cp. Mt 12:48). Parecería muy extraño, por ejemplo, que la «madre de Jesús» se encontrara en la boda en Caná de Galilea (Jn 2:1) pero no su padre, si es que todavía vivía (cp. Jn 2:12). Esto parece indicar que en algún momento después que Jesús cumplió los doce años José falleció, y que durante unos años Jesús creció en un hogar donde la madre actuaba como cabeza de familia. Esto nos está diciendo que al ir creciendo Jesús asumió cada vez más la responsabilidad de líder de la familia, ganándose la vida como «carpintero» (Mr 6:3) y cuidando también sin duda de sus hermanos más jóvenes. Por tanto, aunque Jesús nunca se casó, Él tuvo, sin duda alguna, una rica variedad de experiencias familiares en situaciones y conflictos similares a los que experimentan las familias hoy.

4. ¿Podía Jesús haber pecado? A veces surge la pregunta: «¿Era posible que Jesús pecara?». Algunos argumentan a favor de la *impecabilidad* de Cristo señalando que la palabra impecable significa que «no puede pecar»[8]. Otros objetan que si Jesús no podía pecar, sus tentaciones no podían ser reales, ¿porque cómo puede ser real una tentación si la persona que está siendo tentada no tiene la posibilidad de caer en pecado?

A fin de responder a esta pregunta, debemos distinguir lo que las Escrituras afirman claramente, por un lado, y, por el otro, lo que está más en la naturaleza de la posible inferencia de nuestra parte. (1) Las Escrituras claramente afirman que Cristo nunca pecó (vea arriba). No debiera haber ninguna duda en cuanto a este hecho en nuestras mentes. (2) También afirman claramente que Jesús fue tentado, y que fueron tentaciones auténticas (Lc 4:2). Si creemos las Escrituras, debemos insistir entonces en que Cristo «ha sido tentado *en todo de la misma manera que nosotros*, aunque sin pecado» (Heb 4:15). Si nuestra especulación sobre la cuestión de si Cristo podía haber pecado nos lleva alguna vez a decir que él no fue verdaderamente tentado, hemos llegado entonces a una conclusión errónea, una que contradice las claras declaraciones de las Escrituras.

(3) Debemos también afirmar con las Escrituras que «Dios no puede ser tentado por el mal» (Stg 1:13). Pero aquí la pregunta se hace más difícil: Si Jesús era completamente Dios como también completamente hombre (y argumentaremos más adelante que las Escrituras enseñan eso en forma clara y repetida), ¿no debemos afirmar también que (en algún sentido) Jesús no podía «ser tentado por el mal»?

Hasta aquí es donde podemos llegar en términos de afirmaciones claras y explícitas de las Escrituras. Pero aquí nos enfrentamos con un dilema similar a algunos otros dilemas doctrinales en los que las Escrituras parecen estar enseñando cosas que son, si no directamente contradictorias, o al menos muy difíciles de combinar en nuestro entendimiento. Por ejemplo, con respecto a la doctrina de la Trinidad, afirmamos que Dios existe en tres personas, y que cada una es completamente Dios, y que hay un solo Dios. Aunque esas declaraciones no son contradictorias, son, no obstante, difíciles de entender en relación una con otra, y aunque podemos hacer cierto progreso en la comprensión de cómo encajan unas con otras, al menos en esta vida tenemos que admitir que no puede haber una comprensión final por parte nuestra. Aquí la situación es de alguna manera similar. No tenemos una contradicción real. Las Escrituras no nos dicen que «Jesús fue tentado» y que «Jesús no fue tentado» (una contradicción si «Jesús» y «tentado» se usan exactamente en la misma forma en ambas frases). La Biblia nos dice que «Jesús fue tentado» y que «Jesús era completamente hombre» y que «Jesús era completamente Dios» y «Dios no puede ser tentado». Esta combinación de enseñanzas de parte de las Escrituras deja abierta la posibilidad de que a medida que entendemos la manera en que las naturalezas humana y divina de Jesús funcionaban juntas, podemos comprender más la manera en la que él podía ser tentado en un sentido y en otro, no obstante, no podía ser tentado. (Esta posibilidad la examinaremos después más a fondo).

En este momento, entonces, vamos más allá de las afirmaciones claras de las Escrituras e intentamos sugerir una solución al problema de si Cristo podía haber pecado. Pero es importante reconocer que la siguiente solución está más en la naturaleza del recurso

---

[8] La palabra latina *peccare* significa «pecar».

sugerido de combinar varias enseñanzas bíblicas y no está directamente apoyado por declaraciones explícitas de las Escrituras. Con esto en mente, es apropiado para nosotros decir[9]: (1) Si la naturaleza humana de Jesús hubiera existido por sí misma, independiente de su naturaleza divina, habría sido una naturaleza humana semejante a la que Dios dio a Adán y a Eva. Estaría libre de pecado, pero, no obstante, *con posibilidad de pecar*. Por tanto, si la naturaleza humana de Jesús hubiera existido por sí misma, estaba la posibilidad abstracta o teórica de que Jesús podía haber pecado, como la naturaleza humana de Adán y Eva tenían la posibilidad de pecar. (2) Pero la naturaleza humana de Jesús nunca existió aparte de la unión con su naturaleza divina. Desde el momento de su concepción, existió como verdaderamente Dios y también como verdaderamente hombre. Su naturaleza humana y su naturaleza divina existieron unidas en una persona. (3) Aunque hubo algunas cosas (tales como sentir hambre, sed o debilidad) que Jesús experimentó solo en su naturaleza humana y no las experimentó en su naturaleza divina (vea más adelante), no obstante, un acto de pecar hubiera sido una acción moral que habría involucrado al parecer toda la persona de Cristo. Por tanto, si él hubiera pecado, hubiera involucrado su naturaleza humana y su naturaleza divina. (4) Pero si Jesús como una persona hubiera pecado, involucrando sus naturalezas humana y divina en el pecado, Dios mismo habría pecado, y él hubiera dejado de ser Dios. No obstante, eso es claramente imposible a causa de la infinita santidad de la naturaleza de Dios. (5) Por tanto, si estamos preguntando si era *de veras* posible que Jesús hubiera pecado, parece que debemos concluir que no era posible. La unión de sus naturalezas humana y divina en una persona lo evitaba.

Pero queda todavía por responder la pregunta: «¿Cómo entonces podían ser válidas las tentaciones de Jesús?» El ejemplo de la tentación de cambiar las piedras en pan nos ayuda en este sentido. Jesús tenía la capacidad, en virtud de su naturaleza divina, de realizar este milagro, pero si lo hubiera hecho, ya no habría estado obedeciendo solo en base de la fortaleza de su naturaleza humana, hubiera fallado en la prueba en la que Adán también falló, y no habría ganado la salvación para nosotros. Por tanto, rehusó apoyarse en su naturaleza divina para hacer que la obediencia le resultara más fácil. Del mismo modo, parece apropiado concluir que Jesús enfrentó cada tentación, no en base a su poder divino, sino solo en la fortaleza de su naturaleza humana (aunque, por supuesto, no estaba «solo» porque Jesús, al ejercer la clase de fe que los humanos debieran ejercer, estaba dependiendo perfectamente de Dios el Padre y del Espíritu Santo en todo momento). La fortaleza moral de su naturaleza divina estaba allí como una especie de «respaldo» que le hubiera servido para no pecar (y por tanto, podemos decir que era imposible que él pecara), pero él no confió en la fortaleza de su naturaleza divina para hacer que le resultara más fácil enfrentar las tentaciones, y su negación a convertir las piedras en pan al comienzo de su ministerio es una clara indicación de ello.

¿Fueron entonces genuinas las tentaciones? Muchos teólogos han señalado que solo aquel que resiste con éxito una tentación hasta el final siente de forma más plena toda la fuerza de esa tentación. Así como un campeón de levantamiento de pesas que levanta y sostiene con éxito por encima de su cabeza las pesas más pesadas en el campeonato siente toda la fuerza de ello más completamente que el que lo ha intentado pero las deja caer,

---

[9] En este estudio estoy siguiendo en buena medida las conclusiones de Geerhardus Vos, *Biblical Theology* (Eerdmans, Grand Rapids, 1948), pp. 339-42.

todo cristiano que ha enfrentado con éxito la tentación hasta el final sabe que es mucho más difícil que caer en ella de una vez. Así sucedió con Jesús: Cada tentación que enfrentó, lo hizo hasta el final, y triunfó sobre ella. Las tentaciones fueron reales, aunque no se rindió a ellas. En realidad, fueron mucho más reales *porque* no se rindió a ellas.

¿Qué decimos entonces acerca del hecho de que «Dios no puede ser tentado por el mal» (Stg 1:13)? Parece ser que esta es una de las varias cosas que debemos afirmar que son ciertas de la naturaleza divina de Jesús, pero no de su naturaleza humana. Su naturaleza divina no podía ser tentada por el mal, pero sí su naturaleza humana y sin duda fue tentada. Las Escrituras no nos explican con claridad cómo estaban unidas estas dos naturalezas en una persona al enfrentarse a la tentación. Pero esta distinción entre lo que es verdad de una naturaleza y lo que es verdad de otra naturaleza es un ejemplo de varias declaraciones similares que las Escrituras hacen (vea más adelante acerca de esta distinción, cuando examinemos cómo Jesús podía ser Dios y hombre en una persona).

5. ¿Por qué era necesaria la completa humanidad de Jesús? Cuando Juan escribió su primera epístola, circulaba una enseñanza herética entre las iglesias que decía que Jesús no era hombre. Esta herejía llegó a ser conocida como *docetismo*[10]. Tan seria fue su negación de la verdad acerca de Cristo, que Juan pudo decir que era una doctrina del anticristo: «En esto pueden discernir quién tiene el Espíritu de Dios: todo profeta que reconoce que Jesucristo ha venido en cuerpo humano, es de Dios; todo profeta que no reconoce a Jesús, no es de Dios sino del anticristo» (1 Jn 4:2-3). El apóstol Juan entendió que negar la verdadera humanidad de Jesús era negar algo que era esencial en el cristianismo, de modo que nadie que negara que Jesús había venido en la carne procedía de Dios.

Al mirar a lo largo del Nuevo Testamento, vemos varias razones de por qué Jesús tenía que ser completamente humano si es que iba a ser el Mesías y ganar nuestra salvación. Podemos mencionar aquí siete de estas razones.

a. Para obediencia representativa. Como se señala en el capítulo siguiente[11], Jesús era nuestro representante y obedeció por nosotros allí donde Adán había fallado y desobedecido. Lo vemos en el paralelismo entre la tentación de Jesús (Lc 4:1-13) y el tiempo de la prueba de Adán y Eva en el huerto del Edén (Gn 2:15—3:7). Aparece también claramente reflejado en las reflexiones de Pablo sobre el paralelismo entre Adán y Cristo, y en la desobediencia de Adán y obediencia de Cristo:

> Así como una sola transgresión causó la condenación de todos, también *un solo acto de justicia* produjo la justificación que da vida a todos. Porque así como por la desobediencia de uno solo muchos fueron constituidos pecadores, también *por la obediencia de uno solo* muchos serán constituidos justos. (Ro 5:18-19)

---

[10]La palabra *docetismo* viene del verbo griego *dokeo* que significa «parecer». Cualquier posición teológica que dice que Jesús no era realmente un hombre, sino solo parecía ser un hombre, era considerada una posición «docética». Detrás del docetismo está la suposición de que la creación material es inherentemente mala, y por tanto, el Hijo de Dios no podía haber estado unido a una verdadera naturaleza humana. Ningún líder prominente de la iglesia defendió jamás el docetismo, pero fue una herejía preocupante que tuvo varios defensores en los primeros cuatro siglos de la iglesia. Los evangélicos modernos que descuidan enseñar la plena humanidad de Cristo pueden apoyar involuntariamente tendencias docéticas en sus oyentes.

[11]Vea capítulo 3, pp. 75-76.

Por esto Pablo puede llamar a Cristo el «último Adán» (1 Co 15:45) y puede llamar a Adán el «primer hombre» y a Cristo el «segundo hombre» (1 Co 15:47). Jesús tenía que ser un hombre a fin de ser nuestro representante y obedecer en nuestro lugar.

b. Ser un sacrificio vicario: Si Jesús no hubiera sido un hombre, no hubiera podido morir en nuestro lugar y pagar el castigo que justamente nos correspondía. El autor de Hebreos nos dice que «ciertamente, no vino en auxilio de los ángeles sino de los descendientes de Abraham. Por eso era preciso que en *todo se asemejara* a sus hermanos, para ser un sumo sacerdote fiel y misericordioso al servicio de Dios, a fin de expiar los pecados del pueblo» (Heb 2:16-17; cf. v. 14). Jesús tenía que ser un hombre, no un ángel, porque Dios estaba preocupado con la salvación de los hombres, no de los ángeles. Pero para hacer eso «era preciso que en *todo se asemejara* a sus hermanos», con el fin de que expiara nuestros pecados, el sacrificio que es una sustitución aceptable de nosotros. Aunque esta idea la consideraremos de forma más completa en el capítulo 3, sobre la expiación, es importante que aquí nos demos cuenta de que a menos que Cristo fuera completamente humano, no podía haber muerto para pagar el castigo por los pecados del hombre. No hubiera podido ser un sacrificio que nos sustituyera a nosotros.

c. Para ser el único mediador entre Dios y los hombres: Debido a que estábamos alejados de Dios por el pecado, necesitábamos a alguien que viniera a ponerse entre Dios y nosotros y nos llevara de vuelta a él. Necesitábamos un mediador que pudiera representarnos ante Dios y que pudiera representar a Dios ante nosotros. Hay solo una persona que haya cumplido alguna vez con esa función: «Porque hay un solo Dios y *un solo mediador* entre Dios y los hombres, Jesucristo hombre» (1 Ti 2:5). A fin de cumplir con esta función de mediador, Jesús tenía que ser completamente hombre y a la vez completamente Dios.

d. Para cumplir el propósito original de Dios de que el hombre gobernara la creación: Dios puso a la humanidad sobre la tierra para dominarla y gobernarla como representante suyo. Pero el hombre no cumplió con este propósito, sino que en vez de eso cayó en el pecado. El autor de Hebreos se da cuenta de que la intención de Dios era poner todas las cosas bajo la sujeción del hombre, pero reconoce: «Dios puso bajo él todas las cosas… es cierto que todavía no vemos que todo le esté sujeto» (Heb 2:8). Entonces cuando Jesús vino como hombre, fue capaz de obedecer a Dios y de ese modo adquirió el derecho de sojuzgar la creación *como un hombre*, y de esa manera cumplir con el propósito original de Dios al poner al hombre sobre la tierra. Hebreos reconoce esto cuando ahora dice: «Vemos a Jesús» en un lugar de autoridad sobre el universo, «coronado de honra y gloria» (Heb 2:9; cf. la misma frase en el v. 7). Jesús de hecho había recibido «toda autoridad en el cielo y en la tierra» (Mt 28:18), y Dios «sometió todas las cosas al dominio de Cristo» (Ef 1:22). Y ciertamente nosotros un día reinaremos con él sobre el trono (Ap 3:21) y experimentaremos, en sujeción a Cristo nuestro Señor, el cumplimiento del propósito de Dios de reinar sobre la tierra (cf. Lc 19:17, 19; 1 Co 6:3). Jesús tenía que ser un hombre a fin de cumplir el propósito original de Dios de que el hombre reinara sobre su creación.

e. Para ser nuestro ejemplo y modelo en la vida: Juan nos dice: «El que permanece en él, *debe vivir como él vivió*» (1 Jn 2:6), y nos recuerda que «cuando Cristo venga seremos semejantes a él» y esta esperanza de conformarnos al carácter de Cristo en el futuro nos da ahora una pureza moral creciente en nuestra vida (1 Jn 3:2-3). Pablo nos dice que «somos transformados a su semejanza» (2 Co 3:18), y de esa forma vamos progresando hacia la meta para la cual Dios nos salvó, de que seamos «transformados según la imagen de su Hijo» (Ro 8:29). Pedro nos dice que tenemos que considerar el ejemplo de Cristo especialmente en el sufrimiento: «Cristo sufrió por ustedes, *dándoles ejemplo* para que sigan sus pasos» (1 P 2:21). A lo largo de nuestra vida cristiana, tenemos que correr la carrera que tenemos propuesta delante de nosotros, puesta «la mirada en Jesús, el iniciador y perfeccionador de nuestra fe» (Heb 12:2). Si llegamos a desalentarnos por causa de la hostilidad y oposición de los pecadores, tenemos que considerar «a aquel que perseveró frente a tanta oposición por parte de los pecadores» (Heb12:3). Jesús es también nuestro ejemplo en la muerte. La meta de Pablo es «llegar a ser semejante a él en su muerte» (Fil 3:10; cf. Hch 7:60; 1 P 3:17-18 con 4:1). Nuestra meta debiera ser la de ser semejantes a Cristo todos los días de nuestra vida, hasta el momento de la muerte, y morir con obediencia inquebrantable a Dios, con fuerte confianza en él y con amor y perdón por otros. Jesús tenía que hacerse hombre como nosotros a fin de vivir como nuestro ejemplo y modelo de vida.

f. Para ser el modelo de nuestros cuerpos redimidos: Pablo nos dice que cuando Jesús resucitó de entre los muertos lo hizo con un cuerpo nuevo que «resucitará en incorrupción… en gloria… un cuerpo espiritual» (1 Co 15:42-44). Este nuevo cuerpo de resurrección que Jesús tenía cuando se levantó de la tumba es el modelo que muestra cómo serán nuestros cuerpos cuando resuciten de entre los muertos, porque Cristo es «las primicias» (1 Co 15:23). Esta es una metáfora tomada de la agricultura que asemeja a Cristo a las primeras muestras de la cosecha, que indican que los otros frutos de la cosecha serán semejantes. Nosotros tenemos ahora un cuerpo físico como el de Adán, pero tendremos uno como el de Cristo: «Y así como hemos llevado la imagen de aquel hombre terrenal, llevaremos también la imagen del celestial» (1 Co 15:49). Jesús tenía que resucitar como hombre a fin de ser el «primogénito de la resurrección» (Col 1:18), el modelo de los cuerpos que tendríamos después.

g. Para compadecerse como sumo sacerdote: El autor de Hebreos nos recuerda que «por haber sufrido él mismo la tentación, puede socorrer a los que son tentados» (Heb 2:18; cf. 4:15-16). Si Jesús no hubiera sido un hombre, no habría sido capaz de conocer *por experiencia* todo lo que nosotros pasamos en nuestras tentaciones y luchas en esta vida. Pero debido a que él ha vivido como hombre, está en condiciones de compadecerse completamente de nuestras experiencias[12].

---

[12]Este es un concepto difícil para que nosotros lo entendamos, porque no queremos decir que Jesús adquirió un conocimiento o información adicional al hacerse hombre, pues ciertamente como Dios omnisciente sabía todo lo que había que saber acerca de la experiencia del sufrimiento humano. Pero el libro de Hebreos dice: «*Por* haber sufrido él mismo la tentación, puede socorrer a los que son tentados» (Heb 2:18), y debemos insistir en que esa declaración es correcta, pues hay una relación entre el sufrimiento de Jesús y su capacidad para simpatizar con nosotros y ayudarnos en la tentación. Al parecer el autor está hablando no de un conocimiento adicional objetivo o intelectual, sino de la habilidad para recordar una experiencia personal por la que él mismo había pasado, una capacidad que no tendría si no hubiera tenido esa experiencia personal. Podemos ver un cierto paralelismo de esto en el hecho de un hombre que es médico, y que incluso ha escrito libros de texto sobre obstetricia, él puede tener mucha más *información* acerca de los niños por muchos de sus pacientes. Pero debido a que es un hombre, él nunca va a tener la experiencia real de engendrar un niño en su vientre. Una mujer que tiene un hijo (o para dar un ejemplo aun más cercano, una mujer médica que escribe libros sobre medicina y mujeres y, además, ella misma tiene un hijo) puede simpatizar mucho más con toda otra mujer que está teniendo hijos.

6. Jesús será un hombre para siempre. Jesús no dejó a un lado su naturaleza humana después de su muerte y resurrección, porque apareció a sus discípulos como un hombre después de la resurrección, incluso con las cicatrices de los clavos en las manos (Jn 20:25-27). Él tenía «carne y huesos» (Lc 24:39) y tomó alimentos (Lc 24:41-42). Más tarde, mientras hablaba con sus discípulos, fue llevado al cielo, todavía en su cuerpo resucitado, y dos ángeles prometieron que regresaría de la misma manera: «Este mismo Jesús, que ha sido llevado de entre ustedes al cielo, vendrá otra vez de la misma manera que lo han visto irse» (Hch 1:11). Tiempo después, Esteban miró al cielo y vio a Jesús, «al Hijo del Hombre de pie a la derecha de Dios» (Hch 7:56). Jesús también se le apareció a Saulo en el camino a Damasco y dijo: «Yo soy Jesús, a quien tú persigues» (Hch 9:5), una aparición que Saulo (Pablo) más tarde equiparó a las apariciones de la resurrección a otros (1 Co 9:1; 15:8). En las visiones de Juan en Apocalipsis, Jesús todavía aparece como «semejante al Hijo del Hombre» (Ap 1:13), aunque está revestido de gran gloria y poder, y su aparición hace que Juan caiga a sus pies lleno de admiración (Ap 1:13-17). Él promete que un día beberá de nuevo del fruto de la vid con sus discípulos en el reino de su Padre (Mt 26:29) y nos invita a una gran fiesta de bodas en el cielo (Ap 19:9). Además, Jesús continuará ejerciendo para siempre sus oficios de profeta, sacerdote y rey, todos ellos llevados a cabo en virtud del hecho de que él es tanto Dios como hombre para siempre[13].

Todos estos textos indican que Jesús no se hizo hombre *temporalmente*, sino que su naturaleza divina quedó *permanentemente* unida a su naturaleza humana, y que vive para siempre no solo como el eterno Hijo de Dios, la segunda persona de la Trinidad, sino también como Jesús, el hombre que nació de María, y como Cristo, el Mesías y Salvador de las personas. Jesús permanecerá completamente Dios y hombre, en una sola persona, para siempre.

B. La deidad de Cristo

Para completar la enseñanza bíblica acerca de Cristo Jesús, debemos afirmar no solo que era completamente humano, sino que también era completamente divino. Aunque la palabra no aparece explícitamente en las Escrituras, la iglesia ha usado el término *encarnación* para referirse al hecho que Jesús es Dios en carne humana. La *encarnación* fue la acción de Dios el Hijo por medio de la cual tomó naturaleza humana[14]. La prueba bíblica de la deidad de Cristo es muy amplia en el Nuevo Testamento. La examinaremos bajo varias categorías[15].

1. Afirmaciones bíblicas directas. En esta sección examinaremos declaraciones directas de las Escrituras de que Jesús es Dios o que él es divino[16].

---

[13] Vea capítulo 5, pp.128-136, sobre los oficios de Cristo.

[14] La palabra latina *incarnare* significa «hacer carne» y está derivada del prefijo *in* (que tiene un sentido causativo, «causar que algo sea algo», y el término *caro, carnis*, «carne».

[15] En la siguiente sección no he distinguido entre las afirmaciones de deidad hechas por Jesús mismo y las afirmaciones hechas por otros acerca de él. Si bien esa distinción nos ayuda para seguir los desarrollos de las personas sobre el entendimiento de Cristo, para nuestros propósitos presentes ambas clases de declaraciones las encontramos en nuestras Escrituras canónicas del Nuevo Testamento y son recursos válidos para la formación de la doctrina cristiana.

[16] Un estudio excelente de la evidencia en el Nuevo Testamento sobre la deidad de Cristo, sacado especialmente de los títulos de Cristo en el Nuevo Testamento, lo encontramos en *New Testament Theology*, de Donald Guthrie (Intervarsity Press, Leicester and Downers Grove, IL, 1981), pp. 235-365.

CAPÍTULO 2 · LA PERSONA DE CRISTO

a. Se usa la palabra Dios *(Teos)* para referirse a Cristo: Aunque la palabra *teos*, «Dios», está generalmente reservada en el Nuevo Testamento para Dios el Padre, encontramos varios pasajes donde se usa para referirse a Cristo Jesús. En todos estos pasajes se emplea la palabra «Dios» en el sentido fuerte para referirse al que es el Creador del cielo y de la tierra, el que reina sobre todas las cosas. Estos pasajes incluyen a Juan 1:1; 1:18 (en los manuscritos mejores y más antiguos); 20:28; Romanos 9:5; Tito 2:13; Hebreos 1:8 (citando Sal 45:6); y 2 Pedro 1:1[17]. Hay al menos siete de estos pasajes claros en el Nuevo Testamento que se refieren explícitamente a Jesús como Dios[18].

Un ejemplo del Antiguo Testamento del nombre *Dios* aplicado a Cristo lo vemos en el conocido pasaje mesiánico de Isaías 9:6: «Nos ha nacido un niño, se nos ha concedido un hijo; la soberanía reposará sobre sus hombros, y se le darán estos nombres: Consejero admirable, *Dios fuerte*…».

b. Se usa la palabra *Señor (Kyrios)* para referirse a Cristo: En ocasiones la palabra *Señor* (gr. *kyrios*) se empleaba simplemente como una forma cortés de tratar a un superior, parecido a nuestra palabra *señor* (vea Mt 13:27; 21:30; 27:63; Jn 4:11). Otras veces puede solo significar «amo» de un siervo o esclavo (Mt 6:24; 21:40). No obstante, se usa esa misma palabra en la Septuaginta (la traducción griega del Antiguo Testamento que era de uso común en el tiempo de Cristo) como traducción del hebreo *yhwh*, «Yahweh», o (como ha sido frecuentemente traducido) «el Señor» o «Jehová». La palabra *kyrios* se usa 6.814 veces para traducir el nombre del Señor en el griego del Antiguo Testamento. Por tanto, cualquier lector de habla griega del tiempo del Nuevo Testamento que tuviera algún conocimiento del Antiguo Testamento en griego hubiera reconocido que, en contextos donde era apropiado, la palabra «Señor» era el nombre de aquel ser reconocido como el Creador y Sustentador del cielo y de la tierra, el Dios omnipotente.

Hay muchos casos en el Nuevo Testamento donde se usa «Señor» para referirse a Cristo en los que solo se puede entender con su fuerte sentido del Antiguo Testamento, «el Señor» que es Jehová o Dios mismo. Este uso de la palabra «Señor» es bastante sorprendente en las palabras del ángel a los pastores en Belén: «Hoy les ha nacido en la ciudad de David un Salvador, que es Cristo *el Señor*» (Lc 2:11). Aunque estas palabras nos suenan familiares por nuestra lectura frecuente de la historia de la Navidad, debiéramos darnos cuenta de cuán sorprendente les sonaría a los judíos del primer siglo escuchar que alguien nacido como un bebé fuera el «Cristo» (o «Mesías»)[19], y, además, que aquel que era el Mesías era también «el Señor», es decir, el mismísimo Señor Dios. La fuerza asombrosa de la declaración del ángel, que los pastores apenas podían creer, fue que dijera, esencialmente: «Hoy en Belén ha nacido un niño que es vuestro Salvador y vuestro

---

[17]Tito 1:3, en relación con el hecho de que el v. 4 llama a Cristo Jesús «nuestro Salvador» y con el hecho de que fue Cristo Jesús quien comisionó a Pablo para que predicara el evangelio, podría ser también considerado como otro ejemplo del uso de la palabra *Dios* para referirse e Cristo. Para un estudio de los pasajes que se refieren a Jesús como «Dios». Ve también la obra de Murray J. Harris, *Jesus as God* (Baker, Grand Rapids, 1992), para el tratamiento exegético más amplio que jamás se ha publicado sobre los pasajes del Nuevo testamento que se refieren a Jesús como «Dios».

[18]Vea la obra de Murray J. Harris, *Jesus as God* (Baker, Grand Rapids, 1992), para el tratamiento exegético más amplio que jamás se ha publicado sobre los pasajes del Nuevo Testamento que se refieren a Jesús como «Dios».

[19]La palabra *Cristo* es la traducción griega de la palabra hebrea *Mesías*.

Mesías, y que es Dios mismo». No en balde «cuantos lo oyeron se asombraron de lo que los pastores decían» (Lc 2:18).

Cuando María fue a visitar a Elisabet varios meses antes de que Jesús naciera, Elisabet dijo: «Pero, ¿cómo es esto, que la madre de *mi Señor* venga a verme» (Lc 1:43). Debido a que Jesús todavía ni siquiera había nacido, Elisabet no podía usar la palabra «Señor» para querer decir algo semejante a un «amo». Más bien lo estaba usando en el sentido fuerte del Antiguo Testamento, dando un sentido asombroso a la expresión: «Pero, ¿cómo es esto, que la madre del Señor Dios mismo venga a verme». Aunque esta es una declaración muy fuerte, resulta difícil entender la palabra «Señor» en este contexto en un sentido más débil.

Vemos otro ejemplo cuando Mateo dice que Juan el Bautista es uno que clama en el desierto diciendo: «Preparen el camino para *el Señor*, háganle sendas derechas» (Mt 3:3). Al decir esto Juan está citando Isaías 40:3, que nos habla de Dios mismo que viene a estar entre su pueblo. Pero el contexto aplica este pasaje al papel de Juan de preparar el camino para el Jesús que llegaba. La implicación es que cuando Jesús llega, *el Señor mismo* llega.

Jesús también se identifica a sí mismo como el Señor soberano del Antiguo Testamento cuando les pregunta a los fariseos acerca del Salmo 110:1: «Dijo el Señor a *mi Señor*: Siéntate a mi derecha, hasta que ponga a tus enemigos debajo de mis pies» (Mt 22:44). La fuerza de esta declaración está en «Dios el Padre le dice a Dios el Hijo [El Señor de David]: Siéntate a mi mano derecha…». Los fariseos saben que él está hablando acerca de sí mismo e identificándose como alguien digno de llevar el título de *kyrios*, «Señor», del Antiguo Testamento.

Ese uso aparece con frecuencia en las epístolas, donde «el Señor» es un nombre común para referirse a Cristo. Pablo dice: «No hay más que un solo Dios, el Padre, de quien todo procede y para el cual vivimos; y no hay más que un *solo Señor*, es decir, Jesucristo, por quien todo existe y por medio del cual vivimos (1 Co 8:6; cf. 12:3, y muchos otros pasajes en esta epístola paulina).

Un pasaje especialmente claro lo encontramos en Hebreos 1, donde el autor cita el Salmo 102, el cual habla de la obra del Señor en la creación y lo aplica a Cristo:

> Tú, oh Señor, en el principio pusiste los cimientos de la tierra, y el cielo es obra de tus manos. Ellos perecerán, pero tú permaneces para siempre. Se desgastarán como un vestido, los doblarás como un manto, y cambiarán como ropa que se muda; pero tú eres siempre el mismo, y tus años nunca se acabarán (Heb 1:10-12).

Aquí se habla explícitamente de Cristo como el eterno Señor del cielo y de la tierra que creó todas las cosas y permanecerá siempre el mismo. Un uso tan fuerte del término «Señor» para referirse a Cristo culmina en Apocalipsis 19:16, donde vemos a Cristo que regresa como un rey conquistador, y «en su manto y sobre el muslo lleva escrito este nombre: *Rey de reyes y Señor de señores*».

c. Otras declaraciones fuertes de deidad: Además de los usos de la palabra *Dios* y *Señor* para referirse a Cristo, contamos con otros pasajes que afirman firmemente la deidad de Cristo. Cuando Jesús dijo a sus oponentes judíos que Abraham había visto su día (el de

CAPÍTULO 2 · LA PERSONA DE CRISTO

Cristo), ellos se le enfrentaron: «Ni a los cincuenta años llegas, ¿y has visto a Abraham?» (Jn 8:57). Aquí una respuesta suficiente para probar la eternidad de Jesús hubiera sido: «Antes que Abraham fuera, yo era». En vez de eso, él hace una afirmación mucho más asombrosa: «Ciertamente les aseguro que, antes que Abraham naciera, ¡yo soy!» (Jn 8:58). Jesús combina dos afirmaciones cuya secuencia no parece tener sentido: «Antes de que sucediera algo en el pasado [Abraham naciera], algo en el presente sucedió [yo soy]». Los líderes judíos reconocieron de inmediato que él no estaba hablando en acertijos o cosas sin sentido. Cuando él dijo «Yo soy» estaba repitiendo las mismas palabras que Dios usó para identificarse a sí mismo ante Moisés como «*Yo soy* el que soy» (Éx 3:14). Jesús estaba tomando para sí el título de «Yo soy», mediante el cual Dios declaró que era un Ser de existencia eterna, el Dios que es la fuente de su propia existencia y que siempre ha sido y siempre será. Cuando los judíos oyeron esta declaración solemne y enfática, supieron que él estaba afirmando ser Dios. «Entonces los judíos tomaron piedras para arrojárselas, pero Jesús se escondió y salió inadvertido del templo» (Jn 8:59)[20].

Otra afirmación fuerte sobre la deidad es la declaración de Jesús al final del Apocalipsis: «Yo soy el Alfa y la Omega, el Primero y el Último, el Principio y el Fin» (Ap 22:13). Cuando eso se combina con la declaración de Dios el Padre en Apocalipsis 1:8, «Yo soy el Alfa y la Omega», constituye también una declaración fuerte que iguala su deidad con la de Dios el Padre. Jesús es soberano sobre toda la historia y toda la creación, él es el principio y el fin.

En Juan 1:1, Juan no solo llama a Jesús «Dios», sino que también se refiere a él como «el Verbo» (gr. *logos*, la Palabra). Los lectores de Juan reconocerían en este término *logos* una referencia doble a la poderosa y creativa Palabra de Dios en el Antiguo Testamento mediante la cual los cielos y la tierra fueron creados (Sal 33:6) y al principio organizador y unificador del universo, aquello que, en el pensamiento griego, lo mantiene todo unido y le permite tener sentido[21]. Juan está identificando a Jesús con ambas ideas y está diciendo que él no solo es la poderosa palabra creadora de Dios y la fuerza organizadora y unificadora en el universo, sino que también se hizo hombre: «Y el Verbo se hizo hombre y habitó entre nosotros. Y hemos contemplado su gloria, la gloria que corresponde al Hijo unigénito del Padre lleno de gracia y de verdad» (Jn 1:14). Aquí encontramos otra declaración fuerte de deidad conectada con una declaración explícita de que Jesús también se hizo hombre y habitó entre nosotros como hombre.

Otras evidencias de que decía ser la Deidad las podemos encontrar en el hecho de que Jesús decía ser «*el* Hijo del Hombre». Este título aparece ochenta y cuatro veces en los cuatro Evangelios, pero solo lo usa Jesús y solo para hablar de sí mismo (note, p. ej. Mt 16:13 con Lc 9:18). En el resto del Nuevo Testamento la frase «el Hijo del Hombre» (con el artículo definido «el») se usa solo una vez, en Hechos 7:56, donde Esteban se refiere a Cristo como el Hijo del Hombre. Este término único tiene su trasfondo en la visión de Daniel 7 donde Daniel vio a uno semejante a un «Hijo de Hombre» que se «acercó al venerable Anciano» y le fue dado «autoridad, poder y majestad. *¡Todos los pueblos, naciones*

---

[20]Los otros «Yo soy» del Evangelio de Juan, donde Jesús afirma ser el pan de vida (6:35), la luz del mundo (8:12), la puerta de las ovejas (10:7), el buen pastor (10:11), la resurrección y la vida (11:25), el camino, la verdad y la vida (14:6), y la vida verdadera (15:1), contribuyen también al cuadro general que pinta Juan de la deidad de Cristo. Vea Donald Guthrie, *New Testament Theology*, pp. 330-32.

[21]Vea Donald Guthrie, *New Testament Theology*, esp. p. 326

y lenguas lo adoraron! ¡Su dominio es un dominio eterno, que no pasará, y su reino jamás será destruido! (Dn 7:13-14). Es asombroso que este «hijo de hombre» vino con «las nubes del cielo» (Dn 7:13). Este pasaje habla claramente de alguien de origen celestial y que se le dio autoridad eterna sobre todo el mundo. A los sumos sacerdotes no les pasó desapercibido este pasaje cuando Jesús dijo: «De ahora en adelante verán ustedes al Hijo del hombre *sentado a la derecha del Todopoderoso, y bajando en las nubes del cielo*» (Mt 26:64). La referencia a Daniel 7:13-14 era inequívoca, y el sumo sacerdote y los miembros del concilio sabían que Jesús estaba afirmando ser el soberano eterno del mundo de origen celestial de la visión de Daniel. Inmediatamente dijeron: «¡Ha blasfemado... Merece la muerte» (Mt 26:65-66). Aquí Jesús por fin hace explícito que las fuertes afirmaciones de ser el soberano eterno del mundo que antes insinuaba en su uso frecuente del título «el Hijo del Hombre» se aplican a él.

Aunque el título «Hijo de Dios» puede usarse a veces para referirse a Israel (Mt 2:15), o al hombre como creado por Dios (Lc 2:38), o generalmente al hombre redimido (Ro 8:14, 19, 23), hay, sin embargo, casos en los que la expresión «Hijo de Dios» se refiere a Jesús como el Hijo eterno y celestial que es igual a Dios mismo (vea Mt 11:25-30; 17:5; 1 Co 15:28; He 1:1-3, 5, 8). Esto es especialmente cierto en el Evangelio de Juan donde vemos a Jesús como el Hijo único del Padre (Jn 1:14, 18, 34, 49) que revela por completo al Padre (Jn 8:19; 14:9). Como Hijo es tan grande que podemos confiar en él para vida eterna (algo que no se podía decir de los seres creados: Jn 3:16, 36; 20:31). Él es también el que tiene toda autoridad de parte del Padre para dar vida, determinar juicio eterno y reinar sobre todo (Jn 3:36; 5:20, 25; 10:17; 16:15). Como Hijo fue enviado por el Padre y, por tanto, existía desde antes de la creación del mundo (Jn 3:17; 5:23; 10:36).

Los primeros tres versículos de Hebreos hacen hincapié en decir que el Hijo es a quien Dios «designó heredero de todo, y por medio de él hizo el universo» (Heb 1:2). Este Hijo, dice el escritor, «es el resplandor de la gloria de Dios, la fiel imagen [lit. es el "duplicado exacto", gr. *carakter*] de lo que él es, y el que sostiene todas las cosas con su palabra poderosa» (Heb 1:3). Jesús es la duplicación exacta de la «naturaleza» (o ser, gr. *hypostasis*) de Dios, haciendo que sea exactamente igual a Dios en cada atributo. Además, él sostiene continuamente el universo mediante «su palabra poderosa», algo que solo Dios podía hacer.

Estos pasajes se combinan para indicar que el título «Hijo de Dios», *cuando se aplica a Cristo*, afirma fuertemente su deidad como el Hijo eterno en la Trinidad, alguien que es igual a Dios en todos sus atributos.

2. Evidencias de que Jesús poseía atributos de deidad. Además de las afirmaciones específicas de la deidad de Jesús que vemos en los muchos pasajes citados arriba, vemos muchos ejemplos de acciones en la vida de Jesús que apuntan hacia su carácter divino.

Jesús demostró su *omnipotencia* cuando calmó la tormenta en el lago con su palabra (Mt 8:26-27), multiplicó los panes y los peces (Mt 14:19) y cambió el agua en vino (Jn 2:1-11). Algunos pueden objetar que estos milagros solo muestran el poder del Espíritu Santo obrando por medio de Jesús, así como el Espíritu Santo obrando a través de otros seres humanos y, por tanto, estos no demuestran la deidad del mismo Jesús. Pero las explicaciones contextuales de estos sucesos con frecuencia no señalan hacia lo que demuestran acerca del poder del Espíritu Santo sino a lo que demuestran acerca de Jesús mismo. Por ejemplo, después que Jesús convirtió el agua en vino, Juan nos dice: «Ésta, la primera de sus señales, la hizo Jesús en Caná de Galilea. *Así reveló su gloria*, y sus discípulos creyeron en él» (Jn 2:11). No fue la gloria del Espíritu Santo la que se manifestó, sino la gloria de Cristo mismo, al actuar su poder divino para transformar el agua en vino. Del mismo modo, después de que Jesús calmó la tormenta en el lago de Galilea, los discípulos no dijeron: «Cuán grande es el poder del Espíritu Santo que obra por medio de este profeta», sino que dijeron: «¿Qué clase de hombre es éste, que hasta los vientos y las olas *le obedecen*» (Mt 8:27). Los vientos y las olas se sometieron a la autoridad de Jesús, y esto solo podía ser la autoridad de Dios que domina los mares y tiene poder para calmar las olas (cf. Sal 65:7; 89:9; 107:29)[22]. Jesús hablaba de su eternidad cuando dijo: «Antes de que Abraham naciera, ¡yo soy!» (Jn 8:58, vea reflexiones arriba), o, «Yo soy el Alfa y la Omega» (Ap 22:13).

La *omnisciencia* de Jesús quedó demostrada en su conocimiento de los pensamientos de las personas (Mr 2:8) y al ver a Natanael desde lejos debajo de la higuera (Jn 1:48), y al conocer «desde el principio quiénes eran los que no creían y quién era el que iba a traicionarlo» (Jn 6:64). Por supuesto, la revelación de sucesos o hechos individuales y específicos es algo que Dios podía dar a todo el que tuviera el don de profecía en el Antiguo o Nuevo Testamentos. Pero el conocimiento de Jesús era mucho más amplio que aquellos. Que él conociera «desde el principio quiénes eran los que no creían» implica que conocía la fe o la incredulidad que había en los corazones de todos los hombres. De hecho, Juan nos dice explícitamente: «*Los conocía a todos*. No necesitaba que nadie le informara nada acerca de los demás, pues él conocía el interior del ser humano» (Jn 2:25). Los discípulos pudieron decir más tarde de él: «Ya podemos ver que *sabes todas las cosas*» (Jn 16:30). Estas declaraciones dicen mucho más de lo que se podía decir de cualquier gran profeta del Antiguo Testamento o apóstol del Nuevo Testamento, porque implican omnisciencia de parte de Jesús[23].

Por último, después de su resurrección, cuando Jesús le preguntó a Pedro si le amaba, Pedro respondió: «Señor, *tú lo sabes todo*; tú sabes que te quiero» (Jn 21:17). Pedro está diciendo aquí mucho más que solo que Jesús conocía su corazón y sabía que le amaba. Está más bien haciendo una declaración general («Tú lo sabes todo»). Pedro está seguro que Jesús sabe lo que hay en el corazón de cada persona y, por tanto, está seguro que conoce su corazón.

El atributo divino de la *omnipresencia* no se afirma directamente en cuanto a Jesús durante su ministerio terrenal. Sin embargo, al mirar hacia el futuro en que la iglesia estaría establecida, Jesús pudo decir: «Donde dos o tres se reúnen en mi nombre, *allí estoy yo* en medio de ellos» (Mt 18:20). Además, antes de dejar la tierra, les dijo a sus discípulos: «Les aseguro que estaré con ustedes siempre, hasta el fin del mundo» (Mt 28:20)[24].

Podemos ver que Jesús poseía *soberanía* divina, una clase de autoridad que solo Dios posee, en el hecho de que podía perdonar pecados (Mr. 2:5-7). A diferencia de los profetas

---

[22]Reconozco que otros pasajes atribuyen al Espíritu Santo algunos de los milagros de Jesús, vea Mt 12:28; Lc 4:14, 18, 40.

[23]Vea más adelante, pp. 66-69, sobre Marcos 13:22, y la pregunta de cómo la omnisciencia puede ser coherente con el aprendizaje continuo de Cristo como hombre.

[24]No estamos tratando de decir que estos versículos muestran que la naturaleza humana de Jesús era omnipresente. La naturaleza humana de Jesús, incluyendo su cuerpo físico, nunca estuvo en más de un lugar a la vez. Es probablemente mejor entender estos versículos como refiriéndose a la naturaleza divina de Jesús (vea más adelante, pp. 61-66, un análisis de la distinción entre las dos naturalezas de Cristo). Vea también Mateo 8:13.

del Antiguo Testamento que declaraban: «Así dice Jehová», él podía comenzar sus declaraciones con la expresión: «Pero *yo les digo*» (Mt 5:22, 28, 32, 34, 39, 44), una afirmación asombrosa de su propia autoridad. Jesús podía hablar con la autoridad de Dios mismo porque él mismo era Dios en su plenitud. El Padre había «entregado todas las cosas» en sus manos y tenía la autoridad de dar a conocer al Padre a quien él quisiera (Mt 11:25-27). Tal es su autoridad que el estado eterno futuro de cada uno en el universo depende de si la persona cree en él o lo rechaza (Jn 3:36).

Jesús también poseía el atributo divino de la *inmortalidad*, la imposibilidad de morir. Vemos esto indicado cerca del comienzo del Evangelio de Juan, cuando Jesús les dice a los judíos: «Destruyan este templo, *y lo levantaré de nuevo en tres días*» (Jn 2:19). Juan explica que no estaba hablando del templo en Jerusalén hecho de piedras, «pero el templo al que se refería era su propio cuerpo. Así, pues, cuando se levantó de entre los muertos, sus discípulos se acordaron de lo que había dicho, y creyeron en la Escritura y en las palabras de Jesús» (Jn 2:21-22). Debemos insistir, por supuesto, en que Jesús de verdad murió; este pasaje habla de cuando Jesús «se levantó de entre los muertos». Pero es también significativo que Jesús predijo que tendría un papel activo en su propia resurrección: «Lo levantaré de nuevo». Aunque otros pasajes de las Escrituras nos dicen que el Padre estuvo activo en resucitar a Cristo de entre los muertos, aquí él dice que él mismo estará activo en su resurrección.

Jesús afirmó tener el poder de poner su vida y tomarla de nuevo en otro pasaje del Evangelio de Juan: «Por eso me ama el Padre: porque entrego mi vida para volver a recibirla. Nadie me la arrebata, sino que yo la entrego por mi propia voluntad. Tengo autoridad para entregarla, y tengo también autoridad para volver a recibirla. Éste es el mandamiento que recibí de mi Padre» (Jn 10:17-18). Jesús habla aquí de un poder que ningún otro ser humano había tenido: el poder de entregar su vida y el poder de recuperarla de nuevo. Una vez más, esta es una indicación de que Jesús poseía el atributo divino de la inmortalidad. Asimismo, el autor de Hebreos dice que Jesús es otro sacerdote «que ha llegado a serlo no conforme a un requisito legal respecto a linaje humano, sino conforme al poder de una vida indestructible» (Heb 7:16). (El hecho de que la inmortalidad es una característica única de Dios lo vemos en 1 Ti 6:16, donde se habla de Dios como del «único inmortal»).

Otra evidencia clara de la deidad de Cristo es el hecho de que él es reconocido *digno de ser adorado*, algo que no corresponde a ninguna criatura, incluyendo a los ángeles (vea Ap 19:10), sino solo a Dios. No obstante, las Escrituras dicen de Cristo que «Dios lo exaltó hasta lo sumo y le otorgó el nombre que está sobre todo nombre, para que ante el nombre de Jesús se doble toda rodilla en el cielo y en la tierra y debajo de la tierra, y toda lengua confiese que Jesucristo es el Señor, para gloria de Dios Padre» (Fil 2:9-11). Asimismo, Dios manda a los ángeles que adoren a Cristo, porque leemos que «al introducir a su Primogénito en el mundo, Dios dice: "Que lo adoren todos los ángeles de Dios"» (Heb 1:6).

A Juan se le permite vislumbrar la adoración que tiene lugar en el cielo, porque él ve a miles y miles de ángeles y criaturas angelicales alrededor del trono de Dios que dicen: «¡Digno es el Cordero, que ha sido sacrificado, de recibir el poder, la riqueza y la sabiduría, la fortaleza y la honra, la gloria y la alabanza!» (Ap 5:12). Y luego dice: «Y oí a cuanta criatura hay en el cielo, y en la tierra, y debajo de la tierra y en el mar, a todos en la creación, que cantaban: "¡Al que está sentado en el trono y al Cordero, sean la alabanza y la honra, la gloria y el poder, por los siglos de los siglos!"» (Ap 5:13). Cristo aparece aquí como «el Cordero, que ha sido sacrificado» y le es otorgada la adoración universal que solo le corresponde a Dios el Padre, lo que demuestra su igualdad en deidad[25].

3. ¿Se despojó Cristo de algunos de sus atributos divinos mientras estaba en la tierra? (La teoría kenótica). Pablo escribe a los filipenses:

> La actitud de ustedes debe ser como la de Cristo Jesús, quien, siendo por naturaleza Dios, no consideró el ser igual a Dios como algo a que aferrarse. Por el contrario, se rebajó voluntariamente, tomando la naturaleza de siervo y haciéndose semejante a los seres humanos. (Fil 2:5-7)

Comenzando con este texto, varios teólogos en Alemania (1860-1880) y en Inglaterra (1890 a 1910) abogaron por una perspectiva de la encarnación que no había sido apoyada antes en la historia de la iglesia. Esta nueva perspectiva fue conocida como la «teoría kenótica», y la posición general que representaba fue llamada la «teología kenótica». La *teoría de la kenosis* sostiene que Cristo se despojó de algunos de sus atributos divinos mientras que estaba en la tierra como hombre. (La palabra kenosis proviene del verbo griego *kenoo*, que generalmente significa «vaciarse», y se traduce en Filipenses 2:7 como «se despojó a sí mismo o se rebajó voluntariamente».) Según esta teoría, Cristo «se despojó» de algunos de sus atributos divinos, tales como la omnisciencia, la omnipresencia y la omnipotencia, mientras que estuvo en la tierra como hombre. Esto se veía como una limitación voluntaria de parte de Cristo, que él llevó a cabo con el fin de cumplir con su obra de redención[26].

¿Pero enseña de verdad Filipenses 2:7 que Cristo se despojó de algunos de sus atributos divinos? ¿Lo confirma el resto del Nuevo Testamento? La evidencia de las Escrituras apunta a una respuesta negativa a ambas preguntas. Debemos primero darnos cuenta que ningún maestro reconocido en los primeros 1800 años de la historia de la iglesia, incluyendo aquellos que hablaban el griego como lengua materna, pensó que el «despojarse a sí mismo» de Filipenses 2:7 significaba que el Hijo de Dios renunció a algunos de sus atributos divinos. Segundo, debemos reconocer que el texto no dice que Cristo «se despojó de algunos poderes» o que «se vació de algunos atributos divinos» o nada semejante a eso. Tercero, el texto *nos* describe lo que Cristo hizo en este «despojarse». No lo hizo vaciándose a sí mismo de algunos de sus atributos, sino más bien «tomando la naturaleza de siervo», es decir, viniendo a vivir como un hombre, y «al manifestarse como hombre, se humilló a sí mismo y se hizo obediente hasta la muerte, ¡y muerte de cruz!» (Fil 2:8). De manera que el contexto mismo interpreta este «despojarse» como equivalente a «humillarse a sí mismo» y tomar una posición inferior. Por esa razón la NVI, en vez de traducir la frase «se *despojó* a sí mismo», lo hace diciendo: «Se *rebajó* voluntariamente». El despojamiento incluye cambio de papel y posición, no de atributos esenciales ni de naturaleza.

Una cuarta razón de esta interpretación la vemos en el propósito de Pablo en este contexto. Su propósito ha sido el de persuadir a los filipenses de que «no hagan nada por egoísmo o vanidad; más bien, con humildad consideren a los demás como superiores a

---

[25] Vea también Mt 28:17 donde Jesús acepta ser adorado por sus discípulos después de la resurrección.

[26] Encontramos un estudio general muy claro de la historia de la teología kenótica en el artículo «Kenosis, a Kenotic Theology» por S. M. Smith, en EDT, pp. 600-602. Sorprende (por el volumen en el cual aparece este ensayo) que Smith termina apoyando la teología kenótica como una forma válida de fe bíblica ortodoxa (p. 602).

ustedes mismos» (Fil 2:3), y continúa diciéndoles: «Cada uno debe velar no solo por sus propios intereses sino también por los intereses de los demás» (Fil 2:4). Para persuadirles a que fueran humildes y pusieran los intereses de otros por delante, les recuerda el ejemplo de Cristo: «La actitud de ustedes debe ser como la de Cristo Jesús, quien, siendo por naturaleza Dios, no consideró el ser igual a Dios como algo a que aferrarse. Por el contrario, se rebajó voluntariamente, tomando la naturaleza de siervo…» (Fil 2:5-7).

Al presentar a Cristo como un ejemplo, Pablo quiere que los filipenses lo imiten. Pero, por supuesto, no está pidiendo a los cristianos filipenses que se «despojaran» o «dejaran a un lado» sus atributos o habilidades esenciales. No les está pidiendo que «renunciaran» a su inteligencia, fortaleza o capacidad y se convirtieran en una versión disminuida de lo que eran. Más bien, les está pidiendo que pongan el interés de otro por encima del suyo: «Cada uno debe velar no solo por sus propios intereses sino también por los intereses de los demás» (Fil 2:4). Y debido a que esa es su meta, encaja bien con el contexto entender que está usando a Cristo como el ejemplo supremo de uno que hizo exactamente eso: Puso por delante los intereses de otros y estuvo dispuesto a despojarse de algunos de sus privilegios y posición que le pertenecían como Dios.

Por tanto, la mejor manera de entender este pasaje es que habla de que Jesús renunció a la posición y el privilegio que tenía en el cielo: él «no consideró el ser igual a Dios como algo a que aferrarse» (o «aferrase a ello para beneficio propio»), sino que «se despojó a sí mismo» o «se rebajó voluntariamente» por amor de nosotros, y vino a vivir como hombre. Jesús habla en otra parte acerca de la «gloria que tuve contigo antes que el mundo existiera» (Jn 17:5), una gloria que había dejado y que volvería a recibir cuando regresara al cielo. Y Pablo podía decir de Cristo «que aunque era rico, por causa de ustedes se hizo pobre» (2 Co 8:9), hablando de nuevo del privilegio y honor que merecía, pero que dejó temporalmente por nosotros.

La quinta y última explicación de por qué la perspectiva «kenótica» de Filipenses 2:7 debe ser rechazada está en el contexto amplio de la enseñanza del Nuevo Testamento y de la enseñanza doctrinal de toda la Biblia. Si fuera cierto que un suceso tan trascendental como ese ocurrió, que el eterno Hijo de Dios cesó por un tiempo de tener todos los atributos de Dios —que cesó por un tiempo de ser omnisciente, omnipotente y omnipresente, por ejemplo— esperaríamos que algo tan increíble como eso se enseñaría clara y repetidamente en el Nuevo Testamento, y no solo en una interpretación muy dudosa de una sola palabra en una epístola. Pero nosotros encontramos lo opuesto a eso: No encontramos en ninguna parte declarado que el Hijo de Dios cesara de tener todos los atributos de Dios que él poseía desde la eternidad. En realidad, si la teoría kenótica fuera cierta (y esta es nuestra objeción fundamental a ella), ya no podríamos afirmar que Jesús era completamente Dios mientras estaba aquí en la tierra[27]. La teoría kenótica niega en última instancia la plena deidad de Cristo Jesús y hace de él algo menos que un Dios

---

[27] A veces la palabra *kenosis* se usa en un sentido débil que no se aplica a la teoría kenótica en un sentido pleno, sino simplemente para referirse a un entendimiento más ortodoxo de Filipenses 2:7, en el que solo significa que Jesús renunció a su gloria y privilegios durante el tiempo que estuvo en la tierra. (Esta es esencialmente la perspectiva que nosotros hemos abogado en este texto.) Pero no parece para nada sabio usar el término «kenosis» para referirse a tal entendimiento tradicional de Filipenses 2:7, porque con demasiada facilidad se confunde con la doctrina completa de la kenosis que en esencia niega la plena deidad de Cristo. Tomar un término que formalmente se aplica a una enseñanza doctrinal falsa y usarlo entonces para una sólida posición bíblica es muy confuso para muchas personas.

completo. S. M. Smith admite: «Todas las formas de la ortodoxia clásica rechazan ya sea explícitamente o en principio la teología kenótica»[28].

Es importante que nos demos cuenta que lo que tenía más fuerza para persuadir a las personas a aceptar la teoría kenótica no era que hubieran descubierto una mejor explicación de Filipenses 2:7 o de ningún otro pasaje del Nuevo Testamento, sino más bien la creciente incomodidad que las personas sentían con las formulaciones de la doctrina del Cristo histórico de la ortodoxia clásica. Era sobre todo que les parecía demasiado increíble a la mente moderna racional y «científica» creer que Cristo Jesús pudiera ser verdaderamente humano y al mismo tiempo completa y absolutamente Dios[29]. La teoría kenótica empezó a sonar cada vez más como una manera aceptable de decir (de alguna forma) que Jesús era Dios, pero una clase de Dios que durante un tiempo había renunciado a algunas de sus cualidades divinas, aquellas que resultaban más difíciles de aceptar para las personas en el mundo moderno.

4. Conclusión: Cristo es completamente divino. El Nuevo Testamento, en cientos de versículos explícitos llama a Jesús «Dios» y «Señor» y emplea un buen número de otros títulos de la deidad para referirse a él; y en muchos pasajes que le atribuyen acciones o palabras que solo podían ser ciertas de Dios, afirman una y otra vez la plena y absoluta deidad de Cristo Jesús. «A Dios le agradó habitar en él *con toda su plenitud*» (Col 1:19), y «Toda la plenitud de la divinidad habita en forma corporal en Cristo» (Col 2:9). En una sección anterior argumentamos que Jesús es verdadera y completamente humano. Ahora concluimos que él es verdadera y completamente Dios también. Lleva correctamente el nombre de «Emanuel» que significa «Dios con nosotros» (Mt 1:23).

5. ¿Es hoy «inteligible» la doctrina de la encarnación? A lo largo de la historia ha habido objeciones a la enseñanza del Nuevo Testamento sobre la plena deidad de Cristo. Merece la pena que mencionemos aquí un ataque reciente a esta doctrina porque ha creado una gran controversia, dado que los contribuyentes a ese libro eran todos líderes reconocidos de la iglesia en Inglaterra. El libro lleva por título *The Myth of God Incarnate*, editado por John Hick (Londres: SCM, 1977). El título expresa la tesis del libro: La idea de que Jesús fuera «Dios encarnado» o «Dios hecho carne» es un «mito». Es, quizá, una historia útil para la fe de generaciones anteriores, pero no algo en lo que hoy podamos creer.

El argumento del libro empieza con algunas suposiciones fundamentales: (1) La Biblia no tiene una autoridad divina absoluta para nosotros hoy (p. i), y (2) El cristianismo, como la vida y el pensamiento humano, está evolucionando y cambiando a lo largo del

---

[28] S. M. Smith, «Kenosis, A Kenotic Theology», p. 601.

[29] Smith señala que una de las influencias primarias que llevó a algunos a adoptar la teología kenótica fue el crecimiento de la moderna sicología en el siglo XIX. «Nuestro siglo está aprendiendo a pensar en términos de categorías de sicología. Ser consciente era una categoría central. Si en nuestro «centro» está nuestro ser consciente, y si Jesús era a la vez Dios omnisciente y hombre limitado, entonces él tiene dos centros y, por tanto, no era fundamentalmente uno como nosotros. La cristología se estaba haciendo inconcebible para algunos» (Ibíd., pp. 600-601). En otras palabras, la presión del estudio sicológico moderno estaba haciendo que la creencia en la combinación de la plena deidad y plena humanidad en la persona de Cristo resultara difícil de explicar o incluso intelectualmente embarazosa: ¿Cómo podía ser alguien tan diferente de nosotros y ser todavía un verdadero hombre? Con todo, podemos responder que la psicología moderna está inherentemente limitada en que el objeto de su estudio es solo los seres humanos. Ningún sicólogo moderno ha estudiado nunca a alguien que estuviera completamente libre del pecado (como Cristo lo estaba) y que era completamente Dios y completamente hombre (como Cristo era). Si nosotros limitamos nuestro entendimiento a lo que la moderna sicología nos dice que es «posible» o concebible», entonces no tendríamos un Cristo sin pecado ni un Cristo divino. En esto como en otros muchos puntos de doctrina, nuestro entendimiento de lo que es «posible» debe estar determinado no por los modernos estudios empíricos de un mundo finito y caído, sino por la enseñanza de las Escrituras en sí.

tiempo (p. ii). Las afirmaciones básicas del libro aparecen presentadas en los dos primeros capítulos. En el capítulo 1, Maurice Wiles argumenta que es posible tener cristianismo sin la doctrina de la encarnación. La iglesia ya ha dejado antes otras doctrinas, tales como la «presencia real» de Cristo en la Cena del Señor, la infalibilidad de las Escrituras y el nacimiento virginal; por tanto, es posible abandonar la doctrina tradicional de la encarnación y todavía seguir conservando la fe cristiana (pp. 2-3). Además, la doctrina de la encarnación no se presenta directamente en las Escrituras, sino que se originó en situaciones en las que la creencia en lo sobrenatural era creíble; no obstante, nunca ha sido una doctrina coherente e inteligible a lo largo de la historia de la iglesia (pp. 3-5).

En cuanto a la enseñanza del Nuevo Testamento, Francis Young, en el capítulo 2, argumenta que el Nuevo Testamento contiene los escritos de muchos diversos testigos que cuentan lo que entendían de Cristo, pero que no se puede obtener una perspectiva única y unificada de Cristo basada en todo el Nuevo Testamento; la visión de la naciente iglesia acerca de Cristo se fue desarrollando en varias direcciones a lo largo del tiempo. Young concluye que la situación es similar hoy. Dentro de la iglesia cristiana muchas diversas *respuestas personales* a la historia de Cristo son también aceptables para nosotros, y eso incluiría ciertamente la respuesta que ve a Cristo como un hombre en quien Dios estaba obrando en una forma única, pero no que fuera en absoluto un hombre que fuera también completamente Dios[30].

Desde el punto de vista de la teología evangélica, es importante notar que este rechazo franco de la deidad de Cristo solo podría defenderse sobre la suposición previa de que el Nuevo Testamento no hay que aceptarlo como una autoridad divina absoluta y veraz en cada aspecto. La cuestión de la autoridad es, en muchos casos, la gran línea divisora en las conclusiones sobre la persona de Cristo. Segundo, mucha de la crítica de la doctrina de la encarnación se enfoca en la afirmación de que no era «coherente» ni «inteligible». No obstante, en su raíz esto es simplemente una indicación de que los autores no están dispuestos a aceptar nada que no parezca encajar con su cosmovisión «científica» en la que el universo natural es un sistema cerrado que no está abierto a intrusiones divinas como los milagros y la encarnación. La afirmación de que «Jesús era completamente Dios y completamente hombre en una sola persona», aunque no es una contradicción, es una paradoja que no puede ser completamente comprendida en esta era y quizá no por toda la eternidad, pero eso no nos da a nosotros el derecho de catalogarla como «incoherente» o «ininteligible». La doctrina de la encarnación como ha sido entendida por la iglesia a lo largo de la historia ha sido en verdad coherente e inteligible, aunque nadie mantiene que nos ha provisto con una explicación exhaustiva de cómo Jesús es a la vez completamente Dios y completamente hombre. Nuestra propia respuesta no es rechazar la enseñanza clara y central de las Escrituras acerca de la encarnación, sino simplemente reconocer que permanecerá una paradoja, que eso es todo lo que Dios ha elegido darnos a conocer acerca de ello, y eso es verdad. Si estamos dispuestos a someternos a Dios y a sus palabras en las Escrituras, entonces debemos creerlo.

---

[30]El libro recibió respuesta enseguida en una serie de ensayos, *The Truth of God Incarnate*, ed, Michael Green (Sevenoaks, Kent, U.K.: Hoder and Stoughton, and Eerdmans, Grand Rapids, 1977). Más tarde los autores de *The Myth of God Incarnate* y varios de sus críticos publicaron los resultados de una reunión de tres días en un tercer libro: Michael Golder, ed., *Incarnation and Myth: The Debate Continued* (SCM, Londres, 1979).

6. ¿Por qué es necesaria la deidad de Jesús? En la sección anterior mencionamos varias razones por las que era necesario que Jesús fuera completamente hombre a fin de ganar nuestra redención. Aquí es apropiado que reconozcamos que es de vital importancia que insistamos también en la plena deidad de Cristo, no solo porque las Escrituras la enseñan con claridad, sino también porque (1) solo el infinito Dios podía llevar sobre sí todo el castigo de todos los pecados de todos los que creerían en él. Cualquier otra criatura finita no hubiera podido cargar con ese castigo; (2) la salvación viene del Señor (Jon 2:9) y todo el mensaje de las Escrituras está designado para mostrar que ningún ser humano, ninguna criatura, hubiera podido jamás salvar al hombre, solo Dios podía; y (3) solo alguien que era verdadera y completamente Dios podía ser el mediador entre Dios y el hombre (1Ti 2:5), para llevarnos de vuelta a Dios y para darnos a conocer a Dios de la forma más completa (Jn 14:9).

De modo que, si Jesús no es completamente Dios, no tenemos salvación y al final tampoco cristianismo. No es accidente que a lo largo de la historia estos grupos que han abandonado la creencia en la plena deidad de Cristo no han permanecido por mucho tiempo dentro de la fe cristiana, sino que pronto se han descarriado hacia la clase de religión representada por el unitarismo en los Estados Unidos y en otras partes. «Todo el que niega al Hijo no tiene al Padre; el que reconoce al Hijo tiene también al Padre» (1 Jn 2:23). «Todo el que se descarría y no permanece en la enseñanza de Cristo, no tiene a Dios, el que permanece en la enseñanza sí tiene al Padre y al Hijo» (2 Jn 9).

C. La encarnación: Deidad y humanidad en la persona de Cristo

La enseñanza bíblica acerca de la plena deidad y plena humanidad de Cristo es tan amplia que ambas han sido creídas desde los primeros tiempos en la historia de la iglesia. Pero el concepto preciso de cómo la plena deidad y plena humanidad pueden estar combinadas juntas en una persona se fue formulando gradualmente en la iglesia y no se llegó a su forma final hasta la definición del Concilio de Calcedonia en el 451 d.C. Antes de ese momento, se propusieron varias perspectivas inadecuadas de la persona de Cristo y fueron rechazada. Pero debemos mencionar aquí otras tres perspectivas que al final fueron rechazadas como heréticas.

1. Tres perspectivas inadecuadas de la persona de Cristo

a. El apolinarismo: Apolinar, que fue obispo de Laodicea en el 361 d.C., enseñó que la persona de Cristo tenía un cuerpo humano, pero no una mente ni un espíritu humano, y que la mente y el espíritu de Cristo procedían de la naturaleza divina del Hijo de Dios. Esta perspectiva la podemos representar mediante la figura 2.1.

Pero el punto de vista de Apolinar fue rechazado por los líderes de la iglesia de aquel tiempo, quienes se dieron cuenta que no solo nuestro cuerpo humano necesitaba salvación y estar representado por Cristo en su obra redentora, sino también nuestra mente y espíritu (o almas) humanos. Cristo tenía que ser completa y verdaderamente hombre si es que iba a salvarnos (Heb 2:17). El apolinarismo fue rechazado por varios concilios de la iglesia, desde el Concilio de Alejandría en el 362 d.C. hasta el Concilio de Constantinopla en el 381 d.C.

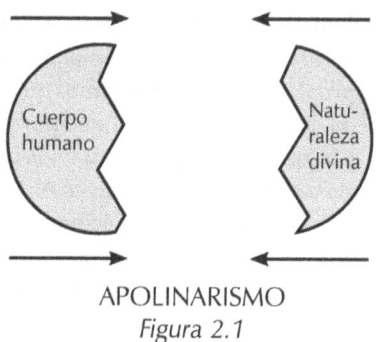

APOLINARISMO
Figura 2.1

b. Nestorianismo: El nestorianismo es la doctrina de que había dos personas separadas en Cristo, una persona humana y otra divina, una enseñanza que es distinta del punto de vista bíblico que ve a Jesús como una persona. El nestorianismo lo podemos diagramar como en la figura 2.2. Nestorio fue un predicador popular en Antioquía, y desde el año 428 d.C. fue obispo de Constantinopla. Aunque Nestorio mismo nunca enseñó la perspectiva herética que lleva su nombre (la idea de que Cristo tenía dos personas en un cuerpo, más bien que una persona), por medio de una combinación de conflictos personales y de una buena medida de política eclesiástica, fue depuesto de su posición de obispo y sus enseñanzas fueron condenadas[31].

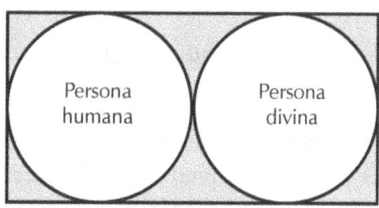

NESTORIANISMO
Figura 2.2

Es importante comprender por qué la iglesia no podía aceptar el concepto de que en Cristo había dos personas distintas. En ninguna parte de las Escrituras tenemos ninguna indicación de que la naturaleza humana de Cristo, por ejemplo, es una persona independiente, con la capacidad de decidir algo contrario a la naturaleza divina de Cristo. En ninguna parte tenemos una indicación de que las naturalezas humana y divina estuvieran discutiendo o luchando dentro de Cristo, ni nada parecido. Más bien, tenemos una imagen coherente de una sola persona actuando en unidad y como un todo. Jesús siempre usa el «yo», nunca el «nosotros»[32], aunque puede referirse a sí mismo y al Padre juntos

---

[31]Harold O. J. Brown dice: «La persona encarnada según Nestorio era una sola persona, no dos como pensaron sus críticos, pero él no pudo convencer a los demás que era así. En consecuencia él ha quedado en la historia como uno de los grandes herejes aunque lo que él creía fue reafirmado en Calcedonia» (*Heretics*, p. 176). Es muy útil el estudio amplio de Brown del nestorianismo y otros temas relacionados en la pp. 172-84.

[32]Hay un uso poco común en Juan 3:11, donde Jesús de repente cambia al plural: «Te digo con seguridad y verdad que hablamos de lo que sabemos y damos testimonio de lo que hemos visto personalmente». Puede que Jesús se estuviera refiriendo a sí mismo y a algunos discípulos con él que no se mencionan, en contraste con el «sabemos» de los líderes judíos a los que alude Nicodemo cuando él empieza la conversación: «Rabí —le dijo—, sabemos que eres un maestro que ha venido de parte de Dios» (Jn 3:2). O

como «nosotros» (Jn 14:23). La Biblia siempre habla de Jesús como «él», no como «ellos». Y, aunque podemos a veces distinguir acciones de su naturaleza divina y acciones de su naturaleza humana registradas en las Escrituras, la Biblia misma nunca dice que la «naturaleza humana de Jesús hizo esto» o «la naturaleza divina de Jesús hizo aquello», como si fueran dos personas separadas, sino que siempre habla de lo que la *persona* de Cristo hizo. Por tanto, la iglesia continuó insistiendo en que Jesús era una persona, aunque poseía tanto la naturaleza humana como la divina.

c. Monofisismo (Eutiquismo): Se llama *monofisismo* a una tercera perspectiva inadecuada que ve a Cristo como con una sola naturaleza (gr. *monos* «una» y *phycis* «naturaleza»). El principal defensor de este punto de vista en la iglesia primitiva fue Eutiques (c. 378-454 d.C.), que era el líder de un monasterio en Constantinopla. Eutiques enseñó un error opuesto al nestorianismo, porque negó que la naturaleza humana y la divina permanecieran completamente humana y completamente divina. Sostuvo más bien que la naturaleza humana de Cristo fue tomada y absorbida por su naturaleza divina, de modo que ambas naturalezas cambiaron de alguna forma y surgió una tercera clase de naturaleza[33]. Podemos ver una analogía de lo que Eutiques decía en el ejemplo de si echamos una gota de tinta en un vaso de agua: La mezcla resultante ya no es tinta pura ni agua pura, sino una tercera clase de sustancia, una mezcla de las dos en que la tinta y el agua cambian. Del mismo modo, Eutiques enseñó que Jesús era una mezcla de elementos divinos y humanos en los que ambos estaban de alguna manera modificados para formar una nueva naturaleza. Esto lo podemos representar mediante la figura 2.3.

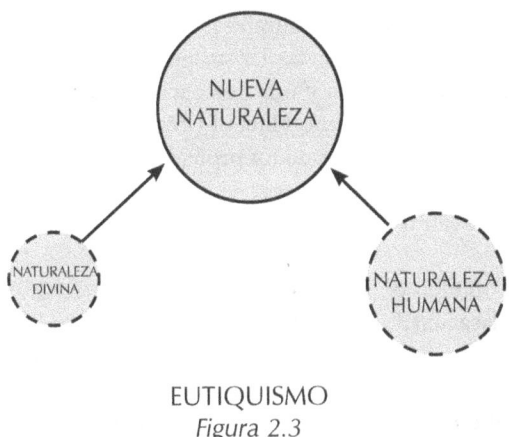

EUTIQUISMO
Figura 2.3

Claro, el monofisismo también causó gran preocupación en la iglesia, porque, según esta doctrina, Cristo no era verdaderamente Dios ni tampoco verdaderamente hombre.

---

puede que Jesús estuviera hablando de sí mismo junto con el testimonio del Espíritu Santo, cuya obra es el tema de la conversación (vv. 5-9). En cualquier caso, Jesús no se está refiriendo a sí mismo como «sabemos», puesto que empieza hablando en primera persona. Vea el estudio de Leon Morris en *The Gospel According to John*, pp. 221-22.

[33]Una variante del Eutiquismo sostiene que la naturaleza humana quedó simplemente perdida en la divina, de manera que la naturaleza única resultante fue solo la naturaleza divina.

Y si eso era así, no podía representarnos de verdad a nosotros como hombre ni tampoco podía ser de verdad Dios y capaz de ganar nuestra salvación.

2. La solución a la controversia: La definición del Concilio de Calcedonia en el 451 d.C. Con el fin de intentar resolver el problema surgido a causa de estas controversias sobre la persona de Cristo, se convocó un concilio de la iglesia en Calcedonia cerca de Constantinopla (la moderna Estambul), desde el 8 de octubre al 1 de noviembre del 451 d.C. La declaración resultante, conocida como la Definición de Calcedonia, protegía en contra del apolinarismo, el nestorianismo y el eutiquismo. Ha sido reconocida por la rama católica, protestante y ortodoxa del cristianismo como la definición formal y ortodoxa de la enseñanza bíblica sobre la persona de Cristo desde esa fecha[34].

Esta declaración no es larga, y podemos citarla aquí completa[35]:

> Nosotros, entonces, fieles a los santos padres y todos de mutuo acuerdo, enseñamos a los hombres a confesar al único y mismo Hijo, a nuestro Señor Jesucristo, que es perfecto en divinidad y también perfecto en humanidad; verdaderamente Dios y verdaderamente hombre, con un alma racional y cuerpo; *consustancial con el Padre conforme a la divinidad, y consustancial con nosotros conforme a la humanidad*; semejante en todas las cosas a nosotros, pero sin pecado; engendrado desde antes de la creación por el Padre conforme a la divinidad, y en los últimos días, para nosotros y para nuestra salvación, nació de la Virgen María, la Madre de Dios, según la humanidad; el único y el mismo Cristo, Hijo, Señor, Unigénito, para ser reconocido en *dos naturalezas, inconfundibles, inalterables, indivisibles, inseparables*; la distinción de naturalezas no desaparecen en absoluto por la unión, sino que quedan preservadas las propiedades de ambas naturalezas, y concurren juntas en *una Persona* y una Sustancia, no separadas ni divididas en dos personas, sino uno y el mismo Hijo, el Unigénito, Dios, el Verbo, el Señor Jesucristo, como lo habían declarado los profetas acerca de él desde el principio, y el mismo Señor Jesucristo nos ha enseñado, y como nos lo ha pasado a nosotros el Credo de los santos padres.

En contra de la opinión de Apolinar de que Cristo no tenía una mente humana o alma, tenemos la declaración de que es «verdaderamente hombre, con un alma racional y cuerpo; consustancial con el Padre conforme a la divinidad, y consustancial con nosotros conforme a la humanidad; semejante en todas las cosas a nosotros». (La palabra consustancial significa que «tiene la misma naturaleza o sustancia»).

En oposición al nestorianismo que decía que en Cristo había dos personas unidas en un cuerpo, tenemos las palabras «indivisibles, inseparables … y concurren juntas en *una Persona* y una Sustancia, no separadas ni divididas en dos personas».

---

[34]Sin embargo, debiéramos indicar que tres grupos localizados de las antiguas iglesias rechazaron la definición de Calcedonia y todavía siguen apoyando el monofisismo hasta esta fecha: La Iglesia Ortodoxa Etíope, la Iglesia Ortodoxa Copta (en Egipto) y la Iglesia Jacobita Siria. Vea H. D. McDonald, «Monophysitism», en NDT, pp. 442-43.

[35]Traducción inglesa tomada de Philip Schaff, *Creeds of Christendom*, 2:62-63.

CAPÍTULO 2 · LA PERSONA DE CRISTO

En contra del monofisismo que decía que Cristo tenía solo una naturaleza, y que su naturaleza humana había quedado perdida en la unión con la naturaleza divina, tenemos las palabras: «para ser reconocido en *dos naturalezas, inconfundibles, inalterables [...]* la distinción de naturalezas no desaparece en absoluto por la unión, sino que queda preservada». Las naturalezas humana y divina no quedaron confundidas ni cambiadas cuando Cristo se hizo hombre, sino que la naturaleza humana permanece como auténtica naturaleza humana, y la naturaleza divina permanece como auténtica naturaleza divina.

La figura 2.4 nos puede ayudar a mostrar esto, en contraste con los diagramas anteriores. Indica que el eterno Hijo de Dios tomó una verdadera naturaleza humana, y que las naturalezas divina y humana de Cristo permanecen distintas y retienen sus propiedades, y no obstante, están unidas eterna e inseparablemente en una misma persona.

Algunos han dicho que la Definición de Calcedonia en realidad no define para nosotros en una forma positiva lo que la persona de Cristo *es* realmente, sino que solo nos dice las varias cosas que *no es*. En este sentido varios han dicho que no es una definición muy útil. Pero esa acusación es desorientadora e inadecuada. La definición en realidad ayudó mucho a entender la enseñanza bíblica en forma correcta. Enseñó que Cristo definitivamente tiene dos naturalezas, una humana y otra divina. Enseñó que su naturaleza divina es exactamente igual a la del Padre («*consustancial con el Padre conforme a la divinidad*»). Y sostiene que la naturaleza humana es exactamente como la nuestra, pero sin pecado («*consustancial con nosotros conforme a la humanidad*; *semejante en todas las cosas a nosotros, pero sin pecado*»). Además, afirma que en la persona de Cristo la naturaleza humana retiene sus características distintivas y que la naturaleza divina conserva sus características distintivas. («la distinción de naturalezas no desaparece en absoluto por la unión, sino que quedan *preservadas las propiedades de ambas naturalezas*»). Por último, afirma que, ya sea que lo podamos entender o no, estas dos naturalezas están unidas en la persona de Cristo.

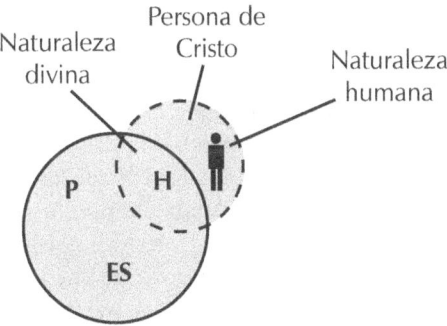

CRISTOLOGÍA DE CALCEDONIA
Figura 2.4

Cuando la definición de Calcedonia dice que las dos naturalezas de Cristo concurren «en una Persona y una Sustancia», la palabra griega con que se traduce «sustancia» es la palabra *hypostasis*, «ser». De aquí que la unión de las naturalezas humana y divina de Cristo en una persona es algunas veces llamada unión hipostática. Esta frase significa la unión de las naturalezas humana y divina de Cristo en un ser.

3. Combinación de textos bíblicos específicos sobre la deidad y humanidad de Cristo. Cuando examinamos el Nuevo Testamento, como hicimos arriba en las secciones sobre la humanidad y deidad de Jesús, hay varios pasajes que parecen difíciles de integrar. (¿Cómo podía Cristo ser omnipotente y a la vez débil? ¿Cómo podía dejar el mundo y estar a la vez presente en todas partes? ¿Cómo podía él aprender cosas y a la vez ser omnisciente?). Cuando la iglesia luchaba por entender estas enseñanzas, llegó por fin la Definición de Calcedonia, que habla de dos naturalezas distintas en Cristo que retienen sus propiedades y, no obstante, permanecen juntas en una persona. Esta distinción, la cual nos ayuda en nuestra comprensión de los pasajes bíblicos mencionados antes, también parece ser demandada por estos pasajes.

a. Una naturaleza hace algunas cosas que la otra naturaleza no hace: Los teólogos evangélicos de pasadas generaciones no han dudado en distinguir entre las cosas que hace la naturaleza humana de Cristo pero no su naturaleza divina, o por su naturaleza divina pero no por su naturaleza humana. Parece ser que tenemos que hacer esto si estamos dispuestos a aceptar la declaración de Calcedonia acerca de que «quedan *preservadas las propiedades de ambas naturalezas*». *Pero pocos teólogos recientes han estado dispuestos a hacer esas distinciones, quizá debido a una vacilación en afirmar algo que no se puede entender.*

Cuando hablamos de la naturaleza humana de Jesús, podemos decir que él ascendió al cielo y que ya no está en el mundo (Jn 16:28; 17:11; Hch 1:9-11)[36]. Pero con respecto a su naturaleza divina, podemos decir que Jesús está presente en todas partes: «Donde dos o tres se reúnen en mi nombre, allí estoy yo en medio de ellos» (Mt 18:20); «Estaré con ustedes siempre, hasta el fin del mundo» (Mt 28:20); «El que me ama, obedecerá mi palabra, y mi Padre lo amará, y haremos nuestra vivienda con él» (Jn 14:23). De manera que podemos decir que ambas cosas son ciertas acerca de la *persona* de Cristo: él ha regresado al cielo y está también presente con nosotros.

Del mismo modo, podemos decir que Jesús tenía cerca de treinta años (c. 3:23), si estamos hablando de su naturaleza humana, pero podemos decir que existía eternamente (Jn 1:1-2; 8:58) si estamos hablando de su naturaleza divina.

En su naturaleza humana, Jesús era débil y se cansaba (Mt 4:2; 8:24; Mr 15:21; Jn 4:6), pero en su naturaleza divina él era omnipotente (Mt 8:26-27; Col 1:17; He 1:3). Es especialmente asombrosa la escena en el lago de Galilea donde Jesús se encontraba durmiendo sobre la dura madera de la barca, supuestamente porque estaba cansado (Mt 8:24). Pero pudo despertarse del sueño y calmar el viento y las olas con una palabra (Mt 8:26-27). ¡Cansado y, no obstante, omnipotente! Vemos aquí que la naturaleza humana débil de Jesús ocultaba completamente su omnipotencia hasta que su omnipotencia se manifestaba con una palabra soberana de parte del Señor del cielo y de la tierra.

Si alguien pregunta si Jesús, cuando se encontraba durmiendo en la barca, estaba también «[sosteniendo] todas las cosas con su palabra poderosa» (Heb 1:3), y si todas las cosas en el universo estaban subsistiendo por medio de él en ese tiempo (vea Col 1:17), la

---

[36] Los teólogos luteranos, siguiendo a Martín Lutero, han afirmado en ocasiones que la naturaleza humana de Jesús, aun su cuerpo humano, está presente en todas partes o «ubicuo» (omnipresente). Pero esta posición no ha sido adoptada por ningún otro segmento de la iglesia cristiana, y parece ser que ha sido una posición que Martín Lutero tomó principalmente como un intento para justificar su interpretación de que el cuerpo de Cristo está en realidad presente en la Cena del Señor (no en los elementos mismos, sino con ellos).

respuesta debe ser sí, porque esas actividades han sido siempre y siempre serán la responsabilidad de la segunda persona de la Trinidad, el eterno Hijo de Dios. Los que piensan que la doctrina de la encarnación es «inconcebible» han preguntado algunas veces si Jesús, cuando era un bebé en el establo en Belén, estaba también «sosteniendo el universo». La respuesta a esta pregunta debe ser también sí: Jesús en ese momento no estaba siendo potencialmente Dios ni alguien en quien Dios actuaba de forma única, sino que *era verdadera y completamente Dios*, con todos los atributos de Dios. Él era «un Salvador, que es Cristo el Señor» (Lc 2:11). Los que rechazan esto como imposible es porque tienen una definición diferente de lo que es «posible» de la que tiene Dios, según se revela en las Escrituras[37]. Decir que nosotros no podemos entender esto es una actitud humilde apropiada. Pero decir que no es posible me parece que es más bien arrogancia intelectual.

En una manera similar, podemos entender que en su naturaleza humana, Jesús murió (Lc 23:46; 1 Co 15:3). Pero con respecto a su naturaleza divina, no murió, sino que fue capaz de levantarse a sí mismo de entre los muertos (Jn 2:19; 10:17-18; He 7:16). No obstante, aquí debemos expresar una palabra de cautela: Es cierto que cuando Jesús murió, su cuerpo físico murió y su alma humana (o espíritu) quedó separada de su cuerpo y pasó a la presencia de Dios el Padre en el cielo (Lc 23:43, 46). De esta manera él experimentó una muerte que es como la que experimentamos los creyentes si morimos antes del regreso de Cristo. Y no es correcto decir que la naturaleza divina de Jesús murió, o podía morir, si «morir» significa el cese de la actividad, el cese de la conciencia de sí mismo o una disminución de poder. Sin embargo, en virtud de la unión con la naturaleza humana de Jesús, su divina naturaleza de alguna manera saboreó algo de lo que es pasar por la muerte. La *persona* de Cristo experimentó la muerte. Además, parece difícil de entender cómo la naturaleza humana de Jesús sola podía soportar la ira de Dios en contra de los pecados de millones de personas. Parece que la naturaleza divina de Jesús tenía que participar de alguna manera en cargar con la ira de Dios en contra del pecado que nos correspondía a nosotros (aunque las Escrituras no afirman esto explícitamente en ninguna parte). Por tanto, aunque la naturaleza divina de Jesús no murió en realidad, Jesús pasó por la experiencia de la muerte como una persona completa, y sus naturalezas humana y divina de alguna manera compartieron esa experiencia. Más allá de eso, las Escrituras no nos permiten decir más.

La distinción entre las naturalezas humana y divina de Jesús también nos ayuda a entender las tentaciones de Jesús. Con respecto a su naturaleza humana, ciertamente fue tentado en todas las maneras en que nosotros lo somos, pero sin pecar (Heb 4:15). No

---

[37] A. N. S. Lane niega explícitamente la perspectiva de Calcedonia de Cristo sobre la base de que no es posible: «Omnisciencia e ignorancia, omnipotencia e impotencia no pueden coexistir. Las primeras inundan las segundas» («Christology beyond Chalcedon» en *Christ the Lord: Studies in Christology Presented to Donald Guthrie*, editado por Harold H. Rowden [Intervarsity Press, Leicester and Downers Grove, Ill., 1982], p. 270). Él dice que Cristo «negó explícitamente su omnisciencia (Mt 24:36 = Mr 13:32), pero incluso las palabras claras de Cristo no han sido suficientes para contrarrestar el tirón del docetismo... La afirmación de la omnisciencia del Jesús histórico no tiene base bíblica y en verdad va en contra de la enseñanza clara de los Evangelios... Tiene serias implicaciones teológicas que han socavado su verdadera humanidad como se enseña en las Escrituras» (p. 271).

Pero Mt 24:36 y Mr 13:32 los podemos entender perfectamente como refiriéndose al conocimiento de Jesús en su naturaleza humana. Y cuando Lane dice que la omnisciencia y la ignorancia «no pueden coexistir», está lanzando una parte de una paradoja bíblica contra la otra parte y afirmando que una parte es imposible. ¿En base a qué es justificable decir que una naturaleza omnisciente divina y una naturaleza humana con conocimiento limitado «no pueden coexistir», que una naturaleza divina omnipotente y una naturaleza humana débil «no pueden coexistir»? Sería negar que Jesús pudiera ser *completamente* Dios y *completamente* hombre al mismo tiempo. Al afirmarlo, ellos están negando la esencia de la encarnación.

obstante, con respecto a su naturaleza divina, no fue tentado, porque Dios no puede ser tentado por el mal (Stg 1:13).

En este momento parece necesario decir que Jesús tenía dos voluntades distintas, una voluntad humana y otra divina, y que las voluntades pertenecen a las dos naturalezas distintas de Cristo, no a la persona. De hecho, había una posición, llamada la perspectiva *monotelita*, que sostiene que Jesús tenía solo «una voluntad», pero ese era ciertamente el punto de vista de una minoría en la iglesia, y fue rechazado como herético por el Concilio de Constantinopla en el 681 d.C. Desde entonces la perspectiva de que Cristo tenía dos voluntades (una humana y otra divina) ha sido generalmente, aunque no universalmente, sostenida por la iglesia. De hecho, Charles Hodge dice:

> La decisión en contra de Nestorio, en la que fue reafirmada la unidad de la persona de Cristo; en contra de Eutiques, reafirmando la distinción de naturalezas, y en contra de los monotelitas, declarando que la posesión de una naturaleza humana involucra la necesidad de la posesión de una voluntad humana, ha sido recibida como la fe verdadera de la iglesia universal, la griega, la latina y la protestante[38].

Hodge explica que la iglesia pensó que «negarle a Cristo una voluntad humana era negar que tuviera una naturaleza humana, o que fuera verdaderamente humano. Además, eso excluye la posibilidad de que hubiera sido tentado y, por tanto, contradice las Escrituras, y le separa tanto de su pueblo que él no podría compadecerse de ellos en sus tentaciones»[39]. Además, Hodge nota que junto con las ideas de que Cristo tenía dos voluntades está la idea relacionada de que tenía dos centros de conciencia o inteligencia: «Así como hay dos naturalezas distintas, humana y divina, hay necesidad de dos inteligencias y dos voluntades, la que es falible y finita, y la que es incambiable e infinita»[40].

Esta distinción de dos voluntades o dos centros de conciencia nos ayuda a comprender cómo Jesús podía aprender cosas y al mismo tiempo conocer todas las cosas. Por un lado, con respecto a su naturaleza humana, él tenía un conocimiento limitado (Mr 13:32; Lc 2:52). Por otro lado, era evidente que Jesús conocía todas las cosas (Jn 2:25; 16:30; 21:17). Ahora bien, esto es solo comprensible si Jesús aprendió cosas y tenía conocimiento limitado con respecto a su naturaleza humana, pero estaba siempre consciente con respecto a su naturaleza divina y, por tanto, era capaz de «recordar» cualquier información que fuera necesaria para su ministerio. De esta manera podemos entender la declaración de Jesús en cuanto al tiempo de su regreso: «Pero en cuanto al día y la hora, nadie lo sabe, ni siquiera los ángeles en el cielo, sino solo el Padre» (Mr 13:32). Esta ignorancia del tiempo de su regreso era solo cierto de la naturaleza y conciencia humanas de Jesús, porque en su naturaleza divina él era sin duda omnisciente y sabía con exactitud cuándo regresaría a la tierra[41].

En cuanto a esto alguien podía objetar que si decimos que Jesús tenía dos centros de conciencia de sí mismo y dos voluntades, eso *requiere* decir que era dos personas distintas,

---

[38] Charles Hodge, *Systematic Theology*, 2:405.
[39] Ibíd., pp. 404-5.
[40] Ibíd., p. 405.
[41] Al comentar sobre Marcos 13:32, Juan Calvino, H. B. Swete, un comentarista anglicano (*The Gospel According to St. Mark* [MacMillan, Londres, 1913], p. 316), y R. C. H. Lenski, un comentarista luterano (*The Interpretation of St, Mark's Gospel* [Augsburg, Minneapolis, 1961 (reimpresión)]., p. 590), todos atribuyen esta ignorancia de Jesús solo a su naturaleza humana, no a su naturaleza divina.

CAPÍTULO 2 · LA PERSONA DE CRISTO

y es caer en el error de los nestorianos. Pero en respuesta, debemos afirmar simplemente que dos voluntades y dos centros de conciencia de sí mismo *no* requieren que Jesús sea dos personas distintas. Es solo una afirmación sin prueba decir eso. Si alguien responde que *no comprende* cómo Jesús podía tener dos centros de conciencia de sí mismo y a la vez ser una sola persona, eso es comprensible. Pero no entender algo no significa que es imposible, sino que nuestro entendimiento es limitado. La gran mayoría de la iglesia a lo largo de su historia ha dicho que Jesús tuvo dos voluntades y dos centros de conciencia, pero que con todo era una sola persona. Una formulación así no es imposible, sino sencillamente un misterio que no podemos comprender por completo. Adoptar cualquier otra solución crearía problemas mucho más grandes: requeriría tener que abandonar o bien la plena deidad o la plena humanidad de Cristo, y eso no lo podemos hacer[42].

b. Lo que haga cualquiera de sus naturalezas, la persona de Cristo lo hace: En la sección anterior mencionamos una serie de cosas que fueron hechas por una naturaleza y no por la otra en la persona de Cristo. Ahora debemos afirmar que todo lo que es verdad de la naturaleza humana o divina es verdad de la persona de Cristo. De modo que Jesús puede decir: «Antes de que Abraham naciera, ¡yo soy!» (Jn 8:58). Él no dice: «Antes de que Abraham naciera, mi divina naturaleza existía», porque él es libre para hablar acerca de cualquier cosa realizada solo por su naturaleza divina o solo por su naturaleza humana como algo que *él* hizo.

En la esfera humana, esto es también cierto de nuestra conversación. Si yo escribo una carta, aunque mis pies no tienen nada que ver con la escritura de la carta por los dedos de mis manos, yo no digo a la gente: «Mis dedos de las manos escribieron la carta y mis pies no tienen nada que ver con ello» (aunque eso sea cierto). Sino más bien digo: «*Yo* escribí la carta». Eso es verdad porque todo lo que hace una parte de mi ser lo hago yo.

De modo que «*Cristo* murió por nuestros pecados» (1 Co 15:3). Aunque solo su cuerpo humano cesó de existir y de funcionar, *Cristo* como persona fue el que murió por nuestros pecados. Esto es una forma de afirmar que cualquier cosa que se pueda decir de una naturaleza o de la otra se dice de la persona de Cristo.

Por tanto, es correcto que Jesús dijera: «Ahora dejo de nuevo el mundo y vuelvo al Padre» (Jn 16:28), o «Ya no voy a estar por más tiempo en el mundo» (Jn 17:11), pero al mismo tiempo decir: «Estaré con ustedes siempre» (Mt 28:20). Todo lo que hace una naturaleza o la otra lo hace la *persona* de Cristo.

c. Títulos que nos recuerdan que una naturaleza la puede usar la persona aun cuando la acción fue hecha por la otra naturaleza: Los autores del Nuevo Testamento a veces

---

[42]En cuanto a esto nos puede ser de alguna ayuda una analogía de la experiencia humana. Todo el que ha corrido en una carrera sabe que cerca del final de la competición hay dentro del corredor deseos conflictivos. Por un lado, los pulmones, piernas y brazos del corredor están gritando: «¡Para! ¡Para!». Hay un deseo claro de parar a causa del dolor físico. Por el otro lado, algo en la mente del corredor está diciendo: «¡Sigue! ¡Sigue! ¡Quiero ganar!» Todos hemos conocido situaciones similares de deseos conflictivos dentro de nosotros. Ahora bien, si nosotros, siendo seres humanos normales, podemos tener deseos diferentes o distintos dentro de nosotros y, no obstante, ser una sola persona, ¿cuánto más posible es para aquel que era tanto hombre como Dios al mismo tiempo? Si nosotros decimos que no comprendemos cómo eso puede ser, simplemente reconocemos nuestra ignorancia de la situación, porque ninguno de nosotros ha experimentado jamás lo que es ser a la vez Dios y hombre al mismo tiempo, ni siquiera llegaremos a tener una experiencia como esa. No debiéramos decir que es imposible, sino que, si estamos convencidos de que el texto del Nuevo Testamento nos lleva a esa conclusión, debiéramos aceptarla y estar de acuerdo con ella.

usan títulos que nos recuerdan la naturaleza humana o la naturaleza divina a fin de referirse a la persona de Cristo, aun cuando la acción mencionada no pudo haber sido hecha por la naturaleza que podríamos pensar basados en el título. Por ejemplo, Pablo dice que si los gobernantes de este mundo hubieran entendido la sabiduría de Dios «no habrían crucificado al *Señor de la gloria*» (1 Co 2:8). Cuando vemos la frase «al Señor de la gloria» nos viene a la mente especialmente la naturaleza divina de Cristo. Pero Pablo usa este título (probablemente con la intención de mostrar la horrible maldad de la crucifixión) para decir que Jesús fue «crucificado». Aunque su naturaleza divina no fue crucificada, era cierto de Jesús que como *persona* había sido crucificado, y Pablo se refiere a eso aun cuando emplea el título «Señor de la gloria».

Del mismo modo, cuando Elisabet llama a María «la madre de *mi Señor*» (Lc 1:43), el nombre «mi Señor» es un título que nos recuerda la naturaleza divina de Cristo. Aunque María, por supuesto, no es la madre de la naturaleza divina de Jesús, la cual siempre había existido. María es solo la madre de la naturaleza humana de Cristo. No obstante, Elisabet puede llamarla «la madre de mi Señor» porque está usando el título «Señor» para referirse a la persona de Cristo. Una expresión similar aparece en Lucas 2:11: «Hoy os *ha nacido* en la ciudad de David un Salvador, que es Cristo *el Señor*».

De esta manera podemos entender Marcos 13:32, donde Jesús dice que nadie conoce el tiempo de su regreso, «ni siquiera los ángeles en el cielo, *ni el Hijo*, sino solo el Padre». Aunque las palabras «el Hijo» nos hablan específicamente de la condición eterna de Hijo de Jesús con el Padre, no se usa aquí para referirse específicamente a su naturaleza divina, sino para hablar en general de él como una persona, y afirmar algo que es un hecho cierto solo de su naturaleza humana[43]. Y es cierto que en un sentido importante (esto es, en su naturaleza humana) Jesús no conocía el tiempo cuando él regresaría.

d. Breve frase de resumen: En ocasiones se ha usado la siguiente frase en el estudio de la teología sistemática para resumir la doctrina de la encarnación: «Siguió siendo lo que él era, se convirtió en lo que no era». En otras palabras, si bien Jesús «siguió siendo» lo que era (es decir, completamente divino), también se hizo lo que previamente no había sido (es decir, completamente humano). Jesús no renunció a nada de su deidad cuando se hizo hombre, pero sí tomó sobre sí la humanidad que antes no había tenido.

e. «Comunicación» de atributos: Una vez que hemos decidido que Jesús era completamente hombre y completamente Dios, y que su naturaleza humana permaneció *plenamente* humana y que su naturaleza divina permaneció *plenamente* divina, todavía podemos preguntar si hubo algunas cualidades o capacidades que fueron dadas (o «comunicadas») de una naturaleza a la otra. Parece que sí las hubo.

(1) De la naturaleza divina a la naturaleza humana: Aunque la naturaleza humana de Jesús no cambió en su carácter esencial, debido a que estaba unida con la naturaleza divina en la persona de Cristo, la naturaleza humana de Jesús ganó (a) la dignidad de ser

---

[43] Un uso similar lo encontramos en Juan 3:13 y Hechos 20:28 (en este último versículo algunos manuscritos dicen: «con su propia sangre»).

adorado y (b) la incapacidad de pecar, las cuales no pertenecen en ningún sentido a los seres humanos[44].

(2) De la naturaleza humana a la naturaleza divina: La naturaleza humana de Jesús le dio a él (a) la capacidad de experimentar el sufrimiento y la muerte; (b) la capacidad de entender por experiencia lo que nosotros estamos experimentando; y (c) la capacidad de ser nuestro sacrificio sustitutivo, lo que solo Jesús como Dios podía haber hecho.

f. Conclusión: Al final de este largo estudio, puede resultar fácil para nosotros perder de vista lo que de verdad se enseña en la Biblia. Es con mucho el milagro más asombroso de toda la Biblia, mucho más asombroso que la resurrección e incluso que la creación del universo. El hecho de que el eterno, omnipotente e infinito Hijo de Dios pudiera hacerse hombre y unirse a la naturaleza humana para siempre, de tal manera que el Dios infinito se hiciera una persona con el hombre finito, permanecerá por toda la eternidad como el más profundo de los milagros y el más profundo de los misterios del universo.

PREGUNTAS DE APLICACIÓN PERSONAL

1. Después de leer este capítulo, ¿hay maneras específicas en las que usted piensa que Jesús es más semejante a usted de lo que pensaba antes? ¿Cuáles son? ¿En que forma una comprensión más clara de la humanidad de Jesús le ayuda a usted a enfrentar las tentaciones? ¿Cómo puede ayudarle a orar? ¿Cuáles son las circunstancias más difíciles en su vida ahora? ¿Puede usted pensar en algunas circunstancias similares que Jesús pudo haber enfrentado? ¿Le anima eso a orar con más confianza a Jesús? ¿Se puede usted imaginar lo que hubiera sido si usted hubiera estado presente cuando Jesús dijo: «Antes de que Abraham naciera, ¡yo soy!» ¿Qué hubiera pensado usted? Con franqueza, ¿cuál habría sido su respuesta? Trate ahora de imaginarse que usted está en los momentos cuando Jesús dice otros «Yo soy» que registra el Evangelio de Juan[45].

2. Después de leer este capítulo, ¿hay alguna cosa que usted entiende más completamente acerca de la deidad de Jesús? ¿Puede usted describir (y quizá identificarse con ello) lo que los discípulos deben haber sentido al crecer en su comprensión de lo que Jesús era? ¿Cree usted que Jesús es la persona a la que usted podría confiarle su vida por toda la eternidad? ¿Se sentiría feliz de unirse con los otros miles que adoran alrededor de su trono en el cielo? ¿Se deleita usted ahora en la adoración?

---

[44]Vea anteriormente, p. 64, nota 36, sobre el punto de vista luterano de que la ubicuidad fue también comunicada de la divina naturaleza a la humana.

[45]Vea la lista de los otras declaraciones de «Yo soy» en la nota 20 de este capítulo.

TÉRMINOS ESPECIALES

apolinarismo
arrianismo
comunicación de atributos
Definición de Calcedonia
Dios
docetismo
encarnación
eutiquismo
Hijo de Dios
Hijo del Hombre
impecabilidad
Logo
monofisismo
nacimiento virginal
nestorianismo
perspectiva monotelita
Señor
teoría de la kenosis
unión hipostática

BIBLIOGRAFÍA

Anselmo. «The Incarnation of the Word». En *Anselm of Canterbury*. Vol. 3. Edwin Mellen, Toronto, 1976.

_____. *Why God Became Man: and The Virgin Conception and Original Sin*. Trad. por Joseph M. Colleran. Magi, Albany, N. Y., 1969.

Athanasius. *On the Incarnation*. Traducida por una religión de C. S. M. V. Macmillan, Nueva York, 1946.

Berkouwer, G. C. *The Person of Christ*. Trad. por John Vriend. Eerdmans, Grand Rapids, 1954.

Bray, G. L. *Creeds, Councils and Christ*. Intervarsity Press, Leicester, 1984.

_____. «Christology». En *NDT* pp. 137–40.

Brown, Harold O. J. *Heresies: The Image of Christ in the Mirror of Heresy and Orthodoxy From the Apostles to the Present*. Doubleday, Garden City, N. Y., 1984.

Bruce, F. F. *Jesus: Lord and Savior*. The Jesus Library, ed. por Michael Green. Intervarsity Press, Downers Grove, Ill., 1986.

Erickson, Millard. *The Word Became Flesh: A Contemporary Incarnational Christology*. Baker, Grand Rapids, 1991.

Guthrie, Donald. *Jesus the Messiah*. Zondervan, Grand Rapids, 1972.

_____. *New Testament Theology*. Intervarsity Press, Leicester y Downers Grove, Ill., 1981, pp. 219–365.

Harris, Murray J. Jesus As God. Baker, Grand Rapids, 1992.
Hughes, Philip Edgcumbe. *The True Image: The Origin and Destiny of Man in Christ.* Eerdmans, Grand Rapids, e Intervarsity Press, Leicester, 1989, pp. 211–414.
Longenecker, Richard. *The Christology of Early Jewish Christianity.* SCM, London, 1970.
Marshall, I. Howard. *I Believe in the Historical Jesus.* Eerdmans, Grand Rapids, 1977.
McGrath, Alister E. *Understanding Jesus: Who He Is and Why He Matters.* Zondervan, Grand Rapids, 1987.
Moule, C. F. D. *The Origin of Christology.* Cambridge University Press, Cambridge, 1977.
Payne, Philip B. «Jesus' Implicit Claim to Deity in His Parables». *TrinJ* vol. 2, n. s., no. 1 (Spring 1981), pp. 3–23.
Reymond, Robert L. *Jesus, Divine Messiah.* Presbyterian and Reformed, Phillipsburg, N. J., 1990.
Runia, Klaas. *The Present-Day Christological Debate.* Intervarsity Press, Leicester, 1984.
Sproul, R. C. *The Glory of Christ.* Tyndale, Wheaton, Ill., 1990.
Stein, R. H. «Jesus Christ». En *EDT* pp. 582–85.
Wallace, R. S. «Christology». En *EDT* pp. 221–27.
Walvoord, John F. *Jesus Christ Our Lord.* Moody, Chicago, 1969.
Wells, David F. *The Person of Christ: A Biblical and Historical Analysis of the Incarnation.* Crossway, Westchester, IL, 1984.

PASAJE BÍBLICO PARA MEMORIZAR

Juan 1:14: *Y el Verbo se hizo hombre y habitó entre nosotros. Y hemos contemplado su gloria, la gloria que corresponde al Hijo unigénito del Padre, lleno de gracia y de verdad.*

HIMNO

«Glorioso Cristo»

> Glorioso Cristo, Rey de lo creado,
> Hombre y Dios, te doy loor;
> Quiero amarte, mi dulce amigo,
> corona mía y Salvador.
>
> Bello es el campo, más aun los bosques
> en la estación primaveral;
> Cristo es más bello, Cristo es más puro
> que al alma triste gozo da.
>
> Bella es la luna, el sol más bello,
> y las estrellas, sin igual;
> pero el Cristo es quien más brilla
> en todo el Reino celestial.

CÓMO ENTENDER A CRISTO Y AL ESPÍRITU

Bellas las flores, bello es el hombre
en su lozana juventud;
mas su belleza pronto perece,
solo es eterna en Jesús.

De tierra y cielo, toda la hermosura
se muestra en Cristo, mi Señor;
nadie merece cual Jesucristo
nuestra alabanza y nuestro amor.

DE MÜNSTER GESANBUC, 1677, TRAD. FEDERICO J. PAGURA
(TOMADO DE CELEBREMOS SU GLORIA, # 244).

Capítulo 3

LA EXPIACIÓN

¿Era necesario que Cristo muriera? ¿Ganó toda la vida terrenal de Cristo algún beneficio redentor para nosotros? La causa y naturaleza de la expiación. ¿Descendió Cristo al infierno?

EXPLICACIÓN Y BASES BÍBLICAS

Podemos definir la expiación de la siguiente manera: *La expiación es la obra que Cristo hizo en su vida y muerte para ganar nuestra salvación.* Esta definición indica que estamos usando la palabra expiación en un sentido más amplio del que se usa en ocasiones. A veces se usa para referirse solo a la muerte de Cristo en la cruz y al pago que hizo por nuestros pecados. Pero, como veremos abajo, puesto que los beneficios de la salvación también vienen de la vida de Cristo, tenemos que incluir eso también en nuestra definición[1].

A. La causa de la expiación

¿Cuál fue la suprema causa que llevó a Cristo a venir a la tierra y morir por nuestros pecados? Para encontrar la respuesta debemos remontarnos hasta algo que hay en el carácter de Dios mismo. Y aquí las Escrituras apuntan a dos cosas: El *amor* y la *justicia* de Dios.

El amor de Dios como una causa de la expiación la vemos en el pasaje más conocido de la Biblia: «Porque *tanto amó Dios al mundo*, que dio a su Hijo unigénito, para que todo el que cree en él no se pierda, sino que tenga vida eterna» (Jn 3:16). Pero la justicia de Dios también requería que encontrara una forma de que se pagara el castigo que nosotros debíamos por nuestros pecados (porque no podía aceptarnos para tener comunión con él si no se pagaba ese castigo). Pablo explica que esta era la razón por la que Dios envió a Cristo para ser nuestra «propiciación» (Ro 3:25; esto es, un sacrificio que carga con la ira

---

[1]Por supuesto, hay también beneficios de salvación que nos vienen de la resurrección y ascensión de Cristo, de su constante obra sacerdotal de intercesión por nosotros, y de su Segunda Venida. Para ganar en claridad, he incluido aquí bajo el título la «expiación» solo las cosas que Cristo hizo por nuestra salvación durante su vida terrenal y su muerte.

de Dios a fin de que Dios sea «propicio» o esté favorablemente dispuesto hacia nosotros): «Dios lo ofreció como un sacrificio de expiación […] para así *demostrar su justicia*. Anteriormente, en su paciencia, Dios había pasado por alto los pecados; pero en el tiempo presente ha ofrecido a Jesucristo *para manifestar su justicia*» (Ro 3:25). Pablo está aquí diciendo que Dios había estado perdonando pecados en el Antiguo Testamento pero no se había pagado el castigo, hecho que haría a las personas pensar si Dios era de verdad justo y preguntarse cómo podía perdonar pecados sin castigarlo. Ningún Dios que de verdad fuera justo podía hacer eso, ¿no es cierto? Con todo, cuando Dios envió a Cristo para morir y pagar el castigo por nuestros pecados, lo hizo «para manifestar su justicia. De este modo Dios es justo y, a la vez, el que justifica a los que tienen fe en Jesús» (Ro 3:26).

Por consiguiente, el amor y la justicia de Dios fueron la suprema causa de la expiación. Sin embargo, de nada sirve andar preguntando cuál es más importante, porque sin el amor, Dios nunca hubiera dado ningún paso para redimirnos, pero sin la justicia de Dios, el requerimiento específico de que Cristo ganara nuestra salvación al morir por nuestros pecados no se habría satisfecho. El amor y la justicia de Dios eran igualmente importantes.

B. La necesidad de la expiación

¿Había alguna otra manera de que Dios salvara a los seres humanos sin tener que enviar a su Hijo a morir en nuestro lugar?

Antes de responder a esa pregunta, es importante que nos demos cuenta de que no era necesario en absoluto que Dios salvara a los seres humanos. Cuando vemos que «Dios no perdonó a los ángeles cuando pecaron, sino que los arrojó al abismo, metiéndolos en tenebrosas cavernas y reservándolos para el juicio» (2 P 2:4), nos damos cuenta que Dios podía haber elegido con perfecta justicia habernos dejado en nuestros pecados en espera del juicio: podía haber decidido no salvar a nadie, como hizo con los ángeles que pecaron. Así que, en este sentido, la expiación no era una absoluta necesidad.

Pero una vez que Dios, en su amor, decidió salvar a los seres humanos, varios pasajes en las Escrituras indican que no había otra manera en que Dios podía llevarlo a cabo sino por medio de la muerte de su Hijo. Por tanto, la expiación no era una absoluta necesidad, pero, como una «consecuencia» de la decisión de Dios de salvar a los seres humanos, la expiación era una absoluta necesidad. A este concepto es a lo que a veces se le llama «consecuencia de absoluta necesidad» de la expiación.

En el huerto de Getsemaní Jesús oró: «Padre mío, *si es posible*, no me hagas beber este trago amargo. Pero no sea lo que yo quiero, sino lo que quieres tú» (Mt 26:39). Podemos estar seguros de que Jesús siempre oró conforme a la voluntad del Padre, y que siempre lo hizo con plenitud de fe. Parece que esta oración, que Mateo tuvo tanto interés en dárnosla a conocer, muestra que a Jesús *no le era posible* evitar la muerte en la cruz que muy pronto tendría que enfrentar (la «copa» del sufrimiento que él había dicho que le correspondía). Si iba a llevar a cabo la tarea para la que el Padre le había enviado, y si Dios iba a redimir a las personas, era necesario que Jesús muriera en la cruz. Jesús dijo algo similar después de su resurrección, cuando conversaba con dos discípulos en el camino a Emaús. Ellos estaban diciendo que Jesús había muerto, pero la respuesta de este fue: «¡Qué torpes son ustedes, y qué tardos de corazón para creer todo lo que han dicho los profetas! ¿Acaso no tenía que sufrir el Cristo estas cosas antes de entrar en su gloria?» (Lc 24:25-26). Jesús comprendió que el plan de Dios para la redención (que él explicó a los discípulos basado en muchos pasajes del Antiguo Testamento, Lc 24:27) requería que fuera necesario que el Mesías muriera por los pecados de las personas.

Como vimos arriba, Pablo en Romanos 3 también muestra que si Dios iba a ser justo, y con todo salvar a las personas, tenía que enviar a Cristo para que pagara el castigo de los pecados: «Pero en el tiempo presente ha ofrecido a Jesucristo para manifestar su justicia. De este modo Dios es justo y, a la vez, el que justifica a los que tienen fe en Jesús» (Ro 3:26). La epístola a los Hebreos hace hincapié en que Cristo tenía que sufrir por nuestros pecados: «Por eso *era preciso* que en todo se asemejara a sus hermanos, para ser un sumo sacerdote fiel y misericordioso al servicio de Dios, a fin de expiar [lit. hacer propiciación] los pecados del pueblo» (Heb 2:17). El autor de Hebreos también argumenta que puesto que «es imposible que la sangre de los toros y de los machos cabríos quite los pecados» (Heb 10:4), era necesario un mejor sacrificio (Heb 9:23). Solo la sangre de Cristo, esto es, su muerte, podría borrar de verdad los pecados (Heb 9:25-26). No había otra forma de que Dios nos salvara que mediante la muerte de Cristo en nuestro lugar.

C. La naturaleza de la expiación

En esta sección consideraremos dos aspectos de la obra de Cristo: (1) La obediencia de Cristo por nosotros, mediante la cual él obedeció los requerimientos de la ley en nuestro lugar y fue perfectamente obediente a la voluntad del Padre como nuestro representante, y (2) los sufrimientos de Cristo por nosotros, mediante los cuales cargó con el castigo que nos correspondía por nuestros pecados y como consecuencia murió por nuestros pecados.

Es importante que nos demos cuenta de que en ambas categorías el énfasis primario y la influencia primaria de la obra de redención de Cristo no está en nosotros, sino en Dios el Padre. Jesús obedeció al Padre en nuestro lugar y cumplió perfectamente con las demandas de la ley. Y sufrió en nuestro lugar, y cargó sobre sí el castigo que Dios el Padre nos hubiera impuesto. En ambos casos, la expiación la vemos como objetiva; es decir, algo que tenía una influencia primaria directamente sobre Dios. Solo secundariamente tiene implicaciones para nosotros, y esto es solo a causa de que había sucedido algo definido en las relaciones entre Dios el Padre y Dios el Hijo que aseguraba nuestra salvación

1. La obediencia de Cristo por nosotros (llamada a veces «obediencia activa»). Si Cristo solo hubiera obtenido el perdón de pecados para nosotros, no hubiéramos merecido el cielo. Nuestra culpa habría quedado eliminada, pero nosotros solo estaríamos en la posición de Adán y Eva antes de que estos hicieran algo bueno o malo o antes de que hubieran pasado victoriosamente un tiempo de prueba. A fin de quedar establecidos en justicia para siempre y para que tuvieran comunión con Dios asegurada para siempre, Adán y Eva tenían que obedecer a Dios perfectamente durante un tiempo. Entonces Dios habría visto su obediencia fiel con placer y deleite, y ellos habrían vivido con él en comunión eterna.

Por esta razón, Cristo tenía que vivir una vida de perfecta obediencia a Dios a fin de ganar la justicia para nosotros. Tenía que obedecer la ley durante toda su vida en nombre nuestro a fin de que los méritos positivos de su perfecta obediencia fuera contada a nuestro favor. Esto se le llama a veces «obediencia activa» de Cristo, mientras que a su sufrimiento y muerte por nuestros pecados se le llama «obediencia pasiva»[2]. Pablo nos dice que su meta es poder ser encontrado en Cristo no teniendo su «*propia justicia* que procede de la ley *sino la que se obtiene mediante la fe en Cristo*, la justicia que procede de Dios, basada en la fe» (Fil 3:9). Pablo sabe que lo que necesita no es solo neutralidad moral de parte de Cristo (es decir, una hoja limpia con los pecados perdonados), sino una justicia moral positiva. Y sabe que eso no puede proceder de él sino que tiene que llegarle por medio de la fe en Cristo. Asimismo, Pablo dice que Cristo ha sido hecho «nuestra *justificación, santificación y redención*» (1 Co 1:30). Y muy explícitamente dice: «Porque así como por la desobediencia de uno solo muchos fueron constituidos pecadores, también por la obediencia de uno solo muchos fueron *constituidos justos*» (Ro 5:19).

Algunos teólogos no han enseñado que Cristo necesitaba conseguir una historia de perfecta obediencia a favor nuestro. Se han limitado a enfatizar que Cristo murió y de esa manera pagó por nuestros pecados[3]. Pero esa posición no explica adecuadamente por qué Cristo hizo más que solo morir: también se convirtió en nuestra «justicia» delante de Dios. Jesús le dijo a Juan el bautista antes de que le bautizara: «Porque así conviene que *cumplamos toda justicia*» (Mt 3:15, RVR 1960).

Se puede argumentar que Cristo tenía que vivir una vida de perfecta justicia por interés propio, no por nosotros, antes de que pudiera convertirse en un sacrificio impecable por nosotros. Pero Jesús no tenía necesidad de vivir una vida de perfecta obediencia por interés propio, pues había vivido en amor y compañerismo con el Padre por toda la eternidad y por su propio carácter era eternamente digno del placer y la delicia del Padre. Más bien tenía que «[cumplir] toda justicia» por nosotros; es decir, por amor de las personas que estaba representando como cabeza. A menos que hiciera eso por nosotros, no tendríamos historia de obediencia mediante la cual mereceríamos el favor de Dios y la vida eterna con él. Además, si Jesús hubiera necesitado solo ser sin pecado y no también una vida de perfecta obediencia, podía haber muerto por nosotros cuando era niño en vez de hacerlo cuando tenía treinta y tres años.

Por aplicación práctica, debiéramos preguntarnos en qué historial de obediencia de toda la vida nos apoyaríamos más bien para alcanzar nuestra posición delante de Dios, ¿el de Cristo o el nuestro? Con la vida de Cristo en mente, debiéramos preguntarnos, ¿qué es suficientemente bueno para merecer la aprobación de Dios? ¿Estamos dispuestos a confiar en su historial de obediencia en cuanto a nuestro destino eterno?

---

[2]Algunos han objetado que esta terminología de «activa» y «pasiva» no es enteramente satisfactoria, porque aun en cuanto a pagar por nuestros pecados Cristo en un sentido estuvo aceptando activamente el sufrimiento que el Padre le daba y estuvo también activo en poner su propia vida (Jn 10:18). Además, ambos aspectos de la obediencia de Cristo continuaron durante toda su vida: Su obediencia activa incluía obediencia fiel desde su nacimiento hasta su muerte; y su sufrimiento a nuestro favor, que encontró su clímax en la crucifixión, continuó durante toda su vida (vea el estudio abajo). Sin embargo, la distinción entre la obediencia activa y la pasiva es útil porque nos ayuda a apreciar dos aspectos de la obra de Cristo a nuestro favor. (Vea el estudio de John Murray, *Redemption Accomplished and Applied* [Eerdmans, Grand Rapids, 1955], pp. 20-24.) R. L. Reymond prefiere el término *preceptiva* (para activa) y penal (para pasiva). En su artículo «Obedience of Christ», EDT, p. 785.

[3]Por ejemplo, no pude encontrar ningún estudio de la obediencia activa de Cristo en los siete volúmenes de la *Systematic Theology*, de Lewis Sperry Chafer (Dal'las Seminary Press, Dallas, 1947-48) o en la obra *Christian Theology*, de Millard Ericsson, pp. 761-800.

CAPÍTULO 3 · LA EXPIACIÓN

2. Los sufrimientos de Cristo por nosotros (llamados a veces «obediencia pasiva»). Además de obedecer la ley perfectamente durante toda su vida a favor nuestro, Cristo también experimentó los sufrimientos necesarios para pagar el castigo de nuestros pecados.

a. Sufrió durante toda su vida: En un sentido amplio el castigo que Cristo sufrió para pagar por nuestros pecados fue sufrimiento tanto en su cuerpo como en su alma durante toda su vida. Aunque los sufrimientos de Cristo culminaron con su muerte en la cruz (vea abajo), toda su vida en un mundo caído involucró sufrimiento. Por ejemplo, Jesús soportó un tremendo sufrimiento durante sus tentaciones en el desierto (Mt 4:1-11), cuando soportó durante cuarenta días los ataques de Satanás[4]. También sufrió al crecer en madurez: «Aunque era Hijo, mediante el sufrimiento aprendió a obedecer» (Heb 5:8). Conoció el sufrimiento en la intensa oposición que enfrentó de parte de los líderes judíos a lo largo de gran parte de su ministerio terrenal (vea Heb 12:3-4). Podemos suponer también que experimentó sufrimiento y tristeza ante la muerte de su padre terrenal[5], y desde luego también lo experimentó por causa de la muerte de su íntimo amigo Lázaro (Jn 11:35). Al predecir la venida del Mesías, Isaías dijo que sería un «varón de dolores, hecho para el sufrimiento» (Is 53:3).

b. El dolor de la cruz: Los sufrimientos de Jesús se intensificaron al irse acercando a la cruz. Les contó a sus discípulos algo de la agonía que estaba experimentando cuando les dijo: «Es tal la angustia que me invade, que me siento morir» (Mt 26:38). Fue en la cruz donde los sufrimientos de Jesús alcanzaron su clímax, porque fue allí donde cargó con el castigo que correspondía a nuestros pecados y murió en nuestro lugar. Las Escrituras nos enseñan que hubo cuatro aspectos diferentes del dolor que Jesús experimentó:

(1) Dolor físico y muerte: No tenemos necesidad de aseverar que Jesús sufrió más dolor físico que cualquier ser humano haya jamás sufrido, porque la Biblia en ninguna parte hace esa afirmación. Pero con todo no debemos olvidar que la muerte por crucifixión era una de las formas más horribles de ejecución inventadas por el hombre. Muchos lectores de los Evangelios en el mundo antiguo habrían sido testigos de alguna crucifixión y eso crearía alguna imagen mental vívida y dolorosa al leer las palabras «Y lo crucificaron» (Mt 15:24). Un condenado a muerte que moría crucificado se veía esencialmente forzado a infligirse él mismo una muerte lenta por asfixia. Cuando los brazos del condenado eran extendidos y sujetados mediante los clavos a la cruz, tenía que sostener la mayor parte del peso de su cuerpo con los brazos. En esa posición, la cavidad torácica tenía dificultades para respirar y obtener aire renovado. Pero cuando la necesidad de aire de la víctima se hacía insoportable, tenía que hacer lo posible por levantarse empujando con sus pies, dando así un apoyo más natural a su cuerpo y aliviando los brazos del peso del cuerpo, y de esa forma podía respirar un poco mejor. Al esforzarse por levantar el cuerpo apoyándose en los pies el crucificado podía aliviar la asfixia, pero resultaba en extremo doloroso para él

---

[4]En Marcos 1:13 el participio presente *peirazomenos*, «fue tentado», modifica el imperfecto del verbo principal en la cláusula (*en*, fue), indicando que Jesús fue continuamente tentado a lo largo de los cuarenta días en el desierto.

[5]Aunque las Escrituras no dicen explícitamente que José murió durante el tiempo de la vida de Jesús, no volvemos a saber nada de él después del cumplimiento de los doce años de Jesús.

porque implicaba poner toda la presión de sostener el cuerpo sobre los clavos que le sujetaban los pies, y doblar los codos y empujar hacia arriba sobre los clavos que le sujetaban las muñecas[6]. La espalda del crucificado, que había sido flagelada repetidas veces mediante los latigazos propinados, se rozaría contra la madera de la cruz con cada movimiento. Por eso Séneca (del primer siglo d.C.) habló de los crucificados como personas que «aspiraban el aire vital en medio de intensa agonía» (Epístola 101, a Lucio, sección 14).

Un médico que escribió en el *Journal of the American Medical Association* en 1986 explicó el dolor que solía experimentar la persona condenada a muerte por crucifixión:

> Un proceso de respiración adecuado requiere levantar el cuerpo empujando con los pies y flexionando los codos […] Sin embargo, este movimiento ponía todo el peso del cuerpo sobre los tarsos y producía un punzante dolor. Además, la flexión de los codos causaba rotación de las muñecas alrededor de los clavos de hierro y causaba fiero dolor por los nervios dañados […] Calambres musculares y parestesia en los brazos extendidos y levantados se agregaba a la incomodidad. Como resultado, cada esfuerzo por respirar resultaba agonizante y agotador y llevaba al final a la asfixia[7].

En algunos casos, los crucificados sobrevivían varios días, casi asfixiados pero sin morir. Esa era la razón por la que los encargados de la ejecución quebraban a veces las piernas del crucificado, con el fin de que la muerte sobreviniera rápidamente, como vemos en Juan 19:31-33:

> Era el día de la preparación para la Pascua. Los judíos no querían que los cuerpos permanecieran en la cruz en sábado, por ser éste un día muy solemne. Así que le pidieron a Pilato ordenar que les quebraran las piernas a los crucificados y bajaran sus cuerpos. Fueron entonces los soldados y le quebraron las piernas al primer hombre que había sido crucificado con Jesús, y luego al otro. Pero cuando se acercaron a Jesús y vieron que ya estaba muerto, no le quebraron las piernas.

(2) El dolor de cargar con el pecado: Más horrible que el dolor del sufrimiento físico que Jesús soportó fue el dolor psicológico de estar cargando con la culpa de nuestros pecados. En nuestra experiencia como cristianos sabemos algo de la angustia que sentimos cuando hemos pecado. El peso de la culpa es tremendo sobre nuestros corazones, y hay un sentido amargo de separación de todo lo que es recto en el universo, una conciencia de algo que en un sentido muy profundo no debiera ser. De hecho, cuanto más crecemos en santidad como hijos de Dios, tanto más sentimos esta instintiva repugnancia en contra del mal.

Jesús era perfectamente santo. Aborrecía el pecado con todo su ser. El concepto del mal, del pecado, lo contradecía todo en su carácter. Mucho más de lo que nosotros lo hacemos, Jesús se rebelaba instintivamente contra el mal. Con todo, en obediencia al Padre,

---

[6] La palabra que generalmente se traduce «mano» (*cheir*: Lc. 24:39-40; Jn. 20:20) puede en ocasiones referirse al brazo (BAGD, p. 880; LSJ, p. 1983, 2). Un clavo a través de las manos no habría sido capaz de sostener el peso del cuerpo, porque las manos se habrían desgarrado.

[7] William Edwards, DM, et al., *JAMA* vol. 255, no. 11 (21 marzo 1986), p. 1461.

y por amor a nosotros, Jesús tomó sobre sí todos los pecados de todos los que un día serían salvos. Cargar sobre sí todo el mal en contra del cual su alma se rebelaba creaba una repugnancia profunda en el centro de su ser. Todo lo que aborrecía más profundamente estaba siendo derramado sobre él.

Las Escrituras dicen con frecuencia que Cristo cargó con nuestros pecados: «El Señor hizo recaer sobre él la iniquidad de todos nosotros» (Is 53:6), y *cargó con el pecado* de muchos (Is 53:12). Juan el Bautista señaló a Jesús como «el Cordero de Dios, que quita el pecado del mundo» (Jn 1:29). Pablo declara que Dios «lo trató como pecador» (2 Co 5:21) y que Cristo se hizo «maldición por nosotros» (Gá 3:13). El autor de Hebreos dice que Cristo «fue ofrecido en sacrificio una sola vez para quitar los pecados de muchos» (Heb 9:28). Y Pedro dice: «él mismo, en su cuerpo, *llevó al madero nuestros pecados*» (1 P 2:24)[8].

El pasaje de 2 Corintios citado arriba, junto con los versículos de Isaías, indican que fue Dios el Padre quien cargó nuestros pecados sobre Cristo. ¿Cómo era posible? En la misma manera que los pecados de Adán fueron imputados a nosotros, Dios *imputó* nuestros pecados a Cristo; es decir, *los declaró pertenecientes a Cristo*, y, puesto que Dios es el juez supremo y definidor de lo que de verdad es en el universo, cuando Dios pensó que nuestros pecados le pertenecían a Cristo, de verdad le pertenecían a Cristo. Esto no quiere decir que Dios concluyó que Cristo de veras hubiera cometido aquellos pecados, ni que Cristo mismo tuviera de verdad una naturaleza pecadora, sino más bien quiere decir que Dios declaró que la culpa de nuestros pecados (esto es, la responsabilidad de pagar el castigo) era de Cristo y no de nosotros.

Algunos han objetado que no era justo que Dios hiciera esto de transferir la culpa del pecado nuestro a una persona inocente, a Cristo. Pero debemos recordar que Cristo tomó voluntariamente sobre sí la culpa de nuestros pecados, de modo que esta objeción pierde mucha de su fuerza. Además, Dios mismo (Padre, Hijo y Espíritu Santo) son la norma suprema de lo que es justo y correcto en el universo, y él decretó que la expiación tendría lugar de esta manera, y que eso en realidad satisfacía sus demandas de rectitud y justicia.

(3) Abandono: El dolor físico de la crucifixión y el dolor de cargar sobre sí el mal absoluto de nuestros pecados se agravó por el hecho de que Jesús enfrentó este dolor solo. En el huerto de Getsemaní, cuando llevó consigo a Pedro, Juan y Santiago, les expresó algo de la agonía que sentía: «Es tal la angustia que me invade que me siento morir […] Quédense aquí y vigilen» (Mr 14:34). Esta es la clase de confidencia que uno expresa a un amigo íntimo, e implica un ruego de apoyo en horas de gran prueba. Sin embargo, tan pronto como arrestaron a Jesús «todos los discípulos lo abandonaron y huyeron» (Mt 26:56).

Aquí también tenemos una cierta analogía de nuestra experiencia, porque no podemos vivir largo tiempo sin probar el dolor interno del rechazo, ya sea el rechazo de un amigo cercano, de un padre o hijo, o de un esposo o esposa. Con todo, en esos casos hay al menos la sensación de que podíamos haber hecho algo de manera diferente, de que al

---

[8]Vea Grudem, *1 Peter*, pp. 133-34, para una respuesta detallada a la opinión de Deissmann de que 1 Peter 2:24 significa que Cristo «llevó nuestros pecados a la cruz», pero que Él mismo no cargó con la culpa por nuestros pecados en la cruz. Influenciado por Deissmann BAGD, p. 63, 3, niega sorprendentemente que el verbo *anaphero*, que se usa en 1 Pedro 2:24 pueda significar «llevar», pero Polibio 1.36.3 y Tucídides 3.88.3 proveen ejemplos extra bíblicos de lo que significa, y desde luego tiene ese sentido en la versión Septuaginta de Isaías 53:4, 11, 12, y en las citas de Isaías en Hebreos 9:28; cf. LSJ, p. 125,3.

menos en cierta parte nosotros somos culpables. Esa no era la situación con Jesús y sus discípulos, porque «habiendo amado a los suyos que estaban en el mundo, los amó hasta el fin» (Jn 13:1). Él no había hecho otra cosa que amarlos; pero ellos lo abandonaron.

Pero mucho peor que la deserción de sus más íntimos amigos humanos fue el hecho de que Jesús se vio privado de la cercanía con el Padre que había sido su más profundo gozo durante toda su vida terrenal. Cuando Jesús exclamó: «*Elí, Elí, ¿lama sabactani?* (que significa: «Dios mío, Dios mío, ¿por qué me has desamparado?"» (Mt 27:46), él mostró que estaba separado por completo del dulce compañerismo con su Padre celestial que había sido la fuente constante de su fortaleza interna y el elemento de su mayor gozo en una vida llena de dolor. Al cargar Jesús con nuestros pecados en la cruz, se vio abandonado por su Padre celestial porque «son tan puros tus ojos que no pueden ver el mal» (Hab 1:13). Jesús se enfrentó solo al peso de la culpa de millones de pecados.

(4) Cargar con la ira de Dios: Sin embargo, más difícil que estos aspectos previos del dolor de Jesús fue el dolor de cargar sobre sí la ira de Dios. Al llevar Jesús solo la culpa de nuestros pecados, Dios el Padre, el Creador todopoderoso, el Señor del universo, derramó sobre Jesús la furia de su ira: Jesús se convirtió en el objeto del intenso odio por el pecado y de la venganza en contra del pecado que Dios había acumulado pacientemente desde el comienzo del mundo.

Romanos 3:25 nos dice que Dios ofreció a Cristo como «propiciación» («sacrificio expiatorio»), palabra que significa «sacrificio que carga con la ira de Dios hasta el final y que al hacerse cambia en favor la ira de Dios contra nosotros». Pablo nos dice que «Dios lo ofreció como un sacrificio de expiación que se recibe por la fe en su sangre, para así demostrar su justicia. Anteriormente, en su paciencia, Dios había pasado por alto los pecados; pero en el tiempo presente ha ofrecido a Jesucristo para manifestar su justicia. De este modo Dios es justo y, a la vez, el que justifica a los que tienen fe en Jesús» (Ro 3:25-26). Dios no solo había perdonado el pecado y olvidado el castigo en generaciones pasadas. Había perdonado los pecados y había acumulado ira en contra de esos pecados. Pero en la cruz la furia de toda esa ira acumulada en contra del pecado se desató contra el propio Hijo de Dios.

Muchos teólogos fuera del mundo evangélico han objetado fuertemente la idea de que Jesús sufrió la ira de Dios en contra del pecado[9]. Su suposición básica es que puesto que Dios es un Dios de amor, sería inconsecuente con su carácter descargar su ira contra seres humanos que él ha creado y de quienes es un Padre amoroso. Pero los eruditos evangélicos han argumentado convincentemente que la idea de la ira de Dios está bien enraizada en el Antiguo y Nuevo Testamentos: «Todo el argumento de la parte primera de Romanos tiene que ver con los hombres, gentiles y judíos, que son pecadores, y que han caído bajo la ira y la condenación de Dios»[10]. Otros tres pasajes clave en el Nuevo Testamento se refieren a la muerte de Jesús como una «propiciación»: Hebreos 2:17; 1 Juan 2:2 y 4:10. Los términos griegos (el verbo *hilaskomai*, «hacer una propiciación» y

---

[9] Vea el detallado argumento lingüístico de C. H. Dodd, *The Bible and the Greeks* (Hodder and Stoughton, Londres, 1935), pp. 82-95. Dodd argumenta que la idea de la propiciación era común en las religiones paganas, pero extraña al pensamiento de los escritores del Antiguo y Nuevo Testamentos.

[10] Leon Morris, «Propitiation», *EDT*, p. 888 (incluye una breve bibliografía. El propio trabajo de Morris ha representado la mejor erudición bíblica sobre esta cuestión. Vea su obra *The Apostolic Preaching of the Cross*, 3ª edición (Tyndale Press, Londres, 1965), pp. 144-213.

el nombre *hilasmos*, «un sacrificio de propiciación») que se usan en estos pasajes denotan «un sacrificio que aleja la ira de Dios, y de esa forma hace que Dios sea propicio (o favorable) hacia nosotros»[11]. Este es el significado coherente de estas palabras fuera de la Biblia donde fueron bien entendidas en referencia a las religiones paganas griegas. Estos versículos sencillamente significan que Jesús cargó con la ira de Dios contra el pecado. Es importante insistir en este hecho, porque es céntrico en la doctrina de la expiación. Quiere decir que hay un requerimiento eterno e inalterable de la santidad y justicia de Dios de que hay que pagar por el pecado. Además, antes de que la expiación pudiera tener efecto sobre nuestra conciencia subjetiva, primero tenía que afectar a Dios y sus relaciones con los pecadores que planeaba redimir. Aparte de esta verdad central, la muerte de Cristo no puede entenderse adecuadamente (vea más adelante el estudio de otras perspectivas sobre la expiación).

Aunque debemos ser cautelosos al sugerir analogías de las experiencias por las que Cristo pasó (porque su experiencia fue y siempre será sin precedente o comparación), sin embargo, toda nuestra comprensión del sufrimiento de Jesús viene en algún sentido por vía de experiencias análogas en la vida, porque esa es la forma en que Dios nos enseña en las Escrituras[12]. Una vez más nuestra experiencia humana nos provee de cierta débil analogía que nos ayuda a entender lo que significa cargar con la ira de Dios. Quizá como niños nos hemos enfrentado a la ira de un padre humano cuando hemos hecho algo malo, o quizá como adultos hemos conocido el enojo de un jefe por un error que hemos cometido. Por dentro nos sentimos aplastados, perturbados por la fuerza de la otra personalidad, llenos de insatisfacción en lo más profundo de nuestro ser, y temblamos. Nos cuesta imaginarnos la desintegración personal que nos amenazaría si esa tormenta de ira no viniera de un ser humano finito sino del Dios todopoderoso. Si incluso la sola presencia de Dios, cuando no manifiesta ira, causa temor en las personas (cf. Heb 12:21, 28-29), cuán terrible debe ser enfrentarse a la ira de Dios (Heb 10:31).

Con esto en mente, estamos ahora en mejor posición de entender el clamor de desolación de Jesús: «Dios mío, Dios mío, ¿por qué me has desamparado?» (Mt 27:46b). La pregunta no significa: «¿Por qué me has dejado para siempre?» porque Jesús sabía que iba a dejar el mundo y regresar al Padre (Jn 14:28; 16:10, 17). Sabía que resucitaría (Jn 2:19; Lc 18:33; Mr 9:31; et al.). «Por el gozo que le esperaba, soportó la cruz, menospreciando la vergüenza que ella significaba, y ahora está sentado a la derecha del trono de Dios» (Heb 12:2). Jesús sabía que todavía podía invocar a Dios y llamarle «mi Dios». Este grito de desolación no es un grito de desesperación total. Además, «¿por qué me has desamparado?» no implica que Jesús se esté preguntando por qué estaba muriendo. Él había dicho: «Ni aun el Hijo del Hombre vino para que le sirvan, sino para servir y para dar su vida en rescate por muchos» (Mr 10:45). Jesús sabía que estaba muriendo por nuestros pecados.

---

[11]Bajo la influencia de los eruditos que niegan que la idea de la propiciación aparezca en el Nuevo Testamento, la versión inglesa conocida como RSV traduce *hilasmos* como «expiación», una palabra que significa «una acción que limpia del pecado», pero no incluye el concepto de aplacar la ira de Dios.

[12]Ludwig Ott, *Fundamentals of Catholic Dogma*, p. 408, dice: «En el sacrificio de la Misa y en el sacrificio de la cruz, el don del sacrificio y el Sacerdote sacrificante primario son idénticos; solo son diferentes la naturaleza y el modo de la ofrenda [...] según el punto de vista tomista, en cada *Misa Cristo está en realidad realizando una actividad de sacrificio inmediato*, lo cual, sin embargo, no debe concebirse como una totalidad de muchos actos sucesivos, sino como un solo acto de sacrificio ininterrumpido del Cristo transfigurado. El propósito del sacrificio es el mismo en el sacrificio de la Misa como en el sacrificio de la cruz; en primer lugar la glorificación de Dios, y en segundo lugar la expiación, la acción de gracias y la apelación.

El clamor de Jesús es una cita del Salmo 22:1, salmo en el cual el salmista pregunta por qué Dios no acude en su ayuda, por qué Dios se demora en rescatarle:

> Dios mío, Dios mío, ¿por qué me has abandonado?
> Lejos estás para salvarme, lejos de mis palabras de lamento.
> Dios mío, clamo de día y no me respondes;
> clamo de noche y no hallo reposo. (Sal 22:1-2)

Dios al final rescató al salmista, y su clamor de desolación cambió a un himno de alabanza (vv. 22-31). Jesús, que conocía las palabras de las Escrituras como propias, conocía bien el contexto del Salmo 22. Al citar este salmo, está citando un clamor de desolación que tiene también implícito en su contexto una fe inquebrantable en Dios de que al final le liberará. Sin embargo, permanece como un auténtico clamor de angustia porque el sufrimiento se estaba extendiendo mucho y no parecía estar cercana la liberación.

En este contexto de la cita entendemos mucho mejor la pregunta «¿Por qué me has desamparado?» como queriendo decir «¿Por qué me has dejado por tanto tiempo?». Este es el sentido que tiene en el Salmo 22. Jesús, en su naturaleza humana, sabía que tenía que cargar con nuestros pecados, sufrir y morir. Pero, en su conocimiento humano, probablemente no sabía cuánto tiempo llevaría este sufrimiento. Con todo, llevar sobre sí la culpa de millones de pecados, aunque fuera solo por un momento, causaría gran angustia en el alma. Enfrentarse a la profunda y terrible ira de un Dios infinito, aun por un instante, causaría el más profundo temor. Pero el sufrimiento de Jesús no terminaría en un minuto, ni dos, ni diez. ¿Cuándo terminaría? ¿Podía haber aun más peso del pecado, más ira de Dios? Las horas fueron pasando, el peso oscuro del pecado y la profunda ira de Dios cayeron sobre Jesús en oleadas sobre oleadas. Jesús al final gritó: «¿Por qué me has desamparado?» ¿Por qué tiene que durar tanto este sufrimiento? Dios mío, Dios mío, ¿no puedes hacer que esto acabe ya?

Entonces al fin Jesús supo que su sufrimiento estaba a punto de completarse. Sabía que había cargado conscientemente con toda la ira del Padre en contra de nuestros pecados, porque el enojo de Dios se había aplacado y aquel terrible peso del pecado se había aliviado. Sabía que todo lo que faltaba era entregar su espíritu en las manos del Padre y morir. Con un grito de victoria, exclamó: «Todo se ha cumplido» (Jn 19:30). Entonces exclamó con fuerza: «¡Padre, en tus manos encomiendo mi espíritu!» (Lc 23:46). Y entonces entregó voluntariamente la vida que nadie podía arrebatarle (Jn 10:17-18), y murió. Como Isaías había predicho, «derramó su vida hasta la muerte, y fue contado entre los transgresores» (Is 53:12). Dios el Padre vio el «fruto de la aflicción de su alma» y quedó satisfecho (Is 53:11, RVR 1960).

c. Un entendimiento más completo de la muerte de Cristo

(1) El castigo lo impuso Dios el Padre: Si preguntamos, «¿Quién demandó que Cristo pagara el castigo de nuestros pecados?» la respuesta que las Escrituras nos dan es que el castigo fue impuesto por Dios el Padre al representar él los intereses de la Trinidad en la redención. Era la justicia de Dios la que exigía que se pagara por el pecado, y, entre los miembros de la Trinidad, era la función del Padre requerir ese pago. Dios el Hijo voluntariamente tomó sobre sí la tarea de cargar con el castigo del pecado. Al referirse a Dios el Padre, Pablo dice: «Al que no cometió pecado alguno [Cristo], por nosotros Dios lo trató como pecador, para que en él recibiéramos la justicia de Dios» (2 Co 5:21). Isaías dice: «El Señor hizo recaer sobre él la iniquidad de todos nosotros» (Is 53:6). Continúa describiendo los sufrimientos de Cristo: «El Señor quiso quebrantarlo y hacerlo sufrir, y cómo él ofreció su vida en expiación» (Is 53:10).

Aquí vemos algo del asombroso amor de Dios el Padre y de Dios el Hijo en la redención. Jesús no solo sabía que sufriría el dolor increíble de la cruz, sino que Dios sabía que tendría que imponer ese dolor sobre su propio y amado Hijo. «Dios muestra su amor por nosotros en esto: en que cuando todavía éramos pecadores, Cristo murió por nosotros» (Ro 5:8).

(2) No sufrimiento eterno sino pago completo: Si tuviéramos que pagar el castigo de nuestros pecados, tendríamos que sufrir en una eterna separación de Dios. Sin embargo, Jesús no sufrió eternamente. Hay dos razones para esta diferencia: (a) Si sufriéramos por nuestros pecados, nunca podríamos alcanzar una situación correcta con Dios. No habría esperanza porque no habría forma de vivir de nuevo y obtener perfecta justicia ante Dios, y tampoco habría manera de corregir nuestra naturaleza pecaminosa y hacerla recta delante de Dios. Además, continuaríamos existiendo como pecadores que no sufrirían con corazones puros de justicia delante de Dios, sino que sufriríamos con resentimiento y amargura en contra de Dios, y de esa manera agravando nuestro pecado. (b) Jesús pudo cargar con la ira de Dios en contra de nuestro pecado y hacerlo hasta el final. Ningún ser humano hubiera podido hacer esto jamás, pero en virtud de la unión de las naturalezas divina y humana en sí mismo, Jesús pudo sufrir la ira de Dios en contra del pecado y hacerlo hasta su fin. Isaías predijo: «Verá el fruto de la aflicción de su alma, y *quedará satisfecho*» (Is 53:11, RVR 1960). Cuando Jesús supo que había pagado todo el castigo de nuestros pecados, dijo: «Todo se ha cumplido» (Jn 19:30). Si Cristo no hubiera pagado todo el castigo, todavía habría condenación para nosotros. Pero puesto que ha pagado completamente el castigo que merecíamos, las Escrituras dicen que ya «no hay ninguna condenación para los que están unidos a Cristo Jesús» (Ro 8:1).

Nos ayudará en este momento el darnos cuenta de que nada en el carácter eterno de Dios y nada en las leyes que Dios ha dado a la humanidad requería que hubiera que sufrir eternamente el castigo de los pecados del hombre. De hecho, si hubiera sufrimiento eterno, el castigo no estaría pagado por completo, y el que hace el mal continuaría siendo un pecador por naturaleza. Pero cuando los sufrimientos de Cristo al fin llegaron a su final en la cruz, demostró que había llevado sobre sí la plena medida de la ira de Dios en contra del pecado y que no quedaba más castigo que hubiera que pagar. También mostraba que él mismo era justo delante de Dios. En este sentido el hecho de que Cristo sufriera por un tiempo limitado en vez de eternamente muestra que su sufrimiento fue un pago suficiente por el pecado. El autor de Hebreos repite el tema una y otra vez para recalcar que la obra redentora de Cristo estaba por completo terminada:

> Ni entró en el cielo para ofrecerse vez tras vez, como entra el sumo sacerdote en el Lugar Santísimo cada año con sangre ajena. Si así fuera, Cristo habría tenido que sufrir muchas veces desde la creación del mundo. Al contrario, ahora, al final de los tiempos, se ha presentado una sola vez y para siempre a fin de acabar con el pecado mediante el sacrificio de sí mismo. Y así como está establecido que los seres humanos mueran una sola vez, y después venga el juicio, también Cristo fue ofrecido en sacrificio una sola vez *para quitar los pecados de muchos*; y aparecerá por segunda vez, ya no para cargar con pecado alguno, sino para traer salvación a quienes lo esperan. (Heb 9:25-28)

Este énfasis del Nuevo Testamento en el carácter final y completo de la muerte sacrificial de Cristo contrasta con la enseñanza de la Iglesia Católica Romana de que en la misa hay una repetición del sacrificio de Cristo. A causa de esta enseñanza oficial de la Iglesia Católica Romana, muchos protestantes desde el tiempo de la Reforma, y todavía hoy, están convencidos de que no pueden participar con buena conciencia en la misa de la Iglesia Católica Romana, porque eso podría verse como una aprobación de la idea católica de que el sacrificio de Cristo se repite cada vez que se celebra la misa.

El énfasis del Nuevo Testamento en el carácter final y completo del sacrificio y de la muerte de Cristo tiene muchas implicaciones prácticas, porque nos asegura que no hay más castigo por el pecado que haya quedado por pagar. El castigo fue pagado completamente por Cristo, y nosotros no debiéramos vivir en ningún temor de condenación o castigo.

(3) El significado de la sangre de Cristo: El Nuevo Testamento relaciona con frecuencia la sangre de Cristo con nuestra redención. Por ejemplo, Pedro dice: «Como bien saben, ustedes fueron rescatados de la vida absurda que heredaron de sus antepasados. El precio de su rescate no se pagó con cosas perecederas, como el oro o la plata, sino con la preciosa sangre de Cristo, como de un cordero sin mancha y sin defecto» (1 P 1:18-19).

La sangre de Cristo es la clara evidencia externa de que derramó su sangre cuando murió en sacrificio para pagar nuestra redención: «la sangre de Cristo» significa su muerte en sus aspectos salvadores[13]. Aunque nosotros podemos pensar que la sangre de Cristo (como evidencia de que dio su vida) tendría referencia exclusiva a la eliminación de nuestra culpa judicial ante Dios —porque esa es su referencia primaria— los autores del Nuevo Testamento también le atribuyen otros varios efectos. Nuestras conciencias son purificadas mediante la sangre de Cristo (Heb 9:14), tenemos acceso libre a Dios en adoración y oración (Heb 10:19), somos purificados progresivamente del pecado que queda (1 Jn 1:7; cf. Ap 1:5b), podemos conquistar al acusador de los hermanos (Ap 12:10-11), y somos rescatados de una manera pecaminosa de vivir (1 P 1:18-19)[14].

Las Escrituras hablan tanto acerca de la sangre de Cristo porque su derramamiento fue una clara evidencia de que su vida fue entregada en una ejecución judicial (es decir, fue condenado a muerte y murió pagando el castigo impuesto tanto por un juez humano

---

[13] Así también Leon Morris, *The Apostolic Preaching of the Cross*, pp. 112-26.

[14] Este párrafo ha sido tomado de la obra de Wayne Grudem, *The First Epistle of Peter*, p. 84.

como por Dios mismo en el cielo). El énfasis de las Escrituras en la sangre de Cristo lo vemos también en la relación clara entre la muerte de Cristo y los muchos sacrificios en el Antiguo Testamento que involucran el derramamiento de la sangre viva del animal sacrificado. Todos estos sacrificios señalaban hacia el futuro y prefiguraban la muerte de Cristo.

(4) La muerte de Cristo como «sustitución penal»: La perspectiva de la muerte de Cristo que presentamos aquí ha sido con frecuencia llamada teoría de la «*sustitución penal*». La muerte de Cristo fue «penal» en que él cargó con un castigo cuando murió. Su muerte fue también una «sustitución» en el sentido de que él tomó nuestro lugar cuando murió. Esta ha sido la comprensión ortodoxa de la expiación sostenida por los teólogos evangélicos, en contraste con otras perspectivas que intentan explicar la expiación aparte de la idea de la ira de Dios o pago por el castigo del pecado (vea más adelante).

Esta perspectiva de la expiación es a veces llamada la teoría de la *expiación vicaria*. Un «vicario» es alguien que representa a otro o que está en lugar de otro. La muerte de Cristo fue, por tanto, «vicaria» porque él ocupó nuestro lugar y nos representó. Como nuestro representante, sufrió el castigo que nosotros merecíamos.

d. Los términos del Nuevo Testamento describen aspectos diferentes de la expiación: La obra expiatoria de Cristo es un acontecimiento complejo que tiene varios efectos sobre nosotros. Se puede ver, por tanto, desde varios aspectos diferentes. El Nuevo Testamento usa diferentes palabras para describirlos; nosotros examinaremos cuatro de los términos más importantes.

Estos cuatro términos muestran cómo la muerte de Cristo satisfizo las cuatro necesidades que tenemos como pecadores:

1. Nosotros merecemos *morir* como castigo por el pecado.
2. Nosotros merecemos *sufrir la ira de Dios* en contra del pecado.
3. Estamos *separados* de Dios por causa de nuestros pecados.
4. Estamos *esclavizados al pecado* y al reino de Satanás.

Estas cuatro necesidades quedan satisfechas mediante la muerte de Cristo de la siguiente manera:

(1) Sacrificio: Cristo murió en sacrificio por nosotros para pagar la pena de muerte que nosotros merecíamos por nuestros pecados. «Al final de los tiempos, se ha presentado una sola vez y para siempre a fin de acabar con el pecado mediante el sacrificio de sí mismo» (Heb 9:26).

(2) Propiciación: Para alejarnos de la ira de Dios que merecíamos, Cristo murió en propiciación por nuestros pecados. «En esto consiste el amor: no en que nosotros hayamos amado a Dios, sino en que él nos amó y envió a su Hijo para que fuera ofrecido como sacrificio por el perdón de nuestros pecados» (1 Jn 4:10).

(3) Reconciliación: Para vencer nuestra separación de Dios, necesitábamos a alguien que nos proveyera de reconciliación y de ese modo llevarnos de vuelta a la comunión con

Dios. Pablo dice que «En Cristo, Dios estaba reconciliando al mundo consigo mismo, no tomándole en cuenta sus pecados» (2 Co 5:18-19).

(4) Redención: Debido a que como pecadores estamos esclavizados al pecado y a Satanás, necesitamos a alguien que nos provea de redención y de ese modo nos «redima» de esa esclavitud. Cuando hablamos de redención, la idea de «rescate» viene a la mente. Un rescate es el precio que se paga para redimir a alguien de la esclavitud o cautividad. Jesús dijo de sí mismo: «El Hijo del hombre [no] vino para que le sirvan, sino para servir y para *dar su vida en rescate por muchos*» (Mr 10:45). Si preguntamos a quién se le pagó el rescate, nos damos cuenta que la analogía humana del pago del rescate no encaja muy bien con la expiación de Cristo en cada detalle. Aunque nosotros estábamos sometidos a esclavitud del pecado y de Satanás, no se pagó ningún «rescate» ni al «pecado» ni a Satanás, porque ellos no tenían poder para demandar ese pago, ni tampoco Satanás, cuya santidad quedó manchada por el pecado y tenía que pagar un castigo por ello. Como vimos antes, el castigo del pecado lo pagó Cristo y lo recibió y aceptó Dios el Padre. Pero titubeamos al hablar de pagar un «rescate» a Dios el Padre, porque no era él el que nos tenía esclavizados, sino Satanás y nuestros propios pecados. Por tanto, en este sentido la idea de un pago de rescate no la podemos usar en cada detalle. Es suficiente que notemos que se pagó un precio (la muerte de Cristo) y que el resultado fue que nosotros fuimos «redimidos» de la esclavitud.

Fuimos redimidos de la esclavitud a Satanás porque «el mundo entero está bajo el control del maligno» (1 Jn 5:19), y cuando Cristo vino murió para «librar a todos los que por temor a la muerte estaban sometidos a esclavitud durante toda la vida» (Heb 2:15). De hecho, Dios el Padre «nos libró del dominio de la oscuridad y nos trasladó al reino de su amado Hijo» (Col 1:13).

En cuanto a la liberación de la esclavitud del pecado, Pablo dice: «También ustedes considérense muertos al pecado, pero vivos para Dios en Cristo Jesús. […] Así el pecado no tendrá dominio sobre ustedes, porque ya no están bajo la ley sino bajo la gracia» (Ro 6:11, 14). Hemos sido liberados de la esclavitud de la culpa del pecado y de la esclavitud de su poder dominante en nuestra vida.

e. Otras maneras de ver la expiación: En contraste con el punto de vista de la sustitución penal, se han presentado otras formas de entenderlo a lo largo de la historia de la iglesia.

(1) La teoría del pago de rescate a Satanás: Este punto de vista lo sostuvo Orígenes (185-254 d.C.), teólogo de Alejandría y más tarde de Cesarea, y después de él por algunos otros en la historia temprana de la iglesia. Según esta perspectiva, el rescate que Cristo pagó para redimirnos lo pagó a Satanás, en cuyo reino estaban todas las personas por razón del pecado. Esta teoría no tiene una confirmación directa en las Escrituras y ha tenido pocos que la apoyaran en la historia de la iglesia. Piensa equivocadamente que Satanás, en vez de Dios, es el que requiere que se haga el pago por el pecado y al hacerlo pasa por alto completamente las demandas de la justicia de Dios con respecto al pecado. Concede a Satanás mucho más poder del que realmente tiene, es decir, poder para exigirle a Dios todo lo que quiera, olvidando que Satanás ha sido arrojado del cielo y no tiene derecho a demandar nada de Dios. En ninguna parte de las Escrituras se dice que nosotros como pecadores le debamos algo a Satanás, sino que repetidas veces dice que Dios requiere que nosotros paguemos por nuestros pecados. Este punto de vista tampoco toma en cuenta los textos que hablan de la muerte de Cristo como una propiciación que se ofreció a Dios el Padre, ni el hecho de que Dios el Padre representó a la Trinidad en la aceptación del pago por los pecados que hizo Cristo (vea las reflexiones arriba).

(2) La teoría de la influencia moral: El primero que la propuso fue un teólogo francés llamado Pedro Abelardo (1079-1142). La influencia moral de la expiación sostiene que Dios no demandó ningún pago como castigo por el pecado, sino que la muerte de Cristo fue simplemente la manera en la que Dios mostró cuánto amaba él a los seres humanos al identificarse con sus sufrimientos, incluso hasta el punto de la muerte. La muerte de Cristo, por tanto, se convierte en un gran ejemplo de enseñanza que muestra el amor de Dios por nosotros y provoca en nosotros una respuesta de gratitud, de manera que al amarle a él encontramos el perdón.

La gran dificultad con este punto de vista es que es contrario a muchos pasajes de las Escrituras que dicen que Cristo murió por el pecado, cargó con nuestros pecados, o murió en propiciación por nuestros pecados. Además, le priva a la expiación de su carácter objetivo, porque sostiene que la expiación no tiene efecto en Dios mismo. Por último, no tiene manera de lidiar con nuestra culpa, pues si Cristo no murió por nuestros pecados, no tenemos ninguna razón para confiar en él en cuanto al perdón de los pecados.

(3) La teoría del ejemplo: La teoría del ejemplo de la expiación era enseñada por los socinianos, los seguidores de Fausto Socino (1539-1604), un teólogo italiano que se estableció en Polonia en 1578 y atrajo a muchos seguidores[15]. La teoría del ejemplo, como la teoría de la influencia moral, también niega que la justicia de Dios requiera pago por el pecado; dice que la muerte de Cristo simplemente nos provee de un ejemplo de cómo nosotros debiéramos confiar y obedecer a Dios perfectamente, aun si esa confianza y obediencia nos lleva a una muerte horrible. Si bien la teoría de la influencia moral dice que la muerte de Cristo nos enseña cuánto nos ama Dios, la teoría del ejemplo nos dice que la muerte de Cristo nos enseña cómo debiéramos vivir. Apoyo para esta opinión lo podemos encontrar en 1 Pedro 2:21: «Para esto fueron llamados, porque Cristo sufrió por ustedes, dándoles ejemplos para que sigan sus pasos».

Si bien es cierto que Cristo es un ejemplo para nosotros incluso en su muerte, la cuestión es si este hecho es la explicación completa de la expiación. La teoría del ejemplo no explica muchos de los pasajes que se enfocan en la muerte de Cristo como un pago por el pecado, en el hecho de que Cristo cargó con nuestros pecados, y el hecho de que fue la propiciación por nuestros pecados. Solo estas consideraciones debieran bastar para decirnos que debemos rechazar esta teoría. Además, esta perspectiva termina argumentando que el hombre puede salvarse a sí mismo siguiendo el ejemplo de Cristo y confiando y obedeciendo a Dios como Cristo lo hizo. De ese modo no muestra cómo puede

---

[15]Los socinianos fueron antitrinitarios puesto que negaban la deidad de Cristo. Su pensamiento llevó al moderno unitarismo.

quitarse la culpa de nuestro pecado, porque no afirma que Cristo pagara el castigo por nuestros pecados ni hace alguna provisión para nuestra culpa cuando murió.

(4) La teoría gubernamental: La teoría gubernamental de la expiación fue primeramente enseñada por el teólogo y jurista holandés Hugo Grocio (1583-1645). Su teoría sostiene que Dios no tenía que requerir pago por el pecado, sino que, puesto que él era el Dios omnipotente, podía dejar a un lado ese requerimiento y sencillamente perdonar los pecados sin necesidad de pagar un castigo. Entonces ¿cuál es el propósito de la muerte de Cristo? Era la demostración de Dios del hecho de que se habían quebrantado estas leyes, de que él es el legislador moral y gobernador del universo, y que alguna clase de castigo habrá de requerirse cada vez que se quebrantan sus leyes. Por tanto Cristo no pagó exactamente por los pecados de nadie, sino que simplemente sufrió para mostrar que cuando las leyes de Dios se quebrantan hay que pagar algún castigo.

El problema con este punto de vista es que no explica adecuadamente todas las Escrituras que hablan de que Cristo llevó nuestros pecados en la cruz, de Dios que echa sobre Cristo las iniquidades de todos nosotros, de Cristo que muere específicamente por nuestros pecados y de Cristo como la propiciación por nuestros pecados. Además, deja a un lado el carácter objetivo de la expiación al hacer de su propósito no la satisfacción de la justicia de Dios sino solo servir de influencia para que nos demos cuenta que debemos observar las leyes de Dios. Esta perspectiva también implica que no podemos confiar en la obra consumada de Cristo en cuanto al perdón de los pecados, porque él en realidad no ha pagado por nuestros pecados. Además, hace de la obtención del perdón para nosotros algo que sucedió en la propia mente de Dios aparte de la muerte de Cristo en la cruz: él ya había decidido perdonarnos sin requerirnos ningún pago de parte nuestra y luego castigó a Cristo solo para demostrar que él era todavía el gobernante moral del universo. Pero eso significa que Cristo (en esta opinión) no ganó en realidad el perdón ni la salvación para nosotros, y de ese modo el valor de su obra redentora queda muy minimizado. Por último, esta teoría no da adecuada razón de la inmutabilidad de Dios y de la infinita pureza de su justicia. Decir que Dios puede perdonar los pecados sin requerir ningún castigo (a pesar del hecho de que a lo largo de las Escrituras el pecado siempre requiere el pago de un castigo) es subestimar seriamente el carácter absoluto de la justicia de Dios.

f. ¿Descendió Cristo al infierno?[16] Se ha argumentado algunas veces que Cristo descendió al infierno después de morir. La frase «descendió a los infiernos» no aparece en la Biblia. Pero el Credo de los Apóstoles tan ampliamente usado dice: «Fue crucificado, muerto y sepultado. Descendió a los infiernos. Al tercer día resucitó de entre los muertos». ¿Quiere eso decir que Cristo soportó más sufrimiento después de su muerte en la cruz? Como veremos más abajo, el examen de la evidencia bíblica indica que eso no sucedió. Pero antes de ver los textos bíblicos relevantes, es apropiado que examinemos la frase «descendió a los infiernos» del Credo de los Apóstoles.

---

[16] La siguiente sección está tomada de la obra de Wayne Grudem, «He Did Not Descend Into Hell: A Plea for Following Scriptura Instead of the Apostles' Creed», *JETS* vol. 34, no. 1 (marzo de 1991), pp. 103-13.

(1) El origen de la frase «descendió a los infiernos»: Hay un trasfondo oscuro detrás de la historia de la frase misma. Su origen, donde se pueda encontrar, está lejos de ser muy digno. El gran historiador de la iglesia Philip Schaff ha resumido el desarrollo del Credo de los Apóstoles en un cuadro amplio que aparece reproducido en las páginas 90-92[17].

Este cuadro muestra que, al contrario del Credo Niceno y de la Definición de Calcedonia, el Credo de los Apóstoles no fue escrito ni aprobado por ningún concilio de la iglesia en una fecha específica. Más bien, fue tomando forma gradualmente desde alrededor del 200 hasta el 750 d.C.

Es sorprendente que la frase «descendió a los infiernos» no se encuentre en ninguna de las versiones tempranas del Credo (en las versiones usadas en Roma, en el resto de Italia y en África) hasta que apareció en una de las dos versiones de Rufino en el 390 d.C. Luego, no fue incluida de nuevo en ninguna versión del Credo hasta el año 650 d.C. Además, Rufino, la única persona que lo incluyó antes del 650 d.C., no pensaba que significaba que Cristo descendió al infierno, sino que entendió que la frase decía que Cristo fue «enterrado»[18]. En otras palabras, para él quería decir que Cristo «descendió a la tumba». (El término griego es *hades*, que puede significar «tumba», no *gehena*, «infierno, lugar de castigo».) Debemos también notar que la frase solo aparece en una de las dos versiones del Credo que tenemos de Rufino. No aparece en la forma romana del Credo que él preservó.

Esto significa, por tanto, que hasta el 650 d.C. ninguna versión del Credo incluía esta frase con la intención de decir que Cristo «descendió al infierno» (la única versión que incluye la frase antes del 650 d.C. le da un sentido diferente). A estas alturas uno se pregunta si el término *apostólico* puede aplicarse en algún sentido a esta frase, o si tiene de verdad derecho a un lugar en un credo cuyo título afirma haberse originado con los primeros apóstoles de Cristo.

Este estudio del desarrollo histórico de la frase también plantea la posibilidad de que cuando la frase empezó a ser usada más comúnmente, puede haber estado en otras versiones (ahora perdidas) que no tenían la expresión «y sepultado». Si eso es así, probablemente habrá significado para otros lo que quiso decir para Rufino: «descendió a la tumba». Pero más tarde cuando la frase se fue incorporando en otras versiones diferentes del Credo que ya tenían la frase «y sepultado», había que dar a esto alguna otra explicación. Esta inserción equivocada de la frase después de las palabras «y sepultado» —introducidas aparentemente por alguien alrededor del 650 d.C.— llevó a toda clase de intentos de explicar «descendió a los infiernos» en alguna manera que no contradijera el resto de las Escrituras. Algunos la han tomado como que significa que Cristo sufrió los dolores del infierno mientras estaba en la cruz. Calvino, por ejemplo, dice que «Cristo descendió al infierno» se refiere al hecho de que no solo murió de una muerte corporal sino que «era

---

[17]Este cuadro lo hemos tomado de *The Creeds of Christendom*, 2:52-55.

[18]Vea Schaff, *Creeds*, 1,21, n. 6; vea también 46, n.2. Schaff nota que la frase fue encontrada algo más temprano (alrededor del 360 d.C.), pero entonces no estaba en ningún credo ortodoxo o en ninguna versión del Credo de los Apóstoles, pero sí en algunos credos de los arrianos, personas que negaban la plena deidad de Cristo, sosteniendo que el Hijo fue creado por el Padre (vea Schaff, *Creeds*, 2.46, n. 2). (Schaff no da la documentación para esta referencia al credo arriano.) Debiéramos también decir que Schaff, a lo largo de su *Creeds of Christendom*, tiene varios comentarios editoriales defendiendo un descenso real de Cristo al infierno después de su muerte. Por eso, por ejemplo, él dice que «Rufino mismo, sin embargo, lo entendió mal al hacer que significara lo mismo que enterrado» (1.21, n. 6), por lo que supone que entender la frase como diciendo «descendió a la tumba» es entenderla mal (vea también 2.46, n. 2; 3;321, n. 1).

CÓMO ENTENDER A CRISTO Y AL ESPÍRITU

LA FORMACIÓN GRADUAL DEL CREDO DE LOS APÓSTOLES

Texto final del Credo en Occidente	CREDO (Creo): Art. III			
	Qui Conceptus est	de Spirita Sancto	Natus	Ex Maria Virgine
Pirminio, 750 d.C.	Que fue concebido	del Espíritu Santo	Nació	de la Virgen María
I. San Ireneo, 200 d.C.	τὸν σαρκ-ωθέντα ὑπὲρ τῆς ἡμε-τέρας σωτηρίας (ἄνθρωπος ἐγέ-νετο)		(Generationum)	τὴν ἐκ παρθένου γέννησιν (ex Virgine)
II. Tertuliano, 220 d.C.	(missum a Petre in Virginem)	(EX SPIRITU Patri Dei et virtute)	NATUM (carnem factum et ex ea natum)	EX VIRGINE MARIA
III. San Cipriano, 250 d.C.				
IV. Novaciano, 260 d.C.				
V. Marcelo, 341, d.C.		ἐκ πνεύματος ἁγίου	γεννηθέντα	καὶ Μαρίας τῆς παρθένου
VI. Rufino, 390 d.C. Aquileja	QUI	de Spiritu SANCTO	natus est	ex Maria Virgene
VII. Rufino, Roma, 390 d.C	qui	de Spiritu Sancto	natus est	ex Maria Virgene
VIII. San Agustin, 400 d.C.	qui	de Spiritu Sancto también [per Sp. Sanct.]	natus est	ex Maria Virgene también [et]
IX. San Nicetas, 450 d.C.	qui	ex Spiritu Sancto	natus est	et Maria Virgene
X. Eusebio Gallus, 550 d.C. [¿?]	qui	de Spiritu Sancto	natus est	ex Maria Virgene
XI. Sacramentarium Gallicanum, 650 d.C.	qui conceptus est	de Spiritu Sancto	natus est	ex Maria Virgene

CAPÍTULO 3 · LA EXPIACIÓN

LA FORMACIÓN GRADUAL DEL CREDO DE LOS APÓSTOLES

		Art. IV		
Passum	*Sub Pontio Pilato*	*Crucifixus*	*Mortuus*	*Et Sepultus*
Padeció	bajo Poncio Pilato	fue crucificado	muerto	y sepultado
καὶ τὸ πάθος	(SUB PONTIO PILATO)			
CRUCIFIXUM	sub Pontio Pilato		(MORTUUM)	(ET SEPULTUM secundum Scripturas
	τὸν ἐπὶ ποντίου πιλάτου	σταυπωθέντα		καὶ ταφέντα
	sub Pontio Pilato	crucifixus		et supultus
	sub Pontio Pilato	crucifixus		et supultus
passus	sub Pontio Pilato	crucifixus		et supultus
passus	sub Pontio Pilato			
			mortuus	et supultus
passus	sub Pontio Pilato	crucifixus	mortuus	et supultus

LA FORMACIÓN GRADUAL DEL CREDO DE LOS APÓSTOLES

	Art. V			Art. VI	
Descendit ad Inferna	*Tertia die*	*Resurrexit*	*a mortuis*	*Ascendit ad coelos*	*Sedet ad dexteram*
Descendió a los infiernos	Al tercer día	resucitó	de entre los muertos	Subió a los cielos	Y está sentado a la diestra
		καὶ τὴν ἔγερσιν (et resurgens)	ἐκ νεκρῶν	εἰσ τοὺσ οὐρανοὺς ἀνάλημψιν (et in claritate receptus)	
	TERTIA DIE	resuscitatum (a Patre) (reurrexisse)	E MORTUIS	receptum in coelis (in coelos resumptum) (in coelos ereptum)	SEDENTEM nunc AD DEXTERAM
	καὶ τῇ τρίτῃ ἡμέρα	ἀναστάντα	ἐκ τῶν νεκρῶν	ἀναβάντα εἰς τοὺς οὐρανούς	καὶ καθημένον ἐν δεξίᾳ
DESCENDIT in INFERNA	tertia die	RESURREXIT	A mortuis	ASCENDIT in COELOS	SEDET ad dexteram
	tertia die	resurrexit	a mortuis	ascendit in coelos	SEDET ad dexteram
	tertia die	resurrexit	a mortuis	ascendit in coelos	sedet ad dexteram
	tertia die	resurrexit	vivus a mortuis	ascendit in coelos	sedet ad dexteram
	tertia die	resurrexit	a mortuis	ascendit in coelos	sedet ad dexteram
Descendit AD Inferna	tertia die	resurrexit	a mortuis	ascendit in coelos	sedet ad dexteram

oportuno para él que al mismo tiempo pasara por la severidad de la venganza de Dios, para aplacar su ira y satisfacer su justo juicio»[19].

Asimismo, el Catecismo de Heidelberg, pregunta 44, dice:

¿Por qué se agrega: Descendió a los infiernos?

Respuesta: Para que en mis grandes tentaciones pueda estar seguro de que Cristo, mi Señor, mediante el terror, dolor y angustia inexpresable que sufrió en su alma en la cruz y antes, me ha redimido de la angustia y el tormento del infierno[20].

Pero ¿es esta una respuesta satisfactoria de la frase «descendió a los infiernos»? Si bien es cierto que Cristo sufrió el derramamiento de la ira de Dios en la cruz, esta explicación no encaja realmente en la frase del Credo de los Apóstoles, porque «descendió» difícilmente representa esta idea, y la colocación de la frase después de «fue crucificado, muerto y sepultado» hace que esta sea una interpretación artificial y poco convincente.

Otros han entendido que quiere decir que continuó en el «estado de muerte» hasta la resurrección. En el Catecismo Ampliado de Westminster, la pregunta 50, dice:

La humillación de Cristo después de la muerte consistió en su enterramiento, y continuó en el estado de la muerte, y bajo el poder de la muerte hasta el tercer día; lo que ha sido expresado de otra manera mediante las palabras «descendió a los infiernos».

Aunque es verdad que Cristo continuó en estado de muerte hasta el tercer día, una vez más es una explicación extraña y poco persuasiva de «descendió a los infiernos», porque la colocación de la frase nos daría el extraño sentido de «fue crucificado, muerto y sepultado; él descendió para estar muerto». Esta interpretación no explica lo que las palabras significan en esta secuencia, sino más bien es un intento poco convincente de extraer un sentido teológicamente aceptable de ellas.

Además, la palabra «infierno» no tiene el sentido de simplemente «estar muerto» (aunque la palabra griega *hades* puede significar eso), de modo que esto termina siendo una explicación doblemente artificial. Por último, algunos han argumentando que la frase significa lo que parece querer decir a simple lectura: Que Cristo descendió a los infiernos después de su muerte en la cruz. Es fácil de entender que el Credo de los Apóstoles quiera decir eso (en verdad, ese es el sentido natural), pero entonces surge otra pregunta: ¿Pueden apoyar las Escrituras esa idea?

(2) Posible apoyo bíblico para un descenso al infierno: El apoyo para la idea de que Cristo descendió a los infiernos ha sido encontrado primariamente en cinco pasajes: Hechos 2:27; Romanos 10:6-7; Efesios 4:8-9; 1 Pedro 3:18-20 y 1 Pedro 4:6. (Se ha apelado

---

[19] Juan Calvino, *Institutos de la religión cristiana*, 1.515 (2.16.10)   [20] Schaff, *Creeds*, 3.321.

también a varios otros pasajes, pero son menos convincentes.)²¹. Al examinarlos más de cerca, ¿establecen con claridad esta enseñanza algunos de estos pasajes?

(a) Hechos 2:27. Esto es parte del sermón de Pedro en el día de Pentecostés, donde está citando el Salmo 16:10, que dice: «Porque *no dejarás mi alma en el Hades* [infierno], ni permitirás que tu santo vea la corrupción» (RVR 1960).

¿Significa esto que Cristo entró en el infierno después de morir? No necesariamente, porque estos versículos pueden tener sin duda otro sentido. La palabra «sepulcro» aquí es traducción de un término griego del Nuevo Testamento *(hades)* y un término hebreo del Antiguo Testamento *(seol)* que se mantiene por lo general como seol que pueden significar simplemente «tumba» o «muerte» (el estado de estar muerto). Por esa razón la NVI lo traduce: «Porque no dejarás que mi vida termine en el *sepulcro*, ni permitirás que el fin de tu santo sea la corrupción» (Hch 2:27). Este sentido es preferible porque el contexto hace hincapié en que el cuerpo de Cristo salió de la tumba, a diferencia del de David, que permaneció en el sepulcro. El razonamiento es: «Mi cuerpo también vivirá en esperanza» (v. 26) «porque no dejarás que mi vida termine en el sepulcro» (v. 27). Pedro está usando el salmo de David para mostrar que el cuerpo de Cristo no se descompuso, a diferencia del de David, «que murió y fue sepultado, y cuyo sepulcro está entre nosotros hasta el día de hoy» (v. 29). Por tanto, este pasaje acerca de la resurrección de Cristo de la tumba no apoya convincentemente la idea de que Jesús descendió al infierno.

(b) Romanos 10:6-7. Estos versículos contienen dos preguntas retóricas, que son citas del Antiguo Testamento (de Dt 30:13): «No digas en tu corazón: "¿Quién subirá al cielo?" (es decir, para hacer bajar a Cristo), o "¿Quién bajará al abismo?" (es decir, para hacer subir a Cristo de entre los muertos)». Pero es improbable que este pasaje enseñe que Cristo descendió al infierno. La intención de este pasaje es que Pablo les está diciendo a los lectores que no hagan estas preguntas, porque Cristo no está lejos —él está cerca— y la fe en él está tan cerca como confesarle con nuestra boca y creer en nuestro corazón (v. 9). Estas preguntas prohibidas son cuestiones de incredulidad, no afirmaciones de lo que las Escrituras enseñan. Sin embargo, algunos pueden objetar que Pablo podría haber anticipado que sus lectores harían tales preguntas a menos que fuera ampliamente conocido que Cristo en verdad bajó «al abismo». No obstante, aun si esto fuera cierto, las Escrituras no estarían diciendo o implicando que Cristo fue al «infierno» (en el sentido de un lugar de castigo para los muertos, expresado generalmente por el griego *gehena*), sino más bien que fue «al abismo» (gr. *abyssos*, un término que se usa con frecuencia en la Septuaginta para referirse a la profundidad del océano [Gn 1:2; 7:11; 8:2; Dt 8:7; Sal 106(107): 26], pero también puede referirse aparentemente al lugar de los muertos [Sal 70(71):20]²².

Pablo está usando aquí la palabra «abismo» en contraste con «cielo» para referirse a un lugar que es inaccesible a los seres humanos. El contraste no es: «¿Quién irá a

---

²¹Por ejemplo, Mt. 12:40, que dice que Cristo estaría tres días y tres noches «en las entrañas de la tierra», se refiere simplemente al hecho de que estuvo en el sepulcro entre su muerte y resurrección (cf., en la Septuaginta, Sal. 45[46]:2 con Jonás 2:3).

²²Primera Clemente 28:3 usa *abismo* en vez del *hades* de la Septuaginta para traducir el Salmo 139:8: «Si tendiera mi lecho en el fondo del abismo (seol), también estás allí». En el Nuevo Testamento, el término se usa solo en Lc. 8:31; Ro. 10:7 y siete veces en Apocalipsis (allí se refiere al «abismo» (Ap. 20:3). Por tanto, aunque el término puede referirse a la morada de los demonios condenados (como en Apocalipsis), ese no es el sentido común que tiene en la Septuaginta o el sentido necesario en su uso del Nuevo Testamento. La fuerza primaria del término es un lugar que es profundo, incomprensible para los seres humanos, que es normalmente imposible que ellos lo alcancen. (C. E. B. Cranfield, *A Critical and Exegetical Commentary on the Epistle to the Romans*, 2.525, nota que *abismo* es la traducción común en la Septuaginta del hebreo *tehom*, y que *tehom* se usa en la Mishnah [Pesahim 7:7; Nazir 9:2] para referirse a una tumba que no era conocida.)

encontrar a Cristo en un lugar de gran bendición (el cielo) o en un lugar de gran castigo (infierno)?» sino más bien, «¿Quién ira a encontrar a Cristo en un lugar que es inaccesiblemente alto (cielo) o en un lugar que es inaccesiblemente bajo (el abismo, o lugar de los muertos)?» No se puede encontrar en este pasaje una afirmación o negación de que Cristo «descendió al infierno».

(c) Efesios 4:8-9. Pablo escribe aquí: «Por lo cual dice: Subiendo a lo alto, llevó cautiva la cautividad, y dio dones a los hombres. Y eso de que subió, ¿qué es, sino que también había descendido primero a las partes más bajas de la tierra?» (RVR 1960).

¿Significa esto que Cristo «descendió» al infierno? Para empezar, no está claro lo que quiere decir con «descendió primero a las partes más bajas de la tierra» (RVR 1960), pero otra traducción parece darnos el mejor sentido: «¿Qué quiere decir eso de que "ascendió", sino que también descendió a las *partes bajas, o sea, a la tierra?*» (NVI). Aquí la NVI toma «descendió» para referirse a la venida de Cristo a la tierra como un niño (la encarnación). Las cuatro últimas palabras son una interpretación aceptable del texto griego, tomando la frase «las partes bajas» como refiriéndose a la tierra misma (la forma gramatical del griego se conoce como un genitivo de oposición). Nosotros solemos hacer lo mismo en nuestra forma de hablar moderna, por ejemplo, en la frase «la ciudad de Chicago», nos referimos «a la ciudad que es Chicago». La traducción de la NVI es preferible en este contexto porque Pablo está diciendo que el Cristo que subió al cielo (la ascensión) es el mismo que antes vino del cielo (v. 10). Ese «descender» del cielo ocurrió, por supuesto, cuando Cristo vino para nacer como hombre. De modo que el versículo habla de la encarnación, no de descender al infierno[23].

(d) 1 Pedro 3:18-20. Para muchas personas este es el pasaje más desconcertante en todo este asunto. Pedro nos dice que Cristo «sufrió la muerte en su cuerpo, pero el Espíritu hizo que volviera a la vida. *Por medio del Espíritu fue y predicó a los espíritus encarcelados*, que en los tiempos antiguos, en los días de Noé, desobedecieron, cuando Dios esperaba con paciencia mientras se construía el arca. En ella solo pocas personas, ocho en total, se salvaron mediante el agua».

¿Quiere decir esto que Cristo predicó en el infierno?

Algunos han entendido que la frase «fue y predicó a los espíritus encarcelados» quiere decir que Cristo fue al infierno y predicó a los espíritus que se encontraban allí, ya fuera mediante la predicación del evangelio para ofrecerles una segunda oportunidad de arrepentirse o proclamando que él había triunfado sobre ellos y que estaban eternamente condenados.

Pero estas interpretaciones no explican adecuadamente el pasaje en sí o su posición en este contexto. Pedro no dice que Cristo predicó a los espíritus en general, sino solo a los que «en los tiempos antiguos, en los días de Noé, desobedecieron […] mientras se construía el arca». Esa limitada audiencia —los que desobedecieron durante la construcción del arca— sería un grupo extraño para que Cristo fuera al infierno a predicarles. Si Cristo proclamó su triunfo, ¿por qué solo a esos pecadores y no a todos? Y si él les estaba

---

[23]Refiriéndose a Ef. 4:9, H. Bietenhard dice: «En la exposición moderna la referencia a este pasaje como *descensus ad inferos* ("descendió al infierno" en el Credo de los Apóstoles) es sin excepción casi siempre rechazado» (*NIDNTT*, 2:210).

ofreciendo una segunda oportunidad de salvación, ¿por qué solo a ellos y no a todos? Para hacer las cosas más difíciles para este punto de vista está el hecho que las Escrituras en ninguna parte indican que hay una oportunidad de arrepentimiento después de la muerte (Lc 16:26; Heb 10:26-27).

Además, el contexto de 1 Pedro 3 hace improbable el «predicar en el infierno». Pedro está animando a sus lectores a dar un testimonio valiente a los incrédulos hostiles que los rodean. Él acaba de decirles: «Estén siempre preparados para responder a todo el que les pida razón de la esperanza» (1 P 3:15). Este motivo evangelizador perdería su urgencia si Pedro estuviera enseñando que hay una segunda oportunidad después de la muerte. Y eso no encajaría para nada con una «predicación» de condenación.

¿Quiere decir esto que Cristo predicó a los ángeles caídos?

A fin de dar una mejor explicación a estas dificultades, varios comentaristas han propuesto tomar lo de «los espíritus encarcelados» como espíritus demoníacos, los espíritus de los ángeles caídos, y han dicho que Cristo proclamó condenación a aquellos demonios. Esto (se afirma) consolaría a los lectores de Pedro al mostrarles que las fuerzas demoníacas que ellos enfrentaban serían derrotadas por Cristo.

Sin embargo, los lectores de Pedro tendrían que pasar por un proceso de razonamiento increíblemente complicado para sacar esta conclusión cuando Pedro no lo está enseñando explícitamente. Tendrían que razonar desde (1) algunos demonios que pecaron hace mucho tiempo estaban condenados, hasta (2) otros demonios están ahora incitando a sus perseguidores humanos, (3) estos demonios serán un día probablemente condenados, (4) por tanto, sus perseguidores serán condenados del mismo modo. Por último los lectores de Pedro llegarían a lo que Pedro quería decirles: (5) Por tanto, no tengan miedo de sus perseguidores.

Los que sostienen la interpretación de que «predicó a los ángeles caídos» deben suponer que los lectores de Pedro «leerían entre líneas» y llegarían a esta conclusión (puntos 2-5) partiendo de la simple declaración de que Cristo «predicó a los espíritus encarcelados, que en los tiempos antiguos, en los días de Noé, desobedecieron» (1 P 3:19-20) ¿Pero no parece demasiado exagerado decir que Pedro sabía que sus lectores interpretarían todo eso en el texto?

Además, Pedro en este contexto está haciendo hincapié en «personas hostiles», no en demonios (1 P 3:14, 16). ¿Y de dónde sacarían los lectores de Pedro la idea que los ángeles pecaron «mientras se construía el arca»? No encontramos nada de eso en el relato de Génesis sobre la construcción del arca. Y (a pesar de lo que algunos han afirmado), si examinamos todas las tradiciones de interpretaciones judías del relato del diluvio, no encontramos ninguna mención de ángeles que pecaran «mientras se construía el arca»[24]. Por tanto, decir que Pedro está aquí hablando de la proclamación de castigo que hizo Cristo a los ángeles caídos no es tampoco en realidad persuasivo.

¿No se refiere a la proclamación de Cristo de liberación para los santos del Antiguo Testamento?

---

[24] Para un estudio amplio de las interpretaciones judías del pecado de «los hijos de Dios» en Gn. 6:2, 4, y la identidad de los que pecaron mientras se construía el arca, vea «Christ Preaching Through Noah: 1 Peter 3:19-20 in the Light of Dominant Themes in Jewish Literature», en la obra *The First Epistle of Peter*, pp. 203-39, de Wayne Grudem (Este apéndice tiene un estudio amplio de 1 Pedro 3:19-20, que he resumido brevemente aquí.)

CAPÍTULO 3 · LA EXPIACIÓN

Otra explicación es que Cristo, después de su muerte, fue y proclamó liberación a los creyentes del Antiguo Testamento que no habían podido entrar en el cielo hasta que se completara la obra redentora de Cristo.

Pero de nuevo podemos cuestionar si eso da adecuada razón de lo que dice el texto en realidad. No dice que Cristo fuera a predicar a los que eran creyentes o fieles a Dios, sino a los que «en los tiempos antiguos, en los días de Noé, *desobedecieron*», el énfasis está en la desobediencia. Además, Pedro no especifica creyentes del Antiguo Testamento en general, sino solo a los que desobedecieron «en los días de Noé [...] mientras se construía el arca» (1 P 3:20).

Por último, las Escrituras no dan una evidencia clara que nos haga pensar que se estuviera reteniendo el pleno acceso a las bendiciones de estar en la presencia de Dios para los creyentes del Antiguo Testamento cuando ellos murieron, cuando en realidad varios pasajes sugieren que los creyentes que murieron antes de la muerte de Cristo sí que entraron a la presencia de Dios cuando sus pecados fueron perdonados al confiar en el Mesías que había de venir (Gn 5:24; 2 S 12:23; Sal 16:11; 17:15; 23:6; Ec. 12:7; Mt 22:31-32; Lc 16:22; Ro 4:1-8; Heb 11:5).

Una explicación más satisfactoria.

La explicación más satisfactoria de 1 Pedro 3:19-20 parece ser la que propuso (pero que en realidad no la defendió) hace mucho tiempo San Agustín: El pasaje no se refiere a algo que Cristo hizo entre su muerte y resurrección, sino a lo que él hizo «en la esfera espiritual de la existencia» (o «por medio del Espíritu») *en los días de Noé*. Cuando Noé estaba construyendo el arca, Cristo «en espíritu» estaba predicando por medio de Noé a los incrédulos hostiles que le rodeaban[25].

Esta interpretación recibe apoyo de otras dos declaraciones de Pedro. En 1 Pedro 1:11, dice que «el Espíritu de Cristo» estaba hablando en los profetas del Antiguo Testamento. Esto sugiere que Pedro bien pudiera haber pensado que «el Espíritu de Cristo» estaba también hablando por medio de Noé. Entonces en 2 Pedro 2:5, él llama a Noé un «predicador de la justicia», usando el nombre (*keryx*) que viene de la misma raíz que el verbo «predicar» (*ekeryxen*) en 1 Pedro 3:19. De forma que parece probable que cuando Cristo predicó «a los espíritus encarcelados» lo hizo por medio de Noé en los días antes del diluvio.

Las personas a las que Cristo predicó por medio de Noé eran los incrédulos en la tierra en el tiempo de Noé, pero Pedro los llama «espíritus encarcelados» porque ellos se encuentran ahora en la prisión del infierno, aunque no eran solo «espíritus» sino personas sobre la tierra cuando se estaba llevando a cabo la predicación. (Otras versiones dicen: Cristo predicó «a los espíritus que están ahora en prisión».) Nosotros podemos hablar en nuestras lenguas modernas de la misma manera: «Conocí al Presidente Clinton cuando era un estudiante universitario» es una declaración apropiada, aunque él no era presidente cuando estaba en la universidad. La frase significa: «Conocí al hombre que luego fue el Presidente Clinton cuando él era todavía un estudiante en la universidad». De modo que Cristo «fue y predicó a los espíritus encarcelados» significa que «Cristo predicó a las

---

[25]Esta sección en un breve resumen del estudio más amplio de este pasaje en la obra *The First Epistle of Peter*, pp. 203-39, de Wayne Grudem, pp. 157-62 y 203-39.

personas que ahora son espíritus encarcelados cuando todavía eran personas que vivían en la tierra»²⁶.

Esta interpretación es muy apropiada en el contexto amplio de 1 Pedro 3:13-22. El paralelismo entre la situación de Noé y la situación de los lectores de Pedro es clara en varios puntos:

Noé	**Lectores de Pedro**
Minoría de justos	Minoría de justos
Rodeados de incrédulos hostiles	Rodeados de incrédulos hostiles
El juicio de Dios se acercaba	El juicio de Dios puede venir pronto (1 Pedro 4:5, 7; 2 Pedro 3:10)
Noé dio testimonio con valentía (con el poder de Cristo)	Ellos debían dar testimonio con valor mediante el poder de Cristo (1 Pedro 3:14, 16-17; 3:15; 4:11)
Noé al final se salvó	Ellos al final se salvarán (1 Pedro 3:13-14; 4:13; 5:10)

Esta comprensión del texto parece ser con mucho la solución más probable a un pasaje desconcertante. Con todo, esto significa que nuestro cuarto posible apoyo a un descenso de Cristo al infierno resulta también negativo, pues el texto habla más bien de algo que Cristo hizo en la tierra en el tiempo de Noé.

(e) 1 Pedro 4:6. El quinto y último pasaje dice: «Por esto también ha sido predicado el evangelio a los muertos, para que sean juzgados en carne según los hombres, pero vivan en espíritu según Dios» (RVR 1960).

¿Quiere decir este versículo que Cristo fue al infierno y predicó el evangelio a los que habían muerto? Si así fuera, sería el único pasaje en la Biblia que enseña que hay «una segunda oportunidad» para la salvación después de la muerte y eso sería una contradicción de pasajes como Lucas 16:19-31 y Hebreos 9:27, que parecen negar claramente esa posibilidad. Además, el pasaje no dice explícitamente que Cristo predicara a las personas después de que estas habían muerto, y pudiera más bien decir que el evangelio fue predicado (este versículo ni siquiera dice que Cristo predicó) a personas que ahora están muertas, sino que les fue predicado mientras que ellas estaban vivas en la tierra.

Esta es una explicación común, y parece que encaja mucho mejor con este versículo. Encuentra apoyo en la segunda palabra de este versículo, «esto», que se refiere al juicio final que se menciona al final del versículo 5. Pedro está diciendo que a causa del juicio final el evangelio había sido predicado a los muertos.

Esto consolaría a los lectores en cuanto a sus amigos cristianos que ya habían muerto. Ellos podían estar preguntándose: «¿Les benefició a ellos el evangelio, puesto que no los salvó de la muerte?» Pedro responde que el evangelio fue predicado a los que habían

---

²⁶Mi estudiante Tet-Lim Yee me indicó que prestara atención a otra expresión muy similar en otra parte de las Escrituras: Noemí habla amablemente a Rut y Orfa sobre cómo ellas mostraron amor «con los que murieron» (Rt. 1:8), refiriéndose a sus esposos mientras estos estaban todavía vivos.

muerto no para salvarlos de la muerte física (sino «para que sean juzgados en carne según los hombres») pero para salvarlos del juicio final (para que «vivan en espíritu según Dios»). Por tanto, el hecho de que hubieran muerto no indicaba que el evangelio no había alcanzado su propósito, porque ellos vivirían para siempre en el reino espiritual.

Entonces, «los muertos» son personas que habían muerto y que estaban ya muertas, aunque estaban vivas y sobre la tierra cuando se les predicó el evangelio. (La NVI traduce: «Por esto también se les predicó el evangelio *aun a los muertos*). Esto evita los problemas doctrinales de una «segunda oportunidad» de salvación después de la muerte y encaja bien con las palabras y el contexto del versículo.

Concluimos, por tanto, que este último pasaje, cuando lo vemos en su contexto, no nos provee de apoyo convincente a la doctrina del descenso de Cristo al infierno.

Después de esto, las personas en ambos lados del debate sobre la cuestión de si Cristo en realidad descendió al infierno debieran estar al menos de acuerdo en la idea de que «descendió a los infiernos» no se enseña clara ni explícitamente en ningún pasaje de las Escrituras. Y que muchas personas (incluido este autor) concluirán que esta idea no se enseña para nada en las Escrituras. Pero si pensamos que algún pasaje enseña positivamente esta idea, debemos preguntarnos si es contraria a algún pasaje en las Escrituras.

(3) La oposición bíblica a «descendió a los infiernos»: Además de que hay muy poco o ningún apoyo bíblico a la idea de que Cristo descendió al infierno, hay algunos textos del Nuevo Testamento que argumentan en contra de la posibilidad de que Cristo fuera al infierno después de su muerte.

Las palabras de Cristo al ladrón en la cruz, «Te aseguro que hoy estarás conmigo en el paraíso» (Lc 23:43), implican que después que Jesús murió su alma (o su espíritu) fue inmediatamente a la presencia del Padre en el cielo, aunque su cuerpo permaneció en la tierra y fue enterrado. Algunos niegan esto argumentando que «paraíso» es un lugar distinto del cielo, pero en otros dos lugares del Nuevo Testamento donde se usa esta palabra significa «cielo»: En 2 Corintios 12:4 es el lugar a donde Pablo fue llevado en su visión del cielo, y en Apocalipsis 2:7 es el lugar donde encontramos el árbol de la vida, que es claramente el cielo en Apocalipsis 22:2 y 14[27].

Además, el grito de Jesús («Todo se ha cumplido», Jn 19:30) sugiere fuertemente que los sufrimientos de Cristo habían llegado a su fin en ese momento y también su alienación del Padre a causa de llevar nuestro pecado. Esto implica que él no descendería al infierno, sino que iría directamente a la presencia del Padre.

Por último, el grito de «¡Padre, en tus manos encomiendo mi espíritu!» (Lc 23:46) también sugiere que Cristo esperaba (y con razón) el fin inmediato de su sufrimiento y alejamiento, y el recibimiento de su espíritu en el cielo por Dios el Padre (notemos el grito similar de Esteban en Hechos 7:59).

---

[27]Encontramos más apoyo para esta idea en el hecho de que aunque la palabra *paradeisos*, «paraíso», podía simplemente significar «jardín agradable» (usada especialmente en la Septuaginta para el huerto del Edén), se emplea con frecuencia para significar «cielo» o «un lugar de bendición en la presencia de Dios». Vea Is. 51:3; Ez. 28:13; 31:8-9; T. Levi 18:10; 1 Enoc 20:7; 32:3; Sib. Or. 3:48. Este fue cada vez más el sentido del término en la literatura judía intertestamentaria (vea para otras varias referencias Joachim Jeremias, *paradeisos*, TDNT5 [1967], pp. 765-73, esp. 767, nn 16-23.

Estos textos indican, entonces, que Cristo experimentó en su muerte las mismas cosas que los creyentes experimentan en este tiempo cuando mueren: Su cuerpo muerto permaneció en la tierra y fue enterrado (como el nuestro lo será), pero su espíritu (o alma) pasó inmediatamente a la presencia de Dios en el cielo (como el nuestro lo hará). Así, pues, en el primer domingo de Resurrección, el espíritu de Cristo se volvió a juntar con su cuerpo y se levantó de la tumba, de la misma manera que los cristianos que han muerto se volverán a unir con sus cuerpos (cuando Cristo regrese) y se levantarán a nueva vida en sus cuerpos perfectos de resurrección[28].

Este hecho contiene aliento pastoral para nosotros: No tenemos por qué temer a la muerte, no solo porque la vida eterna está al otro lado, sino también porque conocemos que nuestro Salvador mismo ha pasado exactamente por las mismas experiencias que nosotros pasaremos. Él ha preparado el camino, incluso lo ha santificado, y nosotros le seguiremos con confianza en cada paso a lo largo de ese camino. Este es un consuelo muy superior en cuanto a la muerte que el que jamás podría recibir por cualquier idea de que descendió al infierno.

(4) Conclusión en cuanto al Credo de los Apóstoles y la cuestión del posible descenso de Cristo al infierno: ¿Merece la frase «descendió a los infiernos» ser retenida en el Credo de los Apóstoles junto con las grandes doctrinas de la fe en las que todos podemos estar de acuerdo? Parece que el único argumento a su favor es que ha estado muchos siglos entre nosotros. Pero un error antiguo sigue siendo un error, y todo el tiempo que ha estado con nosotros ha sido motivo de confusión y desacuerdo.

Por otro lado, hay varias razones convincentes en contra de conservar esa frase. No tiene una clara garantía de parte de las Escrituras y ciertamente parece estar contradiciendo algunos pasajes de las Escrituras. No hay ninguna razón para decir que es «apostólica» o que tuviera apoyo (en el sentido de «descender a los infiernos») durante los seis primeros siglos de la vida de la iglesia. No estaba en las primeras versiones del Credo y fue luego incluida en una versión posterior debido a un aparente malentendido acerca de su significado. A diferencia de todas las demás afirmaciones en el Credo, no representa una doctrina principal en la que todos los cristianos están de acuerdo, sino que es una declaración acerca de la cual la mayoría de los cristianos están en desacuerdo[29]. En el mejor de los casos es confusa y en la mayoría de los casos engañosa para los cristianos modernos. Mi opinión es que ganaríamos mucho y no perderíamos nada si la eliminamos del Credo de una vez y para siempre.

En cuanto a la cuestión doctrinal de si Cristo descendió al infierno después de su muerte, la respuesta en base a varios pasajes de las Escrituras parece ser claramente que no.

---

[28]Juan 20:17 («Suéltame, porque todavía no he vuelto al Padre») se entiende mejor como queriendo decir que en su nuevo estado resucitado, con un cuerpo de resurrección, todavía no había ascendido al cielo; por tanto, María no debería tratar de sujetar el cuerpo de Jesús. El tiempo perfecto de *anabebeka*, «he subido (o vuelto)», de ese sentido, «Todavía no he subido y permanecí en el lugar a donde ascendí» o «Todavía no estoy es el estado de subir» (la última frase es de D. A. Carson, *The Gospel According to John* [Leicester: Intervarsity Press, y Eerdmans, Grand Rapids, 1991], p. 644).

[29]Randall E. Otto adopta una recomendación similar: «Incluir un artículo tan misterioso en el Credo, el cual se supone es un resumen de los principios básicos y vitales de la fe, parece muy poco sabio» («*Descendit in Inferna*: A Reformed Review of a Doctrinal Conundrum», *WTJ* 52 [1990], p. 150).

D. La amplitud de la expiación

Una de las diferencias entre los teólogos reformados y otros teólogos católicos y protestantes ha sido la cuestión de la amplitud de la expiación. Podemos plantear la situación de esta manera: Cuando Cristo murió en la cruz, ¿pagó él por los pecados de toda la raza humana o solo por los pecados de los que él sabía que al final serían salvos?

Los que no son reformados argumentan que la oferta del evangelio se hace repetidas veces a todas las personas, y que para que esta oferta sea genuina, el pago de los pecados debe estar ya hecho y debe estar disponible para todas las personas. También dicen que si las personas por cuyos pecados Cristo pagó están limitadas, también la oferta del evangelio lo está, y la oferta del evangelio no puede hacerse extensiva a toda la humanidad sin excepción.

Por otro lado, los cristianos reformados argumentan que si la muerte de Cristo pagó por los pecados de todas las personas que han vivido, no hay castigo pendiente para que nadie lo pague, y a eso necesariamente le sigue que todas las personas serán salvas, sin ninguna excepción. Porque Dios no puede condenar al castigo eterno a nadie cuyos pecados han sido ya pagados, porque eso demandaría un pago doble y sería, por tanto, injusto. En respuesta a la objeción de que eso compromete la oferta gratuita del evangelio a toda persona, los cristianos reformados responden que nosotros no sabemos quiénes son los que van a confiar en Cristo, porque solo Dios lo sabe. En nuestra opinión, la oferta gratuita del evangelio hay que hacerla a todos sin excepción. También sabemos que todo el que se arrepiente y cree en Cristo será salvo, de modo que llamamos a todos al arrepentimiento (cf. Hch 17:30). El hecho de que Dios conociera quiénes serían salvos, y que él aceptó la muerte de Cristo como pago por sus pecados solamente, no impide la oferta gratuita del evangelio, porque quiénes van a responder a él es algo que permanece oculto en los consejos de Dios. El que nosotros no sepamos quiénes van a responder no es una razón para no ofrecer el evangelio a todos del mismo modo que no saber la cuantía de la cosecha no le impide al agricultor sembrar la semilla en los campos.

Por último, los cristianos reformados argumentan que los propósitos de Dios en la redención constituyen un acuerdo en el seno de la Trinidad y son ciertamente llevados a cabo. Aquellos a quienes Dios planeaba salvar son los mismos por los que Cristo vino a morir, y las mismas personas a las que el Espíritu Santo ciertamente aplica los beneficios de la obra redentora de Cristo, incluso despertando su fe (Jn 1:12; Fil 1:29; cf. Ef 2:2) y a quienes llama para que confíen en él. Lo que Dios el Padre propuso, Dios el Hijo y el Espíritu Santo estuvieron de acuerdo y sin duda alguna lo llevaron a cabo.

1. Pasajes de las Escrituras que se usan para apoyar la posición reformada. Varios pasajes de las Escrituras hablan del hecho de que Cristo murió por los suyos. «El buen pastor da su vida *por las ovejas*» (Jn 10:11). «Doy mi vida por las ovejas» (Jn 10:15). Pablo habla de la «iglesia de Dios, que él adquirió con su propia sangre» (Hch 20:28). También dice: «El que no escatimó ni a su propio Hijo, sino que lo entregó por todos nosotros, ¿cómo no habrá de darnos generosamente, junto con él, todas las cosas?» (Ro 8:32). Este pasaje indica una relación entre el propósito de Dios de entregar a su Hijo «por todos nosotros» y darnos «todas las cosas» que también pertenecen a la salvación. En la frase siguiente Pablo limita claramente la aplicación de esto a los que serán salvos porque él dice: «¿Quién acusará a los que Dios ha escogido?» (Ro 8:33) y en el versículo siguiente menciona la muerte de Cristo como una razón por la que nadie acusará a los escogidos (8:34). En otro pasaje, Pablo dice: «Esposos, amen a sus esposas, así como Cristo amó a la iglesia y se entregó *por ella*» (Ef 5:25).

Además, Cristo durante su ministerio terrenal estuvo consciente del grupo de personas que el Padre le había dado: «Todos los que el Padre me da vendrán a mí; y al que a mí viene, no lo rechazo […] Y ésta es la voluntad del que me envió: que yo no pierda nada de lo que él me ha dado, sino que lo resucite en el día final» (Jn 6:37-39). También dice: «Ruego por ellos. No ruego por el mundo, sino por los que me has dado, porque son tuyos» (Jn 17:9). Luego sigue hablando partiendo de esta referencia específica a sus discípulos, y dice: «No ruego solo por éstos. Ruego también por los que han de creer en mí por el mensaje de ellos» (Jn 17:20).

Por último, algunos pasajes hablan de la transacción definida entre el Padre y el Hijo cuando Cristo murió, una transacción que tiene referencia específica a los que creerían. Por ejemplo, Pablo dice: «Dios demuestra su amor por nosotros en esto: en que cuando todavía éramos pecadores, Cristo *murió por nosotros*» (Ro 5:8). Luego añade: «Porque si, cuando éramos enemigos de Dios, *fuimos reconciliados con él mediante la muerte de su Hijo*, ¡con cuánta más razón, habiendo sido reconciliados, seremos salvados por su vida!» (Ro 5:10). Esta reconciliación con Dios ocurrió con respecto a las personas específicas que serían salvadas, y sucedió «cuando todavía éramos pecadores». Asimismo, Pablo dice: «Al que no cometió pecado alguno, por nosotros Dios lo trató como pecador, para que en él recibiéramos la justicia de Dios» (2 Co 5:21; cf. Gá 1:4; Ef 1:7). Y «Cristo nos rescató de la maldición de la ley al hacerse maldición por *nosotros*» (Gá 3:13).

Encontramos aun más apoyo para el punto de vista reformado en la consideración de que todas las bendiciones de la salvación, incluyendo la fe, el arrepentimiento y todas las obras del Espíritu Santo al aplicar la redención, fueron también aseguradas específicamente para su pueblo por la obra redentora de Cristo. Aquellos para quienes él ganó el perdón, también obtuvo para ellos estos otros beneficios (cf. Ef 1:3-4; 2:8; Fil 1:29)[30].

A lo que yo llamo la «perspectiva reformada» en esta sección se conoce en general como «expiación limitada»[31]. Sin embargo, la mayoría de los teólogos que sostienen esta posición hoy no prefieren la expresión «expiación limitada» porque se expone a que fácilmente se malentienda, como si esta perspectiva sostuviera que de alguna manera la obra expiatoria de Cristo fuera deficiente en algún sentido. El término que generalmente se prefiere es *redención particular*, puesto que este punto de vista sostiene que Cristo murió

---

[30] No conozco a ningún arminiano que sostenga lo que he llamado «la posición reformada», el punto de vista que es conocido comúnmente como la «redención particular» o la «expiación limitada». Pero no parece lógicamente imposible que alguien sostenga una posición arminiana (que Dios conocía de antemano quiénes creerían y los predestinó en base de este conocimiento anticipado) junto con la creencia de que la muerte de Cristo en realidad pagó por el castigo de los pecados de aquellos que Él sabía que creerían y no por los otros. Eso es como decir que, mientras la «expiación limitada» es necesariamente parte de una posición reformada debido a que se infiere lógicamente de la soberanía general de Dios en toda la obra de la redención, uno podría (en teoría al menos) aferrarse a la «expiación limitada» y no adoptar la posición reformada en otros puntos relacionados con la soberanía de Dios en la vida en general o en la salvación en particular.

[31] Esta es la «L» en las siglas «TULIP», la cual representa los llamados «cinco puntos del calvinismo», las cinco posiciones doctrinales que distinguen a los teólogos calvinistas o reformados de otros muchos protestantes. Los cinco puntos representados por esa palabra: Depravación total, elección incondicional, expiación limitada, gracia irresistible y perseverancia de los santos. (Este libro defiende estos cinco puntos doctrinales, pero intenta en cada caso señalar los argumentos a favor de una posición opuesta y proveer de una bibliografía apropiada que representa ambos puntos de vista.)

por personas en particular (específicamente, aquellos que serían salvos y a quienes él vino a redimir), que él preconoció a cada una de ellas individualmente (cf. Ef 1:3-5) y las tenía individualmente en mente en su obra expiatoria[32].

La opinión opuesta, que la muerte de Cristo pagó por los pecados de todas las personas que han vivido, se conoce como «redención general» o «expiación ilimitada».

2. Pasajes de las Escrituras que suelen apoyar el punto de vista no reformado (Redención general o expiación ilimitada). Un cierto número de pasajes de las Escrituras indican que en cierto sentido Cristo murió por todo el mundo. Juan el Bautista dijo: «¡Aquí tienen al Cordero de Dios, que quita el pecado *del mundo*!» (Jn 1:29). Y Juan 3:16 nos dice: «Tanto amó Dios al mundo, que dio a su Hijo unigénito, para que todo el que cree en él no se pierda, sino que tenga vida eterna». Jesús dijo: «Este pan es mi carne, que daré para que el *mundo* viva» (Jn 6:51). Pablo dice que «en Cristo, Dios estaba reconciliando al mundo consigo mismo» (2 Co 5:19). Leemos que Cristo es «el sacrificio [lit. «propiciación»] por el perdón de nuestros pecados, y no solo por los nuestros sino por los de *todo el mundo*» (1 Jn 2:2). Pablo escribe que «dio su vida como rescate *por todos*» (1 Ti 2:6). Y el autor de Hebreos dice que Jesús fue hecho por un tiempo menor que los ángeles para que «por la gracia de Dios, la muerte que sufrió resultara en beneficio de todos» (Heb 2:9).

Otros pasajes parecen decir que Cristo murió por los que no se salvarían. Pablo dice: «No destruyas, por causa de la comida, al hermano *por quien Cristo murió*» (Ro 14:15). En un contexto similar les dice a los corintios que no coman en público en los templos de los ídolos porque eso podría animar a los que son débiles en su fe a violar sus conciencias y comer carne ofrecida a los ídolos. Luego dice: «Entonces ese hermano débil, *por quien Cristo murió*, se perderá a causa de tu conocimiento» (1 Co 8:11). Pedro escribe lo siguiente acerca de los falsos maestros: «En el pueblo judío hubo falsos profetas, y también entre ustedes habrá falsos maestros que encubiertamente introducirán herejías destructivas, *al extremo de negar al mismo Señor que los rescató*. Esto les traerá una pronta destrucción» (2 P 2:1; cf. Heb 10:29).

3. Algunos puntos de acuerdo y algunas conclusiones acerca de los textos en disputa. Nos será de ayuda el mencionar primero los puntos en los que ambas partes coinciden:

1. No todos serán salvos.

2. Se puede hacer una oferta gratuita del evangelio a toda persona que ha nacido. Es absolutamente cierto «que todo el que» quiera pueda acudir a Cristo para salvación y el que vaya a él no será rechazado. Esta oferta gratuita del evangelio se extiende en buena fe a todas las personas.

3. Todos están de acuerdo en que la muerte de Cristo en sí misma, debido a que él es el Hijo infinito de Dios, tiene mérito infinito y es suficiente para pagar el castigo de los pecados de muchos o pocos según el Padre y el Hijo decreten. La cuestión no es acerca de los méritos intrínsecos de los sufrimientos y muerte de Cristo, sino acerca del número de personas para quienes el Padre y el Hijo pensaron que la muerte de Cristo es pago suficiente cuando Cristo murió.

---

[32]Los cristianos reformados argumentan que es la otra posición la que realmente limita el poder de la expiación porque en ese punto de vista la expiación no garantiza en realidad la salvación del pueblo de Dios, sino que solo hace que la salvación sea posible para todas las personas. En otras palabras, si la expiación no está limitada con respecto al número de personas a las que se aplica, entonces debe estar limitado con respecto a lo que en realidad lleva a cabo.

Más allá de estos puntos de acuerdo, sin embargo, permanece una diferencia en cuanto a la siguiente pregunta: «Cuando Cristo murió, ¿pagó el castigo solo por los pecados de los que creerían en él, o por los pecados de cada persona que ha vivido?» Sobre esta cuestión parece que los que sostienen la redención particular tienen de su parte argumentos más fuertes. Primero, un punto importante que no es generalmente respondido por los que defienden el punto de la vista de la redención general es que las personas que son eternamente condenadas al infierno sufren el castigo de todos sus pecados y, por tanto, su castigo no podía haberlo sufrido Cristo totalmente. Los que sostienen la perspectiva de la redención general a veces responden que las personas sufren en el infierno debido a su pecado de rechazar a Cristo, aun cuando todos sus otros pecados fueron ya pagados. Pero esa es una posición no muy satisfactoria, porque (1) algunos nunca han rechazado a Cristo porque nunca oyeron de él, y (2) el énfasis de las Escrituras cuando hablan del castigo eterno no es el hecho de que las personas sufren porque han rechazado a Cristo, sino que sufren por los pecados que cometieron en esta vida (vea Ro 5:6-8, 13-16, et al.). Este punto significativo parece inclinar el argumento decididamente a favor de la posición de la redención particular.

Otro punto significativo a favor de la redención particular es el hecho que Cristo ganó completamente nuestra salvación pagando el castigo por todos nuestros pecados. No nos redimió potencialmente, sino que nos redimió realmente como individuos a los que él amaba. Un tercer punto importante a favor de la redención particular es que hay unidad eterna en los consejos y planes de Dios y en la obra del Padre, el Hijo y el Espíritu Santo para llevar a cabo sus planes (vea Ro 8:28-30).

En cuanto a los pasajes de las Escrituras que se usan para apoyar la redención general, podemos decir lo siguiente: Varios pasajes que hablan del «mundo» solo significan que los pecadores serán salvos, sin implicar que cada individuo en particular en el mundo será salvo. De forma que el hecho de que Cristo sea el Cordero de Dios que quita el pecado del mundo (Jn 1:29) no quiere decir (en la interpretación de nadie) que Cristo quita los pecados de cada una de las personas en el mundo, porque ambas partes están de acuerdo en que no todos serán salvos. Del mismo modo, el hecho de que Dios estaba en Cristo reconciliando al mundo consigo mismo (2 Co 5:19) no quiere decir que cada una de las personas en el mundo quedara reconciliada con Dios, sino que los pecadores en general fueron reconciliados con Dios. Otra forma de poner estos pasajes sería decir que Jesús era el Cordero de Dios que quita el pecado de los pecadores, o que Dios estaba en Cristo reconciliando a los pecadores consigo mismo. Esto no significa que todos los pecadores serán salvos o reconciliados, sino simplemente que estos grupos en general, pero no necesariamente cada uno de los individuos en ellos, eran objetos de la obra redentora de Dios. Significa esencialmente que «Dios amó tanto a los pecadores que dio a su Hijo unigénito...» sin implicar que cada pecador en todo el mundo será salvo.

Los pasajes que hablan de que Cristo murió «por» todo el mundo se entienden mejor al referirlos a la oferta gratuita del evangelio que se extiende a todas las personas. Cuando Jesús dice: «Este pan es mi carne, que daré *para que el mundo viva*» (Jn 6:51), lo encontramos en el contexto de estar él hablando acerca de sí mismo como el pan que descendió del cielo, el cual se ofrece a todas las personas que puedan estar dispuestas a recibirlos. Antes en esta misma conversación Jesús dijo que «el pan de Dios es el que baja del cielo y da vida al mundo» (Jn 6:33). Esto lo podemos entender en el sentido de traer vida redentora al mundo, pero sin querer decir que cada persona en el mundo tendrá vida redimida. Jesús entonces habla de sí mismo como invitando a otros a que acudan a él y coman del pan de vida: «El que a mí viene nunca pasará hambre, y el que en mí cree nunca más volverá a tener sed [...] Pero éste es el pan que baja del cielo; el que come de él, no muere. Yo soy el pan vivo que bajó del cielo. Si alguno come este pan, vivirá para siempre. Este pan es mi carne, que daré para que el mundo viva» (Jn 6:35, 50-51), Jesús da su carne para traer vida al mundo y para ofrecer vida al mundo, pero decir que Jesús vino para ofrecer vida eterna al mundo (un punto en el que ambas partes están de acuerdo) no es decir que él pagó el castigo de los pecados de todas las personas que alguna vez hayan vivido o vivirán, porque ese es otro asunto.

Cuando Juan dice que Cristo «es el sacrificio [lit. la «propiciación» o «expiación»] para el perdón de nuestros pecados, y no solo los nuestros sino por los de todo el mundo» (1 Jn 2:2), puede estar solo diciendo que Cristo es el sacrificio expiatorio que el evangelio *pone ahora a disposición* por los pecados de todos en el mundo. La preposición «por» (gr. *eri* y el genitivo) es ambigua con respecto al sentido específico en el cual Cristo es la propiciación «por» los pecados del mundo. *Peri* significa «en cuanto» o «con respecto», pero no es suficientemente específico para definir con exactitud en qué forma Cristo es el sacrificio con respecto a los pecados del mundo. Sería completamente coherente con el lenguaje del versículo pensar que Juan está solo diciendo que Cristo es el sacrificio expiatorio que está disponible para pagar por los pecados de cualquiera en el mundo[33]. Del mismo modo, cuando Pablo dice que Cristo «dio su vida como rescate *por todos*» (1 Ti 2:6), tenemos que entenderlo como que se refiere a un rescate disponible para todas las personas, sin excepción[34].

Cuando el autor de Hebreos dice que Cristo fue hecho por un tiempo menor que los ángeles para que «por la gracia de Dios, la muerte que él sufrió result[e] en beneficio de todos» (Heb 2:9), se refiere más bien a cada uno de los que son de Cristo, a todo aquel que es redimido. No dice para «todos en todo el mundo» ni nada parecido, y en el contexto inmediato el autor está hablando sin duda de los que son redimidos (vea «a fin de llevar a muchos hijos a la gloria» [v. 10]; «los que son santificados» [v. 11]; «con los hijos que Dios me ha dado» [v. 13]. La palabra griega *pas*, traducida aquí «todos», se usa también en un sentido similar para hablar de «todo el pueblo de Dios» en hebreos 8:11, «porque *todos* [...] me conocerán», y en Hebreos 12:8, «Si a ustedes se les deja sin la disciplina que *todos* reciben, entonces son bastardos, y no hijos legítimos». En ambos casos el «todos» no está explícitamente restringido por una frase específica como «todo el pueblo de Dios», pero ese es claramente el sentido en el contexto general. Por supuesto, en otros contextos la misma palabra «todos» puede significar «todas las personas sin excepción», pero esto hay que determinarlo en razón del contexto individual en cada caso.

---

[33]Comparar un sentido similar para la frase «por los pecados» (gr. *peri harmartion*) en Hebreos 10:26 donde el autor dice que si alguien continúa pecando deliberadamente después de recibir el conocimiento de la verdad, «ya no hay sacrificio por los pecados». Esto no quiere decir que ya no existe el sacrificio de Cristo, sino que ya no está disponible para aquella persona que intencionalmente lo menospreció y se puso a sí misma más allá de la esfera de la posibilidad de arrepentimiento. Aquí «ya no hay sacrificio por los pecados» significa «un sacrificio disponible para presentarlo como pago por los pecados». En la misma forma que 1 Juan 2:2 puede significar: «es el sacrificio *disponible* para el perdón de nuestros pecados, y no solo por los nuestros sino por los de todo el mundo [esp. Con referencia a los gentiles como también a los judíos]».

[34]Cuando Pablo dice que «es el Salvador de todos, especialmente de los que creen» (1 Ti. 4:10), se está refiriendo a Dios el Padre, no a Cristo, y probablemente usa la palabra «Salvador» en el sentido de «uno que preserva la vida de las personas y las rescata del peligro», más bien que en el sentido de «uno que perdona sus pecados», porque Pablo sin duda no está diciendo que cada persona individual será salvada. Sin embargo, otro posible significado es que Dios «es el Salvador de toda clase de personas, es decir, de los que creen» (para una defensa de esta posición vea George W. Knight III, *The Pastoral Epistles*, pp. 203-4).

Cuando Pablo habla en Romanos 14:15 y 1 Corintios 8:11 acerca de la posibilidad de destruir a alguien por el cual Cristo murió, parece que es mejor también aquí tomar la palabra «por» en el sentido de que Cristo murió para «*hacer que la salvación estuviera disponible para*» estas personas o «llevar la oferta gratuita del evangelio a estas personas» que están asociadas con el compañerismo de la iglesia. No parece tener en mente la cuestión específica de la decisión en el seno de la Trinidad en cuanto a los pecados de aquellos que el Padre consideró pagados por la muerte de Cristo. Más bien, él está hablando de aquellos a los que les ha sido ofrecido el evangelio. En otro pasaje, cuando Pablo habla del «hermano débil, por quien Cristo murió» en 1 Corintios 8:11, no necesariamente se está refiriendo a la condición espiritual interna del corazón de una persona, sino que probablemente está hablando de lo que a menudo se conoce como el «juicio del amor» mediante el cual correctamente podemos referirnos a las personas que participan en la comunión de la iglesia como hermanos y hermanas[35]. Cuando Pedro habla de los falsos maestros que introducen herejías destructivas, «al extremo de negar al mismo Señor que los rescató» (2 P 2:1), no está claro si la palabra «Señor» (gr. *despotes*) se refiere a Cristo (como en Judas 4) o a Dios el Padre (como en Lc 2:29; Hch 4:24; Ap 6:10). En cualquier caso, la alusión del Antiguo Testamento es probablemente a Deuteronomio 32:6, donde Moisés dice a los rebeldes israelitas que se alejaban de Dios: «¿No es él tu Padre *que te ha comprado?*» (traducción del autor)[36]. Pedro está sacando una analogía entre los falsos profetas del pasado que surgieron entre los judíos y los falsos maestros dentro de la iglesia sobre los cuales escribe: «En el pueblo judío hubo falsos profetas, y también entre ustedes habrá falsos maestros que encubiertamente introducirán herejías destructivas, al extremo de negar al mismo Señor que los rescató. Esto les traerá una pronta destrucción» (2 P 2:1). En línea con esta clara referencia a los falsos profetas del Antiguo Testamento, Pedro también alude a los judíos rebeldes que se alejaron de Dios quien los «compró» de Egipto en el éxodo. Desde el tiempo del éxodo en adelante, cualquier persona judía se hubiera considerado «comprada» por Dios en el éxodo y, por tanto, esa persona era posesión de Dios. En este sentido, los falsos maestros que surgían entre el pueblo de Dios estaban negando a Dios el Padre, a quien ellos por derecho pertenecían[37]. De modo que el texto no significa que Cristo había redimido a aquellos falsos profetas, sino que eran judíos rebeldes (o personas que asistían a la iglesia con la misma actitud de los judíos rebeldes) que eran por derecho propiedad de Dios porque habían sido sacados de la tierra

---

[35]Otra posible interpretación de estos dos pasajes es que «perderse» significa ruina del ministerio o del crecimiento cristiano de alguien que, no obstante, permanece un creyente, pero cuyos principios quedarán comprometidos. Ese sentido encajaría ciertamente en el contexto de ambos casos, pero un argumento en contra es que la palabra griega *apollymi* «perderse», que se usa en ambos casos, parece una palabra fuerte que sería apropiada si esa fuera la intención de Pablo. Esa misma palabra la encontramos a menudo para destrucción eterna (vea Jn. 3:16; Ro. 2:12; 1 Co. 1:18; 15:18; 2 Co. 2:15; 4:3; 2 P. 3:9). Sin embargo, el contexto de 1 Co. 8:11 puede indicar un sentido diferente que en estos otros pasajes, porque este versículo no habla acerca de que Dios «destruya» a alguien, sino de otro ser humano que está haciendo algo que hace que otro se «pierda», lo que sugiere que aquí este término tiene un sentido más débil.

[36]Aunque la Septuaginta no emplea el término *agorazo* que Pedro usa, sino el de *kataomai*, las palabras son sinónimas en muchos casos, y en ambos casos significan «comprar, adquirir»; el término hebreo en Dt. 32:6 es *qanah*, que con frecuencia significa «comprar, adquirir» en el Antiguo Testamento.

[37]Este es el punto de vista de John Gill, *The Cause of God and Truth* (Baker, Grand Rapids, 1980; repr. De 1885 ed.; publicado primero en 1735), p. 61. Gill estudia otras posibles interpretaciones del pasaje, pero esta parece ser más persuasiva. Debiéramos darnos cuenta que en ambas epístolas, Pedro con mucha frecuencia describe a las iglesias a las que escribe en términos de las ricas imágenes del pueblo de Dios en el Antiguo Testamento. Vea *The First Epistle of Peter*, por W. Grudem, p. 113.

de Egipto (o sus antepasados lo habían sido), pero que eran desagradecidos con él. La obra específica de redención de Cristo en la cruz no aparece en este versículo[38].

Con relación a los versículos que hablan de la muerte de Cristo por sus ovejas, su iglesia o su pueblo, los cristianos que no son reformados puede responder que esos pasajes no niegan que él murió para pagar el castigo de otros también. En respuesta les diremos que si bien es cierto que no niegan explícitamente que Cristo murió por otros también, su frecuente referencia a su muerte por los suyos al menos sugeriría fuertemente que esta es una inferencia correcta. Aun si no dan a entender absolutamente esa particularización de la redención, estos versículos al menos parecen interpretarse de una forma más natural de esta manera.

En conclusión, me parece que la posición reformada de una «redención particular» es más coherente con la enseñanza general de las Escrituras. Pero como hemos dicho eso, debemos plantear algunas cautelas necesarias.

4. Puntos de clarificación y cautela en cuanto a esta doctrina. Es importante plantear algunos puntos de clarificación y también algunas cuestiones en las que podemos objetar con toda razón la manera en que algunos defensores de la redención particular han expresado sus argumentos. Es también importante preguntar cuáles son las implicaciones pastorales de esta enseñanza.

1. Parece que es un error plantear la pregunta como Berkhof lo hace[39] y enfocarse en el propósito del Padre y del Hijo, más que en lo que en realidad sucedió en la expiación. Si restringimos el estudio al propósito de la expiación, esta es solo otra forma de una amplia controversia entre calvinistas y arminianos sobre si el propósito de Dios es (a) salvar a todas las personas, un propósito que queda frustrado por la tendencia del hombre a la rebelión —posición arminiana— o si el propósito de Dios es (b) salvar a los que él ha escogido, que es la posición calvinista. Esta cuestión no será decidida en el punto estrecho de la cuestión de la extensión de la expiación, porque los textos bíblicos específicos sobre ese punto son pocos y difícilmente se puede decir que sean conclusivos para ninguna de las partes. Las decisiones de uno sobre estos pasajes tenderán a estar determinadas por la perspectiva que uno tenga de la cuestión más amplia de qué es lo que las Escrituras enseñan como un todo acerca de la naturaleza de la expiación y acerca de los asuntos más amplios de la providencia divina, de la soberanía de Dios y la doctrina de la elección. Sean cuales sean las decisiones que tomemos sobre esos temas amplios se aplicarán específicamente a este punto, y las personas llegarán a sus conclusiones como corresponda.

Por tanto, más bien que enfocarse en el propósito de la expiación, hay que plantear la pregunta correctamente sobre la expiación en sí: ¿Pagó Cristo por los pecados de todos los incrédulos que serán eternamente condenados y pagó por sus pecados total y completamente en la cruz? Parece que tenemos que responder no a esa pregunta.

2. Las declaraciones «Cristo murió solo por los suyos» y «Cristo murió por todas las personas» son ambas correctas en algunos sentidos, y con mucha frecuencia los

---

[38] La palabra griega *despotes*, «Señor» se usa en otras partes para Dios en el contexto que enfatiza su papel como Creador y Gobernante del mundo (Hch. 4:24; Ap. 6:10).

[39] Berkhof dice: «La cuestión tiene que ver con la intención de la expiación. La decisión del Padre de enviar a Cristo, y la venida de Cristo al mundo, para hacer la expiación por el pecado, ¿lo hizo con la intención y propósito de salvar solo a los elegidos o a todos los hombres? Esa es la cuestión, y esa sola es la cuestión» (*Systematic Theology*, p. 394).

argumentos sobre este asunto han sido confusos a causa de los varios sentidos que se le pueden dar a la palabra «por» en estas dos declaraciones.

La declaración «Cristo murió solo por los suyos» se puede entender como que quiere decir que «Cristo murió para pagar solo el castigo de los pecados de los suyos». En ese sentido es cierto. Pero cuando los cristianos no reformados escuchan la declaración «Cristo murió solo por los suyos», lo que con frecuencia entienden es que «Cristo murió a fin de poder hacer el evangelio disponible solo para unos pocos escogidos» y se sienten turbados sobre lo que ellos ven como una verdadera amenaza a la oferta gratuita del evangelio a todas las personas. Los cristianos reformados que sostienen la redención particular debieran reconocer la posibilidad del mal entendimiento que surge con la declaración «Cristo murió solo por los suyos» y, por amor a la verdad y por interés pastoral en afirmar la oferta gratuita del evangelio y evitar los malos entendidos en el cuerpo de Cristo, debieran ser más precisos en decir exactamente lo que quieren decir. La declaración «Cristo murió solo por los suyos», si bien es cierta en el sentido explicado arriba, raramente se entiende de esa forma cuando las personas que no conocen bien la doctrina reformada la oyen y, por tanto, es mucho mejor no usar para nada esa declaración ambigua.

Por otro lado, la declaración «Cristo murió por todas las personas» es correcta si significa que «Cristo murió para hacer que la salvación estuviera disponible para todos» o si significa, «Cristo murió para llevar la oferta gratuita del evangelio a todas las personas». En realidad, esta es la clase de lenguaje que las Escrituras usan en pasajes como Juan 6:51; 1 Timoteo 2:6 y 1 Juan 2:2[40]. Parece que solo son pequeñeces lo que crea controversias y disputas inútiles cuando los cristianos reformados insisten en ser tan puristas en su hablar que objetan cada vez que alguien dice que «Cristo murió por todos». Hay sin duda formas aceptables de entender esa declaración que son coherentes con la forma de hablar de los mismos autores de las Escrituras.

Asimismo, no pienso que debiéramos correr a criticar al evangelista que dice a sus oyentes incrédulos: «Cristo murió por sus pecados», si queda claro en el contexto que es necesario confiar en Cristo antes de recibir los beneficios que el evangelio ofrece. En ese sentido la declaración sencillamente se entiende que quiere decir: «Cristo murió para ofrecerles perdón por sus pecados» o «Cristo murió para hacer que estuviera disponible para ustedes el perdón de sus pecados». Lo importante aquí es que los pecadores se den cuenta que la salvación está disponible para todos y que el pago por los pecados está disponible para todos.

En cuanto a esto algunos teólogos reformados objetarán y nos advertirán que si decimos a los incrédulos que «Cristo murió por sus pecados», los incrédulos sacarán la conclusión: «Por tanto, soy salvo no importa lo que yo haga». Pero esto en realidad no parece ser un problema, porque siempre que un evangélico (reformado o no reformado) habla del evangelio a los incrédulos, deja bien en claro que la muerte de Cristo no tiene beneficios para la persona a menos que esa persona crea en Cristo. Por tanto, el problema parece ser más bien algo que los cristianos reformados *piensan* que los incrédulos debieran creer (si fueran coherentes en razonar en cuanto al consejo secreto de Dios y

---

[40] Berkhof dice que 1 Ti. 2:6 se refiere a la «voluntad revelada de Dios de que tanto los judíos como los gentiles serán salvados» (Ibíd., p. 396).

las relaciones entre el Padre y el Hijo en los consejos de la Trinidad en cuanto al sacrificio propiciatorio de Cristo en la cruz). Pero los incrédulos no razonan de esa manera. Saben que deben ejercer fe en Cristo antes de experimentar los beneficios de su obra salvadora. Además, es mucho más probable que las personas entiendan la declaración «Cristo murió por sus pecados» en el sentido doctrinal correcto de que «Cristo murió a fin de ofrecerle a usted el perdón por sus pecados», más bien que en el sentido doctrinal incorrecto de «Cristo murió y ya pagó completamente el castigo por todos sus pecados»[41].

3. En términos de los efectos pastorales prácticos de nuestras palabras, los que sostienen la redención particular y los que defienden la redención general están de acuerdo en varios puntos clave:

a. Ambos quieren sinceramente evitar dar la impresión de que las personas se salvarán ya sea que crean en Cristo o no. Los cristianos no reformados a veces acusan a los reformados de decir que los elegidos serán salvos respondan o no al evangelio, pero esto es claramente una impresión equivocada de la posición reformada. Por otro lado, los creyentes reformados piensan que los que sostienen la redención general están en peligro de creer que todos serán salvos ya sea que crean en Cristo o no. Pero esa no es en realidad la posición que sostienen los creyentes no reformados, y es siempre peligroso criticar a las personas por una posición que ellos no dicen que defienden, solo porque usted diga que ellos debieran defender esa posición si fueran coherentes con sus otros puntos de vista.

b. Ambas partes quieren evitar que algunas personas que vayan a Cristo buscando salvación sean rechazadas porque él no murió por ellas. Nadie quiere decir a un incrédulo: «Cristo puede haber muerto por sus pecados (y quizá no)». Ambas partes quieren afirmar claramente que todos los que acuden a Cristo en busca de salvación serán salvos. «Al que a mí viene, no le rechazo» (Jn 6:37).

c. Ambas partes quieren evitar que se malinterprete que Dios es hipócrita o insincero cuando hace la oferta gratuita del evangelio. Es una oferta genuina, y es siempre cierto que todos los que desean acudir a Cristo buscando salvación y los que de hecho acuden a él serán salvos.

d. Por último, podemos preguntar por qué le damos tanta importancia a este asunto. Aunque los cristianos reformados han hecho algunas veces de la creencia en la redención particular la prueba de la ortodoxia doctrinal, sería saludable darnos cuenta que las Escrituras mismas nunca la señalan como una doctrina de importancia mayor, ni tampoco hacen de ella el sujeto de una discusión teológica explícita. Nuestro conocimiento del asunto viene solo de referencias incidentales a ella en pasajes que abordan otros asuntos doctrinales o prácticos. De hecho, esta es en realidad una cuestión que sondea dentro del consejo íntimo de la Trinidad y lo hace en cuestiones sobre las que tenemos poco testimonio bíblico directo, lo cual debería llevarnos a ser cautelosos. Una perspectiva pastoral equilibrada parece que sería decir que esta enseñanza de la redención particular *nos parece* que es verdad, que da una coherencia lógica a nuestro sistema teológico, y que puede ser de ayuda al asegurarles a las personas el amor de Cristo hacia ellos individualmente y de la obra de redención completamente acabada para ellos. Pero eso es también

---

[41]No estoy aquí argumentando que debiéramos ser descuidados en nuestro lenguaje; lo que estoy diciendo es que no debiéramos apresurarnos a criticar cuando otros cristianos sin mucha reflexión usan un lenguaje ambiguo sin la intención de contradecir ninguna enseñanza de las Escrituras.

un tema que nos lleva inevitablemente a alguna confusión, a algunos malos entendidos, y con frecuencia a una actitud equivocada, argumentativa y divisiva entre el pueblo de Dios, todo lo cual tiene repercusiones pastorales negativas. Quizá es por eso por lo que apóstoles como Pedro, Juan y Pablo, en su sabiduría, no hicieron para nada hincapiés en esta cuestión. Y quizá nosotros haríamos muy bien en meditar en su ejemplo.

PREGUNTAS DE APLICACIÓN PERSONAL

1. ¿En qué formas le ha ayudado este capítulo a apreciar más la muerte de Cristo de lo que antes la había apreciado? ¿Le ha dado más o menos confianza en el hecho de que sus pecados han sido de verdad pagados por Cristo?

2. Si la causa suprema de la expiación la encontramos en el amor y la justicia de Dios, ¿había algo en usted que requería que Dios le amara y diera pasos para salvarle (cuando él le miró y pensó en usted como un pecador en rebelión contra él)? ¿La respuesta a esta pregunta le ayuda a apreciar el carácter del amor de Dios hacia usted como una persona que no merece para nada ese amor? ¿Cómo darse cuenta de esta realidad le hace sentirse en sus relaciones con Dios?

3. ¿Cree usted que los sufrimientos de Cristo fueron suficientes para pagar por sus pecados? ¿Cree usted que él es un Salvador suficiente, digno de confianza? Cuando él le invita diciendo: «Vengan a mí […] y yo les daré descanso» (Mt11:28), ¿confía usted en él? ¿Confiará ahora y siempre en él con todo su corazón para una salvación completa?

4. Si Cristo cargó con toda la culpa de nuestros pecados, con toda la ira de Dios en contra del pecado, y todo el castigo de la muerte que merecíamos,¿volverá Dios alguna vez a descargar su ira en contra suya como creyente (vea Ro 8:31-39)? ¿Puede alguna de las dificultades o sufrimientos que experimenta en la vida deberse a la ira de Dios en contra suya. Si no, ¿por qué los cristianos experimentan dificultades y sufrimientos en esta vida (vea Ro 8:28; Heb 12:3-11)?

5. ¿Cree usted que la vida de Cristo era suficientemente buena para merecer la aprobación de Dios? ¿Está usted dispuesto a confiar en él para su destino eterno? ¿Es Cristo Jesús un Salvador suficientemente confiable y seguro para que usted confíe en él? ¿En quién confiaría más para establecer su posición delante de Dios: en usted mismo o en Cristo?

6. Si Cristo de verdad le ha redimido de la esclavitud del pecado y del reino de Satanás, ¿hay facetas de su vida en las que usted podría hacer que esto fuera mucho más cierto? ¿Podría este convencimiento darle a usted más ánimo en su vida cristiana?

7. ¿Piensa usted que es justo que Cristo sea su sustituto y pague por su castigo? Cuando usted piensa que él es su sustituto y murió por usted, ¿qué emociones y actitudes despierta eso en su corazón?

CAPÍTULO 3 · LA EXPIACIÓN

TÉRMINOS ESPECIALES

adjudicación
expiación
expiación ilimitada
expiación limitada
expiación vicaria
imputado
necesidad absoluta consecuente
obediencia activa
obediencia pasiva
propiciación
reconciliación

redención
redención general
redención particular
sacrificio
sangre de Cristo
sustitución penal
teoría de la influencia moral
teoría del ejemplo
teoría del rescate a Satanás
teoría gubernamental

BIBLIOGRAFÍA

Bauckham, Richard J. «Descent into Hell». En *NDT* pp. 194–95.

Berkouwer, G. C. *The Work of Christ*. Trad. por Cornelius Lambregtse. Eerdmans, Grand Rapids, 1965.

Brown, John. *The Sufferings and Glories of the Messiah*. Sovereign Grace Publishers, Evanston, Ind., 1959 (reimpresión de la edición de 1852).

Campbell, John McLeod. *The Nature of the Atonement*. 6ª ed. Macmillan, London and New York, 1886 (publicada primero en 1856).

Elwell, Walter. «Atonement, Extent of the». En *EDT* pp. 98–100.

Green, Michael. *The Empty Cross of Jesus*. The Jesus Library, ed. por Michael Green. Intervarsity Press, Downers Grove, Ill., 1984.

Grensted, L. W. *A Short History of the Doctrine of the Atonement*. University Press, Manchester, y Longmans, London, 1962.

Hodge, Archibald A. *The Atonement*. T. Nelson, London, 1868.

McDonald, H. D. *The Atonement of the Death of Christ*. Baker, Grand Rapids, 1985.

McGrath, Alister E. *Luther's Theology of the Cross: Martin Luther's Theological Breakthrough*. Basil Blackwell, Oxford, 1985.

_____. *The Mystery of the Cross*. Zondervan, Grand Rapids, 1988.

_____. *What Was God Doing on the Cross*. Zondervan, Grand Rapids, 1993.

Martin, Hugh. *The Atonement: In Its Relations to the Covenant, the Priesthood, the Intercession of Our Lord*. Smith and English, Philadelphia, 1871.

Morey, Robert A. *Studies in the Atonement*. Southbridge, Crowne, Mass., 1989.

Morris, Leon. *The Apostolic Preaching of the Cross*. 3d ed. Eerdmans, Grand Rapids, 1965.

_____. «Atonement». En *EDT* p. 97.

_____. *The Atonement: Its Meaning and Significance*. InterVarsity Press, Leicester and Downers Grove, Ill, 1983.

_____. «Atonement, Theories of the». En *EDT* pp. 100–102.

_____. *The Cross in the New Testament*. Eerdmans, Grand Rapids, 1965.

_____. *The Cross of Jesus*. Eerdmans, Grand Rapids, y Paternoster, Exeter, 1988.

Murray, John. *Redemption Accomplished and Applied*. Eerdmans, Grand Rapids, 1955, pp. 9–78.
Owen, John. *The Death of Death in the Death of Christ*. Banner of Truth, Carlisle, Pa., 1959 (incluye una redacción de introducción excelente por J. I. Packer).
Smeaton, George. *The Doctrine of the Atonement as Taught by Christ Himself.* Zondervan, Grand Rapids, 1953 (reimpresión de la edición del 1871).
Smeaton, George. *The Apostles' Doctrine of the Atonement*. Zondervan, Grand Rapids, 1957 (reimpresión de la edición del 1870).
Stott, John R. W. *The Cross of Christ*. InterVarsity Press, Leicester and Downers Grove, Ill., 1986.
Turretin, Francis. *The Atonement of Christ*. Trad. por James R. Willson. Baker, Grand Rapids, 1978 (reimpresión de la edición de 1859; publicada primero en latín en 1674).
Wallace, Ronald S. *The Atoning Death of Christ*. Crossway, Westchester, Ill., 1981.

PASAJE BÍBLICO PARA MEMORIZAR

Romanos 3:23–26: *Pues todos han pecado y están privados de la gloria de Dios, pero por su gracia son justificados gratuitamente mediante la redención que Cristo Jesús efectuó. Dios lo ofreció como un sacrificio de expiación que se recibe por la fe en su sangre, para así demostrar su justicia. Anteriormente, en su paciencia, Dios había pasado por alto los pecados; pero en el tiempo presente ha ofrecido a Jesucristo para manifestar su justicia. De este modo Dios es justo y, a la vez, el que justifica a los que tienen fe en Jesús.*

HIMNO

«La cruz excelsa al contemplar»

La cruz excelsa al contemplar, do Cristo allí por mí murió,
De todo cuanto estimo aquí, lo más precioso es su amor.

¿En que me gloriaré, Señor, si no en tu sacrosanta cruz?
Las cosas que me encantan más, ofrezco a Ti, Señor Jesús.

De su cabeza, manos, pies, preciosa sangre allí corrió;
Corona vil de espinas fue la que Jesús por mi llevó.

El mundo entero no será dádiva digna de ofrecer.
Amor tan grande y sin igual en cambio exige todo el ser.

AUTOR: ISAAC WATTS, TRAD. W. T. MILLHAM
(TOMADO DE EL NUEVO HIMNARIO POPULAR, # 214)

Capítulo 4

RESURRECCIÓN Y ASCENSIÓN

¿Cómo era el cuerpo resucitado de Cristo?
¿En qué es eso significativo para nosotros?
¿Qué le sucedió a Cristo cuando ascendió al cielo?
¿Qué se quiere decir con estados de Cristo Jesús?

EXPLICACIÓN Y BASES BÍBLICAS

A. La resurrección

1. La evidencia del Nuevo Testamento. Los Evangelios contienen un testimonio abundante sobre la resurrección de Cristo (vea Mt 28:1-20; Mr 16:1-8; Lc 24:1-53; Juan 20:1—21:25). Además de estas narraciones detalladas en los cuatro Evangelios, el libro de Hechos es la historia de la proclamación de la resurrección de Cristo por parte de los apóstoles y su oración continua a Cristo y confianza en él como alguien que está vivo y reina en el cielo. Las epístolas dependen por completo de la suposición de que Jesús es un Salvador vivo y reinante que está ahora exaltado como Cabeza de la iglesia, y que merece que se confíe en él y se le alabe y le adore y quien un día regresará en poder y gran gloria para reinar como Rey sobre la tierra. El libro de Apocalipsis muestra repetidas veces al Cristo resucitado que reina en el cielo y predice su regreso para conquistar a sus enemigos y reinar en gloria. De modo que todo el Nuevo Testamento da testimonio de la resurrección de Cristo[1].

---

[1] Los argumentos históricos a favor de la resurrección de Cristo son sustanciales y han convencido a muchos escépticos que empezaron a examinar las evidencias con el propósito de desacreditar la resurrección. La experiencia mejor conocida de alguien que pasa del escepticismo a la fe es Frank Morison, *Who Moved the Stone?* (Faber and Faber, Londres, 1930; reimpreso en Zondervan, Grand Rapids, 1958). Un folleto ampliamente usado y que resume los argumentos es el de J. N. D. Anderson, *The Evidence for the Resurrection* (Intervarsity Press, Londres y Downers Grove, Ill, , 1966). (Tanto Morrison como Anderson eran abogados.) Una presentación más reciente y detallada la encontramos en William Lane Craig, *The Son Rises: The Historical Evidence for the Resurrection of Jesus* (Moody, Chicago, 1981); Gary Habermas y Anthony Flew, *Did Jesus Rise From the Dead? The Resurrection Debate*, ed. Ferry L. Miethe (Harper and Row, Nueva York, 1987); Gary Habermans, «Resurrection of Christ», en EDT, pp. 938-41. Encontramos una amplia compilación de argumentos y citas de eruditos reconocidos en la obra de Josh McDowell, *Evidencias que demandan un veredicto*.

2. La naturaleza de la resurrección de Cristo. La resurrección de Cristo no fue solo salir de entre los muertos, como otros, como Lázaro (Jn 11:1-44), lo habían experimentado antes, porque entonces Jesús hubiera estado sujeto a la debilidad y al proceso de envejecimiento y al final habría muerto como sucede con todos los demás seres humanos. Más bien, cuando se levantó de entre los muertos fue «primicias» (1 Co 15:20, 23) de una nueva clase de vida humana, una vida en la que su cuerpo era perfecto, y ya no estaba sujeto a la debilidad, el envejecimiento y la muerte, sino capacitado para vivir eternamente.

Es verdad que dos de los discípulos de Jesús no le reconocieron cuando él se puso a caminar con ellos en el camino a Emaús (Lc 24:13-32), pero Lucas dice específicamente que esto fue debido a que «sus ojos estaban velados» (Lc 24:16), y más tarde «se les abrieron los ojos y lo reconocieron» (Lc 24:31). María Magdalena no lo reconoció de primer momento (Jn 20:14-16), pero quizá era todavía muy oscuro y al principio no estaba mirándolo. Había llegado la primera vez «cuando todavía estaba oscuro» (Jn 20:1), y «se volvió» para hablar con Jesús una vez que lo hubo reconocido (Jn 20:16).

En las otras ocasiones parece que los discípulos reconocieron a Jesús con bastante rapidez (Mt 28:9, 17; Jn 20:19-20, 26-28; 21:7, 12). Cuando Jesús se apareció a los once discípulos en Jerusalén, estos inicialmente se asombraron y se sobresaltaron (Lc 24:33, 37), pero cuando vieron las manos y los pies de Jesús y le vieron comer un pedazo de pescado, se convencieron de que había resucitado. Estos ejemplos indican que había un grado considerable de continuidad entre la apariencia física de Jesús antes de su muerte y después de la resurrección. No obstante, a Jesús no se le veía exactamente como él había sido antes de morir, porque además del asombro inicial de los discípulos ante lo que ellos aparentemente no pensaron que podía ocurrir, había probablemente suficiente diferencia en su apariencia física para que Jesús no fuera reconocido de forma inmediata. Quizá la diferencia en apariencia fuera solo la diferencia entre un hombre que había vivido una vida de sufrimiento, dificultades y dolor, y la de alguien cuyo cuerpo había sido restaurado a la plena apariencia juvenil de la salud perfecta. Aunque el cuerpo de Jesús era todavía un cuerpo físico, era un cuerpo resucitado y transformado, que nunca más estaría sujeto al sufrimiento, a la debilidad ni a la muerte, revestido de «inmortalidad» (1 Co 15:53). Pablo dice que el cuerpo es resucitado en «incorrupción […] en gloria […] en poder […] un cuerpo espiritual» (1 Co 15:42-44)[2].

El hecho de que Jesús tuviera un cuerpo físico que se podía tocar y ver funcionar después de la resurrección lo vemos en que los discípulos «le abrazaron los pies» (Mt 28:9), en que se apareció a los discípulos en el camino a Emaús como cualquier otro viajero que iba de camino (Lc 24:15-18, 28-29), en que tomó pan y lo partió (Lc 24:30), en que comió un

---

[2] Por «cuerpo espiritual» Pablo no está refiriéndose a algo «inmaterial», sino más bien «apropiado y capacitado para responder a la dirección del Espíritu». En las epístolas paulinas, la palabra «espiritual» (gr. *pneumatikos*) rara vez significa «no físico», sino más bien «consistente con el carácter y la actividad del Espíritu Santo» (vea, p. ej. Ro. 1:11; 7:14; 1 Co. 2:13, 15; 3:1; 14:37; Gá, 6:1) «ustedes que son espirituales»; (Ef. 5:19). Algunas traducciones de la Biblia dicen: «se siembra un cuerpo *físico*, resucitará cuerpo *espiritual*» y esto se presta a equivocaciones, porque Pablo no usó la palabra que tenía a mano si hubiera querido hablar de un cuerpo físico (gr. *somátikos*), sino que usó la palabra *psychikos*, que significa, en este contexto, «natural», es decir, un cuerpo que está viviendo su propia vida y según sus fuerzas y en las características del presente siglo, pero que no está completamente sometido ni vive en conformidad con el carácter y la voluntad del Espíritu Santo. Por tanto, una paráfrasis más clara sería: «Se siembra un cuerpo *natural* sujeto a las características y deseos de este siglo, gobernado por su propia voluntad pecaminosa, pero resucita un cuerpo *espiritual*, sujeto completamente a la voluntad del Espíritu Santo y que responde a la dirección del Espíritu». Un cuerpo así no es para nada «no físico», sino que es un cuerpo físico resucitado con el grado de perfección que era la intención de Dios.

CAPÍTULO 4 · RESURRECCIÓN Y ASCENSIÓN

pedazo de pescado asado para demostrar que tenía un cuerpo físico y no era simplemente un espíritu, en que María pensó que él era el hombre que cuidaba el huerto (Jn 20:15), en que «les mostró las manos y el costado» (Jn 20:20), en que invitó a Tomás a que tocara sus manos y su costado (Jn 20:27), en que preparó el desayuno para sus discípulos (Jn 21:12-13), y en que explícitamente les dijo: «Miren mis manos y mis pies. ¡Soy yo mismo! Tóquenme y vean; *un espíritu no tiene carne ni huesos, como ven que los tengo yo*» (Lc 24:39). Pedro dijo que los discípulos «comimos y bebimos con él después de su resurrección» (Hch 10:41).

Es cierto que según parece Jesús podía aparecer y desaparecer de la vista de forma repentina (Lc 24:31, 36; Jn 20:19, 26). Pero debiéramos ser cuidadosos y no sacar demasiadas conclusiones de este hecho, porque no todos los pasajes afirman que Jesús podía aparecer o desaparecer repentinamente; algunos solo dicen que Jesús llegó y estuvo entre los discípulos. Cuando Jesús de repente desapareció de la vista de los discípulos en Emaús, este puede haber sido un suceso milagroso especial, tal como ocurrió cuando «el Espíritu del Señor se llevó de repente a Felipe y «el eunuco no volvió a verlo» (Hch 8:39). Tampoco debiéramos sacar demasiadas conclusiones del hecho de que Jesús llegó y estuvo entre los discípulos en dos ocasiones cuando las puertas estaban «cerradas»[3] (Jn 20:19, 26), porque ningún texto dice que Jesús pasó a través de las paredes ni nada parecido. En realidad, en otra ocasión en el Nuevo Testamento cuando alguien necesitó pasar a través de una puerta cerrada, la puerta milagrosamente se abrió (vea Hch 12:10)[4].

Murray Harris ha propuesto recientemente otra posible interpretación de los versículos citados arriba, especialmente los versículos que hablan de que Jesús apareció y desapareció en diferentes momentos. Dice que estos versículos muestran que mientras Jesús podía a veces materializarse en un cuerpo físico, su existencia acostumbrada era en una forma inmaterial o no corporal de su «cuerpo espiritual». Además, cuando él ascendió al cielo después de cuarenta días, dejó permanentemente toda materialización en un cuerpo físico. Harry dice:

> La resurrección de Jesús no consistió en su transformación en un cuerpo inmaterial sino en la adquisición de un «cuerpo espiritual» el cual podía materializarse o desmaterializarse a voluntad. Cuando, en ocasiones, Jesús escogió aparecer a varias personas en forma material, aquel era en realidad el «cuerpo espiritual» de Jesús como cuando no era visible o tangible. […] Después de cuarenta días, cuando terminaron sus apariciones en la tierra, Jesús asumió la forma única de ser visible para los habitantes del cielo, pero teniendo un cuerpo no corporal. […] En su estado de resucitado transcendía las leyes normales de la existencia física. Ya no estaba sujeto a limitaciones materiales ni espaciales[5].

---

[3] El participio perfecto griego *kekleismenon* puede significar que las puertas estaban «cerradas» o que ellos estaban «encerrados».

[4] No deseo argumentar que es imposible que el cuerpo de resurrección de Jesús pasara de alguna manera por la puerta o por la pared para entrar en el cuarto, solo digo que ningún versículo en la Biblia dice eso. Es posible, pero esa posibilidad no merece el estado de una conclusión firme que ya ha llegado a ser parte de alguna predicación popular y mucha erudición evangélica, es solo una posible inferencia de estos versículos, entre varias. Leon Morris dice: «Algunos sugieren que Jesús pasó a través de la puerta cerrada, o que la puerta de abrió por sí misma o algo parecido. Pero las Escrituras no dicen nada sobre la forma en que Jesús entró en el cuarto y nosotros haríamos bien en no intentar dar tampoco una definición» (*The Gospel According to John*, p. 844). El problema con una afirmación sobre que Jesús pasó a través de las paredes es que puede llevar a las personas a pensar del cuerpo resucitado de Jesús como algo inmaterial y eso es contrario a las afirmaciones explícitas del material que tenemos en los textos del Nuevo Testamento.

[5] Murray Harris, *From Grave to Glory: Resurrection in the New Testament* (Zondervan, Grand Rapids, 1990), pp. 142-43.

Es importante darse cuenta que Harris afirma definidamente la resurrección física y corporal de Jesús de entre los muertos[6]. Dice que el mismo cuerpo que murió también resucitó, pero fue transformado en un «cuerpo espiritual» con nuevas propiedades[7].

En respuesta, aunque no considero que esto sea una cuestión doctrinal de mayor importancia (puesto que es solo un asunto acerca de la naturaleza del cuerpo resucitado, sobre lo cual sabemos muy poco en el tiempo presente)[8], pienso, no obstante, que el Nuevo Testamento nos provee de una evidencia persuasiva que nos llevaría a diferir del punto de vista de Harris. Este está de acuerdo en que en varias ocasiones Jesús tenía un cuerpo físico que podía tomar alimento y ser tocado y que tenía carne y huesos. Está incluso de acuerdo en que en la ascensión de Jesús al cielo, «fue un Jesús de "carne y huesos" (Lc 24:39) el que fue llevado arriba delante de los ojos de sus discípulos»[9]. La única cuestión es si el cuerpo de Jesús existió en otros momentos en una forma inmaterial, no corporal, como Harris afirma. Para responder a eso, tenemos que preguntar si los textos del Nuevo Testamento acerca de las apariciones y desapariciones de Jesús requieren esa conclusión. No parece que sea así.

Lucas 24:31, que dice que después de que Jesús tomó pan, lo partió y se lo dio a sus dos discípulos, «pero él *desapareció*», no requiere eso. La expresión griega que se usa aquí y que se traduce «desaparecer» (*afantos egeneto*) no la encontramos en ninguna otra parte del Nuevo Testamento, pero cuando se halla en Diodoro Siculo (un historiador que escribió entre los años 60-30 a.C.) se emplea una vez de un hombre llamado Amfiaraus quien, con su carro, cayó en un abismo y «desapareció de la vista», y esa misma expresión se usa en otro lugar para hablar acerca de Atlas que fue arrastrado por los vientos de la cima de un monte y «desapareció»[10]. En ninguno de los casos la expresión significa que la persona se hizo inmaterial o aun invisible, sino solo que fue trasladada a un lugar oculto de la vista de los demás[11]. Así que en Lucas 24:31 todo lo que podemos concluir es que los discípulos no siguieron viendo a Jesús; quizá el Espíritu del Señor se lo llevó (como con Felipe en Hechos 8:39), o quizá quedó oculto de nuevo de su vista (como con Moisés y Elías en el monte de la transfiguración, Mt 17:8, o como con el ejército celestial alrededor de Eliseo, 2 R 6:17, o [aparentemente] como con los discípulos que pasaron por delante de los guardias de la prisión en Hechos 5:19-23; 12:6, 10). En ningún caso necesitamos sacar la conclusión que el cuerpo físico de Jesús se hizo no físico, como tampoco necesitamos sacar la conclusión que los cuerpos de los discípulos se hicieron inmateriales cuando pasaron por delante de los guardas (Hch 5:23; 12:10) y escaparon de la cárcel. Del mismo

---

[6]Vea Harris, Ibíd, pp. 351 y 353 (donde él de forma «inequívoca» afirma «la resurrección literal y física de Jesús de los muertos») y p. 365 («Soy feliz en afirmar que nuestro Señor se levantó de la tumba en el cuerpo físico real que Él poseyó antes de su muerte»).

[7]Él no entiende que «espiritual» signifique «no físico», sino más bien «animado y guiado por el espíritu» (o posiblemente «Espíritu»), p. 195.

[8]Vea el amplio informe acerca del punto de vista de Harris y los que lo han criticado (a veces no lo han tergiversado) en *CT*, 1 abril 1993, pp. 162-63. Norman Geisler y otros han acusando a Harris de enseñar graves herejías, pero en este artículo, J. I. Packer dice que «tanto Harris como Geisler parecer ser ortodoxos, y los dos lo son igualmente» (pp. 64-65). Un informe de parte de otros tres teólogos evangélicos. Millard Ericsson, Bruce Demarest y Roger Nicole, dice que los puntos de vista de Harris son «algo novedosos» pero que son compatibles con la posición doctrinal [del Trinity Evangelical Divinity School, donde Harris enseña, y] del amplio movimiento evangélico» (p. 63).

[9]Harris, *From Grave to Glory*, p. 422.

[10]Diod. Sic. 4.65.9 (de Amphiaraus) y 3.60.3 (de Atlas).

[11]Otra ocasión en que aparece la palabra *aphantos* y tiene un sentido similar: Plutarco (50-120 d.C.) informa que hay un «centro» de la tierra o del océano que «es conocido de los dioses, pero que está oculto (*aphantos*) de los mortales» (Moralia 409F). El sentido no es «inmaterial» sino «oculto de la vista, no visible.

CAPÍTULO 4 · RESURRECCIÓN Y ASCENSIÓN

modo, Lucas 24:31 no dice que sucediera alguna transformación en el cuerpo de Jesús; simplemente dice que los discípulos no siguieron viéndolo[12].

En cuanto a la afirmación de que Jesús atravesó sustancias materiales, eso no está sustanciado en el Nuevo Testamento. Como expliqué anteriormente, el hecho de que Jesús apareciera en un cuarto cuando las puertas estaban cerradas (Jn 20:19, 26), puede significar o no que él atravesó la puerta o la pared. Es especialmente relevante aquí la primera liberación de los apóstoles de la cárcel. Ellos no pasaron a través de las puertas, sino que «en la noche un ángel del Señor abrió las puertas y los sacó» (Hch 5:19); no obstante, a la mañana siguiente los carceleros informaron: «Encontramos la cárcel cerrada, con todas las medidas de seguridad, y a los guardias firmes a las puertas; pero cuando abrimos, no encontramos a nadie adentro» (Hch 5:23). El ángel había abierto las puertas, los apóstoles habían salido por ellas, y luego el ángel volvió a cerrar las puertas con llave. Del mismo modo, cuando Pedro fue rescatado de la cárcel, no se desmaterializó a fin de quitarse las cadenas que lo sujetaban, sino que «las cadenas cayeron de las manos de Pedro» (Hch 12:7)[13]. Asimismo, es sin duda posible que la puerta se abriera milagrosamente para Jesús o incluso que él entrara al cuarto con los discípulos y quedara temporalmente oculto a sus ojos.

En relación con la naturaleza del cuerpo resucitado de Jesús, mucho más decisivo que los textos acerca de las apariciones y desapariciones son los textos que muestran que Jesús claramente tenía un cuerpo físico con «carne y huesos» (Lc 24:39), con el cual podía comer y beber, partir el pan, preparar el desayuno, y ser tocado. A diferencia de los textos sobre las apariciones y desapariciones de Jesús, estos no ofrecen la posibilidad de una explicación alternativa que niegue el cuerpo físico de Jesús, Harris mismo concuerda en que en estos textos Jesús tenía un cuerpo con carne y huesos. Pero, ¿qué intentaban enseñar a los discípulos estas apariciones físicas si el cuerpo resucitado de Jesús no era definitivamente un cuerpo físico? Si Jesús se levantó de entre los muertos en el mismo cuerpo físico con el que había muerto, y si apareció repetidas veces a los discípulos en ese cuerpo físico, comiendo y bebiendo con ellos (Hch 10:41) durante cuarenta días, y si ascendió al cielo en ese mismo cuerpo físico (Hch 1:9), y si el ángel inmediatamente dijo a los discípulos: «Este mismo Jesús, que ha sido llevado de entre ustedes al cielo, vendrá otra vez de la misma manera que lo han visto irse» (Hch 1:11), entonces Jesús les estaba enseñando con claridad que su cuerpo resucitado era un *cuerpo físico*. Si la «forma habitual» de su cuerpo resucitado no era física, en estas repetidas apariciones físicas Jesús habría estado engañando a los discípulos (y a todos los subsiguientes lectores del Nuevo

---

[12]Fíjese en Lucas 24:16, donde se dice que Jesús se acercó a sus discípulos en el camino a Emaús, pero que «no le reconocieron, pues sus ojos estaban velados». Si Dios pudo hacer que los ojos de los discípulos estuvieran parcialmente ciegos de modo que pudieron ver a Jesús, pero no reconocerlo, entonces no hay duda que unos pocos minutos más tarde el podía hacer que sus ojos estuvieran más ciegos para que pudieran verle para nada. Las posibilidades son complejas y nuestro conocimiento demasiado limitado para insistir en que estos textos requieren que Jesús se hiciera no físico.

[13]Harris dice que Jesús pasó por medio de una tumba sellada, según Mt. 28:2, 6, pero esos versículos pueden también querer decir fácilmente que la piedra fue retirada antes, y que entonces Jesús salió (cf. Lc. 24:2). Asimismo, Juan 20:4-7 solo dice que las vendas y el sudario que habían envuelto el cuerpo de Jesús estaban allí donde antes habían dejado su cuerpo, pero eso no requiere que el cuerpo de Jesús pasara a través de las vendas y el sudario. Puede significar sencillamente que Jesús (o un ángel) había retirado esas prendas y las había dejado cuidadosamente enrolladas. Hechos 10:40 dice que Jesús se hizo manifiesto o visible a testigos escogidos (es decir, ellos lo vieron), pero una vez más, no dice nada acerca de materializarse o ser inmaterial. En todos estos versículos, Aarhus parece estar sacando una gran conclusión de muy poca información.

Por último, aun si Jesús pasó a través de la puerta o de la pared (como muchos cristianos han concluido), esto no requiere que nosotros digamos que su cuerpo en forma acostumbrada era inmaterial, pero que puede ser bien explicado como un milagro especial o como una propiedad de los cuerpos resucitados que nosotros no comprendemos ahora, pero eso no requiere que sean no físicos o inmateriales.

Testamento) y llevándoles a pensar a ellos (y a todos los subsiguientes lectores del Nuevo Testamento) que su cuerpo resucitado permanecía físico cuando no era así. Si era un cuerpo que habitualmente no era físico y se iba a quedar de esa forma para siempre en la ascensión, hubiera sido muy engañoso que Jesús dijera: «Miren mis manos y mis pies. ¡Soy yo mismo! Tóquenme y vean; un espíritu no tiene carne ni huesos, como ven que los tengo yo» (Lc 24:39). Él no dijo: « [...] carne y huesos, como ven que tengo temporalmente» Hubiera sido un gran error enseñar a los discípulos que tenía un cuerpo físico cuando en su forma habitual de existencia no lo tenía.

Si Jesús hubiera querido enseñarles que él podía materializarse y desmaterializarse a voluntad (como Harris sugiere), podía haberlo hecho fácilmente delante de sus ojos, de manera que ellos pudieran dejar constancia clara de este suceso. O podía haber pasado fácilmente a través de una pared mientras ellos observaban, en vez de aparecer de repente entre ellos. En resumen, si Jesús y los autores del Nuevo Testamento hubieran querido enseñarnos que el cuerpo de resurrección no era físico habitual y esencialmente, podían haberlo hecho, pero en vez de eso nos dejaron muchas claras indicaciones de que era físico y material habitualmente, a pesar de que era un cuerpo perfeccionado, libre para siempre de la debilidad, la enfermedad y la muerte.

Por último, hay una consideración doctrinal más amplia. La resurrección física de Jesús, y su posesión eterna de un cuerpo de resurrección físico, nos aporta una clara afirmación de la bondad de la creación material que Dios hizo originalmente: «Dios miró todo lo que había hecho, y consideró *que era muy bueno*» (Gn 1:31). Nosotros, como hombres y mujeres resucitados, viviremos para siempre en «un cielo nuevo y una tierra nueva, en los que habite la justicia» (2 P 3:13). Viviremos en una tierra renovada que «ha de ser liberada de la corrupción que la esclaviza» (Ro 8:21) y se transformará como en un nuevo huerto del Edén. Habrá una nueva Jerusalén y las personas «llevarán a ella todas las riquezas y el honor de las naciones» (Ap 21:26), y allí habrá un «río de agua de vida, claro como el cristal, que salía del trono de Dios y del Cordero, y corría por el centro de la calle principal de la ciudad. A cada lado del río estaba el árbol de la vida, que produce doce cosechas al año, una por mes; y las hojas del árbol son para la salud de las naciones» (Ap 22:1-2). En este universo material y físico, renovado, parece que tendremos que vivir como seres humanos con cuerpos físicos apropiados para la vida de la creación física renovada por Dios. Específicamente, el cuerpo físico de resurrección de Jesús afirma la bondad de la creación original del hombre por Dios no como un espíritu como los ángeles, sino como una criatura con cuerpo físico que era «muy bueno». No debemos caer en el error de pensar que la existencia inmaterial es de alguna manera una forma de existencia mejor para las criaturas[14]. Cuando Dios nos creó como la cúspide de su creación, nos dio cuerpos físicos. Jesús se levantó de entre los muertos en un cuerpo físico perfeccionado, y ahora reina en el cielo, y regresará para llevarnos a nosotros con él para siempre.

3. El Padre y el Hijo participaron en la resurrección. Algunos textos afirman específicamente que el Padre levantó a Cristo de entre los muertos (Hch 2:24; Ro 6:4; 1 Co 6:14;

---

[14]El profesor Harris quiere también evitar este error, porque dice: «No puede haber dualismo entre el espíritu y la materia. Ningún escritor del Nuevo Testamento concibe la salvación del alma o espíritu con el mundo material visible abandonado en el olvido» (p. 251). No obstante, estoy preocupado porque su posición puede llevar a otros a menospreciar el valor de la creación material y la bondad de nuestros cuerpos físicos como creación de Dios.

Gá 1:1; Ef 1:20), pero otros textos presentan a Jesús participando en su propia resurrección. Jesús dice: «Por eso me ama el Padre: porque entrego mi vida para volver a recibirla. Nadie me la arrebata, sino que yo la entrego por mi propia voluntad. Tengo autoridad para entregarla, y tengo también autoridad para volver a recibirla. Éste es el mandamiento que recibí de mi Padre» (Jn 10:17-18); cf. 2:19-21). Quizá la mejor conclusión es que tanto el Padre como el Hijo participaron en la resurrección[15]. En verdad, Jesús dice: «Yo soy la resurrección y la vida» (Jn 11:25; cf. He 7:16)[16].

4. El significado doctrinal de la resurrección.

a. La resurrección de Cristo asegura nuestra regeneración: Pedro dice que «por su gran misericordia, nos ha hecho nacer de nuevo mediante la resurrección de Jesucristo, para que tengamos una esperanza viva» (1 P 1:3). Aquí se relaciona explícitamente la resurrección de Jesús con nuestra regeneración o nuevo nacimiento. Cuando Jesús se levantó de entre los muertos tenía una nueva calidad de vida, una «vida de resurrección» en un cuerpo y espíritu humanos que eran perfectamente apropiados para obediencia y compañerismo con Dios para siempre. En su resurrección, Jesús ganó para nosotros una vida nueva como la suya. No recibimos todo lo de esa nueva «vida de resurrección» cuando nos hacemos cristianos, porque nuestros cuerpos permanecen como eran, sujetos todavía a la debilidad, el envejecimiento y la muerte. Pero en nuestro espíritu somos vivificados con el nuevo poder de la resurrección. De manera que es por medio de su resurrección que Jesús ganó para nosotros la nueva clase de vida que recibimos cuando «nacemos de nuevo». Esta es la razón por la que Pablo puede decir que Dios «nos dio vida con Cristo, aun cuando estábamos muertos en pecados. ¡Por gracia ustedes han sido salvados! Y en unión con Cristo Jesús, Dios *nos resucitó*» (Ef 2:5-6; cf. Col 3:1). Cuando Dios resucitó a Cristo de entre los muertos, nos consideró en cierta forma resucitados «con Cristo» y, por tanto, merecedores de los méritos de la resurrección de Cristo. Pablo dice que su meta en la vida es «conocer a Cristo, experimentar el poder que se manifestó en su resurrección [...]» (Fil 3:10). Pablo sabía que aun en esta vida la resurrección de Cristo le daba un poder nuevo para el ministerio cristiano y la obediencia a Dios.

Pablo relaciona la resurrección de Cristo con el poder espiritual que obra dentro de nosotros cuando les dice a los creyentes efesios que está orando por ellos para que lleguen a conocer «cuán incomparable es la grandeza de su poder a favor de los que creemos. Ese poder es la fuerza grandiosa y eficaz que Dios ejerció en Cristo cuando lo resucitó de entre los muertos y lo sentó a su derecha en las regiones celestiales» (Ef 1:19-20). Pablo está diciendo aquí que el poder mediante el cual Dios levantó a Cristo de entre los muertos es el mismo poder que está obrando dentro de nosotros. Pablo además nos ve como resucitados en Cristo cuando dice: «Por tanto, mediante el bautismo fuimos sepultados con él en su muerte, a fin de que, así como Cristo resucitó por el poder del Padre, también nosotros llevemos una

---

[15]Vea en el capítulo 2, pp. 54 y 55, las reflexiones sobre la participación del Padre y del Hijo en la resurrección.

[16]Debido a que las obras de Dios son generalmente las obras de toda la Trinidad, es probablemente correcto decir que el Espíritu Santo estuvo también involucrado en la resurrección de Jesús, pero ningún texto de las Escrituras lo afirma de forma explícita (pero vea Ro. 8:11).

vida nueva. [...] De la misma manera, también ustedes considérense muertos al pecado, pero vivos para Dios en Cristo Jesús» (Ro 6:4, 11). Este nuevo poder de la resurrección en nosotros incluye el *poder de ser más que vencedores sobre el pecado que aun permanece en nosotros*. «Así el pecado no tendrá dominio sobre ustedes» (Ro 6:14; cf. 1 Co 15:17), aunque nunca seremos perfectos en esta vida. Este poder de la resurrección incluye también el *poder para ministrar en la obra del reino*. Fue después de su resurrección que Jesús prometió a sus discípulos: «Cuando venga el Espíritu Santo sobre ustedes, recibirán poder y serán mis testigos tanto en Jerusalén como en toda Judea y Samaria, y hasta los confines de la tierra» (Hch 1:8). Este poder nuevo e intensificado para proclamar el evangelio, realizar milagros y triunfar sobre la oposición del enemigo fue dado a los discípulos después de la resurrección de Cristo y era parte del nuevo poder de resurrección que caracterizaba su vida cristiana.

b. La resurrección de Cristo asegura nuestra justificación: Solo en un pasaje relaciona Pablo explícitamente la resurrección de Cristo con nuestra justificación (o la declaración de que ya no somos culpables sino justos delante de Dios). Pablo dice que Jesús «fue entregado a la muerte por nuestros pecados, y *resucitó para nuestra justificación*» (Ro 4:25). Cuando Cristo resucitó, esa fue la declaración de Dios de aprobación de la obra de redención de Cristo. Porque Cristo «se humilló a sí mismo y se hizo obediente hasta la muerte, ¡y muerte de cruz!« (Fil 2:8) y «por eso Dios lo exaltó hasta lo sumo» (Fil 2:9). Al resucitar a Cristo, Dios el Padre estaba en efecto diciendo que aprobaba la obra de Cristo de sufrimiento y de muerte por nuestros pecados, de que su tarea estaba consumada, y que ya no había ninguna necesidad de que Cristo permaneciera muerto. Ya no quedaba penalidad que pagar por el pecado, ya no había que cargar más con la ira de Dios, ya no había más culpa ni deuda que pagar: todo había quedado completamente pagado, y no quedaba ninguna culpa. Dios estaba diciendo mediante la resurrección: «Apruebo lo que se ha hecho, y tú eres bien recibido en mi presencia».

Esto explica cómo Pablo puede decir que Cristo «resucitó para nuestra justificación» (Ro 4:25). Si Dios «en unión con Cristo Jesús [...] nos resucitó» (Ef 2:6), entonces, en virtud de nuestra unión con Cristo, la declaración de aprobación divina de Cristo es también su declaración de que nos aprueba a nosotros. Cuando el Padre en esencia dijo a Cristo: «Todo el castigo por los pecados ya está pagado y ya no eres culpable sino justo a mis ojos», estaba haciendo una declaración que aplicaría también a nosotros cuando confiáramos en Cristo para salvación. De esta manera la resurrección de Cristo aporta una prueba final de que él había ganado nuestra justificación.

c. La resurrección de Cristo asegura que nosotros también recibiremos cuerpos perfectos de resurrección: El Nuevo Testamento relaciona varias veces el cuerpo de resurrección de Jesús con nuestra resurrección corporal final. «Con su poder Dios resucitó al Señor, y nos resucitará también a nosotros» (1 Co 6:14). Asimismo, «aquel que resucitó al Señor Jesús nos resucitará también a nosotros con él y nos llevará junto con ustedes a su presencia» (2 Co 4:14). Pero la reflexión más amplia sobre las relaciones entre la resurrección de Cristo y la nuestra la encontramos en 1 Corintios 15:12-58. Pablo nos dice allí que Cristo «ha sido levantado de entre los muertos, como primicias de los que murieron» (1 Co 15:20). Al llamar a Cristo las «primicias» (gr. *aparche*), el apóstol usa una metáfora de la agricultura para indicar que seremos como Cristo. Así como las «primicias» o los primeros frutos de la cosecha madura muestran que el resto de la misma será igual, Cristo como las «primicias» muestra cómo serán nuestros cuerpos de resurrección cuando, en la última «cosecha» de Dios, nos levante de entre los muertos y nos lleve a su presencia.

Después de la resurrección de Jesús, él todavía tenía en sus manos y pies las señales de los clavos y la herida de la lanza en el costado (Jn 20:27). Las personas algunas veces se preguntan si eso indica que las cicatrices de heridas graves que hemos recibido en esta vida permanecerán en nuestros cuerpos resucitados. La respuesta es que probablemente no tendremos ninguna cicatriz de las heridas o golpes que hayamos recibido en esta vida, sino que nuestros cuerpos serán perfectos, «incorruptibles» y resucitados «en gloria». Las cicatrices de la crucifixión de Cristo son únicas porque son un recuerdo eterno de sus sufrimientos y muerte por nosotros[17]. El hecho que él retuviera esas cicatrices no significa necesariamente que nosotros retendremos las nuestras. Por el contrario, todos seremos sanados, y seremos perfectos y completos.

5. El significado ético de la resurrección. Pablo ve también que la resurrección tiene aplicación a nuestra obediencia a Dios en esta vida. Después de una larga reflexión sobre la resurrección, Pablo concluye animando a sus lectores: «*Por lo tanto*, mis queridos hermanos, manténganse firmes e inconmovibles, progresando siempre en la obra del Señor, conscientes de que su trabajo en el Señor no es en vano» (1 Co 15:58). Es porque Cristo resucitó de entre los muertos, y que nosotros también seremos resucitados, que nos sentimos animados a continuar firmes en la obra del Señor. Eso es debido a que todo lo que hacemos para llevar a las personas al reino de Dios y edificarlas terminará teniendo significado y valor eterno, porque todos seremos resucitados en el día cuando Cristo regrese, y viviremos para siempre con él.

Segundo, Pablo nos anima a que cuando pensemos en la resurrección nos enfoquemos en la futura recompensa celestial, nuestra meta. Él ve la resurrección como un tiempo cuando todas nuestras luchas en la vida serán recompensadas. Pero si Cristo no ha resucitado y si no hay resurrección, vuestra fe «es ilusoria y todavía están en sus pecados. En este caso, también están perdidos los que murieron en Cristo. Si la esperanza que tenemos en Cristo fuera solo para esta vida, seríamos los más desdichados de todos los mortales» (1 Co 15:17-19; cf. v. 32). Pero debido a que Cristo ha resucitado, y nosotros hemos sido resucitados con él, podemos esperar una recompensa celestial y fijar nuestra mente en los asuntos del cielo:

> Ya que han resucitado con Cristo, *busquen las cosas de arriba*, donde está Cristo sentado a la derecha de Dios. Concentren su atención en las cosas de arriba, no en las de la tierra, pues ustedes han muerto y su vida está escondida con Cristo en Dios. Cuando Cristo, que es la vida de ustedes, se manifieste, entonces también ustedes serán manifestados con él en gloria. (Col 3:1-4).

Una tercera aplicación ética de la resurrección es la obligación de dejar de ceder al pecado en nuestra vida. Cuando Pablo dice «también ustedes considérense muertos al

---

[17]En realidad, las evidencias de los muchos golpes y latigazos que le dieron a Jesús y la consecuente desfiguración sufrida antes de su crucifixión estaban todas probablemente sanadas, y las señales en sus manos, pies, y costado permanecían como testimonio de su muerte por nosotros. Jesús fue resucitado «en gloria» (cf. 1 Co 15:43), no es una desfiguración horrible cuando apenas acababa de regresar a la vida.

pecado, pero vivos para Dios en Cristo Jesús» por virtud de la resurrección de Cristo y del poder de su resurrección dentro de ustedes (Ro 6:11), sigue inmediatamente para decir: «Por lo tanto, *no permitan ustedes que el pecado reine* en su cuerpo mortal […] No ofrezcan los miembros de su cuerpo al pecado» (Ro 6:12-13). Pablo usa el hecho de que contamos con este nuevo poder de la resurrección para contrarrestar el dominio del pecado en nuestra vida como una razón para exhortarnos a no pecar.

B. La ascensión al cielo

1. Cristo ascendió a un lugar. Después de su resurrección, Jesús continuó en la tierra durante cuarenta días (Hch 1:3), y luego se encaminó con sus discípulos a Betania, a las afueras de Jerusalén, y «allí alzó las manos y los bendijo. Sucedió que, mientras los bendecía, se alejó de ellos y fue llevado al cielo» (Lc 24:50-51). Lucas también nos deja constancia de esta experiencia en la sección introductoria de Hechos:

> Habiendo dicho esto, mientras ellos lo miraban, fue llevado a las alturas hasta que una nube lo ocultó de su vista. Ellos se quedaron mirando fijamente al cielo mientras él se alejaba. De repente, se les acercaron dos hombres vestidos de blanco, que les dijeron: «Galileos, ¿qué hacen aquí mirando al cielo? Este mismo Jesús, que ha sido llevado de entre ustedes al cielo, vendrá otra vez de la misma manera que lo han visto irse». (Hch 1:9-11)

Estas narraciones describen un suceso que tiene la clara intención de mostrar a los discípulos que Jesús fue a un lugar. Él no desapareció repentinamente de entre ellos, y nunca más lo volvieron a ver, sino que ascendió gradualmente mientras ellos estaban mirando, y entonces una nube (al parecer la nube de la gloria de Dios) lo ocultó de su vista. Pero los ángeles inmediatamente dijeron que él volvería en la misma manera en que había ido al cielo. El hecho de que Jesús tuviera un cuerpo de resurrección que estaba sujeto a las limitaciones espaciales (podía estar solo en un lugar a la vez) significa que Jesús fue *a alguna parte* cuando ascendió al cielo.

Es sorprendente que incluso algunos teólogos evangélicos titubeen en afirmar que el cielo es un lugar o que Jesús ascendió a un lugar definido en alguna parte en el universo de espacio-tiempo. Hay que reconocer que no podemos ver ahora dónde está Jesús, pero eso no es porque él pasara a algún «estado de ser» etéreo que no tiene localización para nada en el universo de espacio-tiempo, sino más bien debido a que nuestros ojos no son capaces de ver el mundo espiritual invisible que existe a todo nuestro alrededor. Hay ángeles a nuestro alrededor, pero nosotros no podemos verlos debido a que nuestros ojos no tienen esa capacidad. Eliseo estaba rodeado de un ejército de ángeles y carros de fuego para su protección de los sirios en Dotán, pero el siervo de Eliseo no pudo ver los ángeles hasta que Dios le abrió los ojos a fin de que pudiera ver las cosas que existían en aquella dimensión espiritual (2 R 6:17). Asimismo, cuando Esteban estaba muriendo, Dios le dio la habilidad especial de ver el mundo que está ahora oculto a nuestros ojos, y a Jesús que estaba a la diestra de Dios; y él «fijó la mirada en el cielo y vio la gloria de Dios, y a Jesús de pie a la derecha de Dios. ¡Veo el cielo abierto —exclamó—, y al Hijo del hombre de pie a la derecha de Dios!» (Hch 7:55-56). Y el mismo Cristo dijo: «En el hogar de mi Padre hay muchas viviendas; si no fuera así, ya se lo habría dicho a ustedes. Voy a prepararles un lugar. Y si me voy y se lo preparo, vendré para llevármelos conmigo. Así ustedes estarán donde yo esté» (Jn 14:2-3).

Por supuesto, no podemos decir ahora con exactitud dónde está el cielo. Las Escrituras a veces hablan de personas que ascienden al cielo (como Jesús lo hizo, y Elías), o que descienden del cielo (como los ángeles en el sueño de Jacob, Gn 28:12), de manera que tenemos justificación para pensar que el cielo es un lugar en alguna parte «arriba» de la tierra. Sabemos que la tierra es redonda y gira sobre sí misma, de modo que no sabemos con precisión dónde está el cielo, las Escrituras no nos lo dicen. Pero como se hace hincapié repetidas veces en el hecho de que Jesús fue a alguna parte (como lo hizo Elías, 2 R 2:11, y en que la nueva Jerusalén descenderá del cielo de Dios (Ap 21:2), todo parece indicar que hay una localización clara del cielo en el universo de espacio-tiempo. Los que no creen en las Escrituras pueden burlarse de esa idea y se preguntan cómo puede ser eso, como le sucedió al primer cosmonauta ruso cuando regresó de su viaje por el espacio y declaró que no había visto a Dios ni el cielo en ninguna parte, pero eso simplemente hablaba de la ceguedad de sus ojos hacia el mundo espiritual invisible; no indica que el cielo no exista en un cierto lugar. De hecho, la ascensión de Jesús al cielo tiene el propósito de enseñarnos que el cielo existe en alguna parte en el universo de espacio-tiempo.

2. Cristo recibió como Dios-hombre una gloria y honra que no había tenido antes. Cuando Jesús ascendió al cielo recibió gloria, honor y autoridad que nunca había tenido antes como alguien que era tanto Dios como hombre. Antes de morir, Jesús oró diciendo: «Y ahora, Padre, glorifícame en tu presencia con la gloria que tuve contigo antes de que el mundo existiera» (Jn 17:5)[18]. En su sermón de Pentecostés, Pedro dijo que Jesús fue «exaltado por el poder de Dios» (Hch 2:33), y Pablo declaró que «Dios lo exaltó hasta lo sumo» (Fil 2:9), y que fue «recibido en la gloria» (1 Ti 3:16; cf. He 1:4). Cristo está ahora en el cielo y los coros angelicales le alaban: «Cantaban con todas sus fuerzas: "¡Digno es el Cordero, que ha sido sacrificado, de recibir el poder, la riqueza y la sabiduría, la fortaleza y la honra, la gloria y la alabanza!"» (Ap 5:12)[19].

3. Cristo está sentado a la derecha de Dios. Un aspecto específico de la ascensión de Cristo al cielo y de recibir honra fue el hecho que *se sentó* a la derecha de Dios. Esto es lo que a veces se llamaba en el inglés antiguo su sesión a la diestra de Dios[20].

El Antiguo Testamento predijo que el Mesías se sentaría a la derecha de Dios: «Así dijo el Señor a mi Señor: "Siéntate a mi derecha hasta que ponga a tus enemigos por estrado de tus pies"» (Sal 110:1). Cuando Cristo marchó de regreso al cielo recibió el cumplimiento de la promesa: «Después de llevar a cabo la purificación de los pecados, *se sentó* a la derecha de la Majestad en las alturas» (Heb 1:3). Este recibimiento en la presencia de Dios y el sentarse a la diestra de Dios es una dramática indicación de que Cristo había completado la obra de la redención. Así como un ser humano se sienta cuando termina una gran tarea para

---

[18]Este versículo muestra que la gloria que Jesús recibió le había pertenecido antes como el eterno Hijo de Dios, pero que no le había pertenecido antes de su forma encarnada como Dios-hombre.

[19]Algunos teólogos luteranos han dicho también que cuando Jesús ascendió al cielo, su naturaleza humana se hizo ubicua (presente en todas partes). Vea las consideraciones al respecto en el capítulo 2, n. 36.

[20]La palabra *session* significaba en el inglés antiguo «el acto de sentarse», pero ya no tiene ese sentido en el inglés común de hoy.

disfrutar de la satisfacción de haberla llevado a cabo, Jesús se sentó a la derecha de Dios, demostrando visiblemente que había consumado su obra de redención.

Además de mostrar la consumación de la obra de redención de Cristo, el acto de sentarse a la diestra de Dios es una indicación de que recibió autoridad sobre todo el universo. Pablo dice que Dios «lo resucitó de entre los muertos y lo sentó a su derecha en las regiones celestiales, muy por encima de todo gobierno y autoridad, poder y dominio, y de cualquier otro nombre que se invoque, no solo en este mundo sino también en el venidero» (Ef 1:20-21). Del mismo modo, Pedro dice que Jesús «subió al cielo y tomó su lugar a la derecha de Dios […] [y que] los ángeles, las autoridades y los poderes [le están sometidos]» (1 P 3:22). Pablo también alude al Salmo 110:1 cuando dice: «Porque es necesario que Cristo reine hasta poner a todos sus enemigos debajo de sus pies» (1 Co 15:25).

Un aspecto adicional de la autoridad que Cristo recibió del Padre cuando se sentó a su derecha fue la autoridad de derramar el Espíritu Santo sobre la iglesia. Pedro dice en el día de Pentecostés: «Exaltado por el poder de Dios, y habiendo *recibido del Padre el Espíritu Santo prometido*, ha derramado esto que ustedes ahora ven y oyen» (Hch 2:33).

El hecho de que Jesús está ahora sentado a la derecha de Dios en el cielo no quiere decir que está perpetuamente fijo en esa posición y que está inactivo. También le vemos «de pie a la derecha de Dios» (Hch 7:56) y caminando entre los siete candelabros de oro en el cielo (Ap 2:1). Del mismo modo que un rey humano se sienta en el trono real en su ascensión al trono, pero luego participa en otras muchas actividades a lo largo del día, también el que Cristo esté sentado a la diestra de Dios es una evidencia clara de la consumación de su obra redentora, pero también sin duda alguna participa en otras actividades en el cielo.

4. La ascensión de Cristo tiene importancia doctrinal para nuestra vida. Así como la resurrección tiene profundas implicaciones para nuestra vida, la ascensión de Cristo también tiene importantes implicaciones para nosotros. Primera, puesto que estamos unidos con Cristo en cada aspecto de su obra redentora, la ida de Cristo al cielo anuncia nuestra futura ascensión al cielo con él. «Luego los que estemos vivos, los que hayamos quedado, seremos arrebatados junto con ellos en las nubes para encontrarnos con el Señor en el aire. Y así estaremos con el Señor para siempre» (1 Ts 4:17). El autor de Hebreos quiere que corramos la carrera de la vida con el conocimiento de que vamos siguiendo las pisadas de Jesús y al final llegaremos a las bendiciones de la vida en el cielo que él está ahora disfrutando: «Por tanto, también nosotros, que estamos rodeados de una multitud tan grande de testigos, despojémonos del lastre que nos estorba, en especial del pecado que nos asedia, y corramos con perseverancia la carrera que tenemos por delante. Fijemos la mirada en Jesús, el iniciador y perfeccionador de nuestra fe, quien por el gozo que le esperaba, soportó la cruz, menospreciando la vergüenza que ella significaba, y ahora está sentado a la derecha del trono de Dios» (Heb 12:1-2). Y Jesús mismo dice que un día nos llevará a donde él está (Jn 14:3).

Segunda, la ascensión de Jesús nos da seguridad de que nuestro hogar definitivo estará en el cielo con él. «En el hogar de mi Padre hay muchas viviendas; si no fuera así, ya se lo habría dicho a ustedes. Voy a prepararles *un* lugar. Y si me voy y se lo preparo, vendré para llevármelos conmigo. Así ustedes estarán donde yo esté» (Jn 14:2-3). Jesús era un hombre como nosotros en todo sentido, pero sin pecado, y él ha ido por delante de nosotros para que al final podamos seguirle allí y vivir con él para siempre. El hecho de que Jesús ya ha ascendido al cielo y ha alcanzado la meta que tenía propuesta nos da a nosotros una gran seguridad de que al final nosotros también iremos allí.

Tercera, debido a nuestra unión con Cristo en su ascensión, nosotros somos también capaces de compartir ahora (en parte) la autoridad de Cristo sobre el universo, y más tarde la compartiremos de forma más completa. Esto es lo que Pablo indica cuando dice: «Y en unión con Cristo Jesús, Dios nos resucitó y nos hizo *sentar con él en las regiones celestiales*» (Ef 2:6). No estamos, por supuesto, físicamente presentes en el cielo, porque todavía permanecemos en la tierra en el presente. Pero si la presencia de Cristo a la diestra de Dios se refiere a haber recibido autoridad, entonces el hecho de que Dios nos haya hecho sentarnos con Cristo significa que participamos en alguna medida en la autoridad que Cristo tiene, autoridad para luchar «contra potestades que dominan este mundo de tinieblas, contra fuerzas espirituales malignas en las regiones celestiales» (Ef 6:12; cf. vv. 10-18) y luchar con armas que «tienen el poder divino para derribar fortalezas» (2 Co 10:4). Esta participación en la autoridad de Cristo sobre el universo será nuestra más plenamente en la era venidera: «¿No saben que aun a los ángeles los juzgaremos?» (1 Co 6:3). Además, participaremos en la autoridad de Cristo sobre la creación de Dios (Heb 2:5-8)[21]. Jesús promete: «Al que salga vencedor y cumpla mi voluntad hasta el fin, le daré autoridad sobre las naciones —así como yo la he recibido de mi Padre— y él las gobernará con puño de hierro; las hará pedazos como a vasijas de barro» (Ap 2:26-27). También promete: «Al que salga vencedor le daré el derecho de sentarse conmigo en mi trono, como también yo vencí y me senté con mi Padre en su trono» (Ap 3:21). Estas son promesas asombrosas de que nos sentaremos con Cristo a la derecha de Dios, promesas que no entenderemos completamente hasta el siglo venidero.

C. Estados de Cristo Jesús

Al hablar de la vida, muerte y resurrección de Cristo, los teólogos han hablado a veces acerca de los «estados de Cristo Jesús». Mediante esta expresión se refieren a las diferentes relaciones que Jesús tuvo con la ley de Dios para la humanidad, a la posesión de autoridad y a recibir honra y gloria para sí. Generalmente se distinguen dos estados: La humillación y la exaltación. De forma que la doctrina del «estado doble de Cristo» es la enseñanza de que Cristo experimentó primero un estado de humillación y después un estado de exaltación.

Dentro de la humillación de Cristo están incluidos su encarnación, sufrimiento, muerte y sepultura. A veces se incluye un quinto aspecto, el descenso al infierno, pero como explicamos anteriormente, la posición que hemos tomado en este libro es que las Escrituras no apoyan ese concepto.

En la exaltación de Cristo, hay también cuatro aspectos: Su resurrección, ascensión al cielo, el sentarse a la diestra de Dios y su regreso en gloria y poder. Muchas obras de teología sistemática usan el estado de humillación y el estado de exaltación como categorías amplias para organizar su estudio de la obra de Cristo Jesús[22].

---

[21]Vea el estudio de Heb 2:5-8 en el capítulo 2, p. 46.

[22]Aunque este es un método útil de organización, no lo he usado en este libro. Sin embargo, todos los tópicos incluidos en el estudio de estos dos estados han sido cubiertos en este y otros capítulos de este libro. Para un estudio más detallado, vea W. Grudem, «Estados de Cristo Jesús», *EDT*, pp. 1052-54.

PREGUNTAS DE APLICACIÓN PERSONAL

1. Al leer este capítulo, ¿qué aspectos de la enseñanza de la Biblia acerca de un cuerpo de resurrección fueron nuevos para usted? ¿Puede usted pensar en algunas características del cuerpo de resurrección que usted también espera y desea? ¿Cómo le hace sentirse el pensamiento de tener un cuerpo así?
2. ¿Qué cosas le gustaría hacer ahora pero se encuentra incapacitado para hacerlas por causa de debilidades o limitaciones en su propio cuerpo físico? ¿Piensa usted que estas actividades serían apropiadas para su vida en el cielo? ¿Podrá entonces hacerlas allá?
3. Cuando usted nació de nuevo, recibió nueva vida espiritual. Si piensa que esta nueva vida espiritual es parte del poder de la resurrección de Cristo que obra dentro de usted, ¿cómo le da esto ánimo para vivir la vida cristiana y ministrar a las personas en sus necesidades?
4. La Biblia dice que estamos sentados con Cristo en los lugares celestiales (Ef 2:6). Al meditar en este hecho, ¿cómo afectará su vida de oración y su participación en la guerra espiritual en contra de fuerzas demoníacas?
5. Cuando piensa que Cristo ahora está en el cielo, ¿le ayuda esto a enfocar más su atención en las cosas que tienen significado eterno? ¿Aumenta esto su seguridad de que un día usted estará con él en el cielo? ¿Cómo se siente acerca de la posibilidad de reinar con Cristo sobre las naciones y sobre los ángeles?

TÉRMINOS ESPECIALES

ascensión
cuerpo espiritual
estados de Cristo Jesús
exaltación de Cristo
humillación de Cristo

incorruptible
resucitado en gloria
resucitado en poder
resurrección
sentado a la diestra de Dios

BIBLIOGRAFÍA

Bray, G. L. «Ascension and Heavenly Session of Christ». En *NDT* pp. 46–47.
Craig, William Lane. *The Son Rises: The Historical Evidence for the Resurrection of Jesus.* Moody, Chicago, 1981.
Fuller, Daniel P *Easter Faith and History.* Eerdmans, Grand Rapids, 1965.
Gaffin, Richard B., Jr. *Resurrection and Redemption: A Study in Paul's Soteriology.* Anteriormente, *The Centrality of the Resurrection: A Study in Paul's Soteriology.* Presbyterian and Reformed, Phillipsburg, N. J., 1978.
Habermas, G. R. «Resurrection of Christ». En *EDT* pp. 938–41.
_____, y Anthony Flew. *Did Jesus Rise From the Dead? The Resurrection Debate.* Editada por Terry L. Miethe. Harper and Row, New York, 1987.
Harris, Murray J. *From Grave to Glory: Resurrection in the New Testament, Including a Response to Norman L. Geisler.* Zondervan, Grand Rapids, 1990.
_____. «Resurrection, General». En *NDT* pp. 581–82.

Ladd, George E. *I Believe in the Resurrection of Jesus.* Eerdmans, Grand Rapids, 1975.
Macleod, D. «Resurrection of Christ». En *NDT* pp. 582–85.
Morison, Frank. *Who Moved the Stone?* Faber and Faber, London, 1930; reimpresión, Zondervan, Grand Rapids, 1958.
O'Donovan, Oliver. *Resurrection and Moral Order.* InterVarsity Press, Leicester, 1986.
Ross, A. «Ascension of Christ». En *EDT* pp. 86–87.
Swete, Henry Barclay. *The Ascended Christ: A Study in the Earliest Christian Teaching.* Macmillan, London, 1910.
Tenney, Merrill C. *The Reality of the Resurrection.* Harper and Row, New York, 1963.
Toon, Peter. *The Ascension of Our Lord.* Thomas Nelson, Nashville, 1984.
Wenham, John. *The Easter Enigma.* Paternoster, Londres, 1984.

PASAJE BÍBLICO PARA MEMORIZAR

1 Corintios 15:20–23: *Lo cierto es que Cristo ha sido levantado de entre los muertos, como primicias de los que murieron. De hecho, ya que la muerte vino por medio de un hombre, también por medio de un hombre viene la resurrección de los muertos. Pues así como en Adán todos mueren, también en Cristo todos volverán a vivir, pero cada uno en su debido orden: Cristo, las primicias; después, cuando él venga, los que le pertenecen.*

HIMNO

«El Señor resucitó»

El Señor resucitó, ¡Aleluya!
Muerte y tumba él venció; ¡Aleluya!
Con su fuerza y su virtud ¡Aleluya!
Cautivó la esclavitud. ¡Aleluya!

El que al polvo se humilló ¡Aleluya!
Vencedor se levantó; ¡Aleluya!
Cante hoy la cristiandad ¡Aleluya!
Su gloriosa majestad. ¡Aleluya!

Cristo en la cruz sufrió, ¡Aleluya!
Y en desolación se vio, ¡Aleluya!
Hoy en gloria celestial ¡Aleluya!
Reina vivo e inmortal. ¡Aleluya!

Cristo nuestro Salvador, ¡Aleluya!
De la muerte vencedor, ¡Aleluya!
Pronto vamos sin cesar ¡Aleluya!
Tus loores a cantar. ¡Aleluya!

AUTOR: CARLOS WESLEY, TRAD. J. B. CABRERA
(TOMADO DE CELEBREMOS SU GLORIA, # 215)

Capítulo 5

LOS OFICIOS DE CRISTO

¿Cómo es Cristo profeta, sacerdote y rey?

EXPLICACIÓN Y BASES BÍBLICAS

Había tres oficios principales en el pueblo de Israel en el Antiguo Testamento: El de *profeta* (como Natán, 2 S 7:2); el de sacerdote (como Abiatar, 1 S 30:7), y el de rey (como el rey David, 2 S 5:3). Estos tres oficios eran distintos. El profeta comunicaba el mensaje del Dios al pueblo; el sacerdote ofrecía los sacrificios, las oraciones y alabanzas a Dios en nombre del pueblo; el rey gobernaba al pueblo como representante de Dios. Estos tres oficios anticipaban la obra de Cristo en maneras diferentes. Por tanto, ahora podemos examinar de nuevo la obra de Cristo pensando en el significado de estos tres oficios o categorías[1]. Cristo cumplió estos tres oficios en las siguientes formas: Como *profeta* nos revela a Dios y da a conocer las palabras de Dios; como *sacerdote* ofrece un sacrificio a Dios a nuestro favor y él mismo es el sacrificio; y como *rey* él gobierna sobre la iglesia y también sobre el universo. Vayamos ahora al estudio de cada uno de ellos en detalle.

A. Cristo como profeta

Los profetas del Antiguo Testamento le comunicaban al pueblo las palabras de Dios. Moisés fue el primer gran profeta, y escribió los primeros cinco libros de la Biblia, el Pentateuco. Después de Moisés hubo una sucesión de otros profetas que hablaron y escribieron las palabras de Dios. Pero Moisés predijo que en el futuro vendría otro profeta como él.

El Señor tu Dios levantará de entre tus hermanos *un profeta como yo*. A él sí lo escucharás. Eso fue lo que le pediste al Señor tu Dios. [...] Y me dijo el Señor:

---

[1]Juan Calvino (1509-64) fue el primero de los grandes teólogos en aplicar estas tres categorías al trabajo de Cristo (vea su *Institución de la religión cristiana*, libro 2, capítulo 15). Estas categorías han sido adoptadas por los subsiguientes teólogos como una forma útil de entender los varios aspectos de la obra de Cristo.

CAPÍTULO 5 · LOS OFICIOS DE CRISTO

[…] «Levantaré entre sus hermanos un profeta como tú; pondré mis palabras en su boca, y él les dirá todo lo que yo le mande». (Dt 18:15-18)

Sin embargo, cuando estudiamos los Evangelios vemos que a Jesús no se le ve *primariamente* como profeta ni como *el* profeta como Moisés, aunque hay referencias ocasionales a este efecto. Con frecuencia los que llaman a Jesús un «profeta» conocen muy poco acerca de él. Por ejemplo, varias opiniones estaban circulando acerca de Jesús: «Unos dicen que es Juan el Bautista, otros que Elías, y otros que Jeremías o *uno de los profetas*» (Mt 16:14; cf. Lc 9:8). Cuando Jesús resucitó al hijo de la viuda de Naín, las personas estaban atemorizadas y dijeron: «Ha surgido entre nosotros un gran *profeta*» (Lc 7:16). Cuando Jesús le habló a la mujer samaritana junto al pozo algo acerca de su vida pasada, la mujer inmediatamente respondió: «Señor, me doy cuenta de que tú eres *profeta*» (Jn 4:19). Pero en ese momento ella no conocía mucho acerca de él. La reacción del hombre que había nacido ciego cuando lo sanó en el templo fue similar: «Yo digo que es profeta» (Jn 9:17; notemos que su creencia en Jesús como Mesías y divino no viene hasta los versículos 37-38, después de la subsiguiente conversación con Jesús)[2]. Por tanto, «profeta» no es una designación primaria de Jesús ni una que se use con frecuencia acerca de él.

De todos modos, había la expectativa de que *el* profeta semejante a Moisés vendría (Dt 18:15, 18). Por ejemplo, después que Jesús multiplicó los panes y los peces, algunas personas exclamaron: «En verdad éste es el profeta, el que ha de venir al mundo» (Juan 6:14; cf. 7:40). Pedro también identificó a Cristo como el profeta que Moisés predijo (vea Hechos 3:22-24, citando Dt 18:15). Así que Jesús es el profeta que Moisés predijo.

Sin embargo, es significativo que en las epístolas nunca se habla de Jesús como profeta ni como *el* profeta. Esto es especialmente significativo en los primeros capítulos de Hebreos, porque allí había una oportunidad clara de identificar a Jesús como profeta si el autor hubiera querido hacerlo. Empieza diciendo: «Dios, que muchas veces y de varias maneras habló a nuestros antepasados en otras épocas por medio de los profetas, en estos días finales nos ha hablado *por medio de su Hijo*. A éste lo designó heredero de todo, y por medio de él hizo el universo» (Heb 1:1-2). Entonces después de hablar de la grandeza del Hijo en los capítulos 1—2, el autor no concluye esta sección diciendo: «Por tanto, consideren a Jesús, el más grande de los profetas», o algo parecido a eso, sino que más bien dice: «Por lo tanto, hermanos, ustedes que han sido santificados y que tienen parte en el mismo llamamiento celestial, consideren a Jesús, *apóstol* y sumo sacerdote de la fe que profesamos» (Heb 3:1).

¿Por qué evitan las epístolas del Nuevo Testamento el llamar a Jesús profeta? Al parecer porque, aunque Jesús es el profeta que Moisés anticipó, es mucho más grande que cualquiera de los otros profetas del Antiguo Testamento, en dos maneras:

1. Él es aquel *acerca de quien* se hablaba en las profecías del Antiguo Testamento. Cuando Jesús habló con los dos discípulos en el camino a Emaús, él los llevó por todo el Antiguo Testamento, y les mostró que las profecías apuntaban hacia él: «Entonces, comenzando por Moisés y *por todos los profetas*, les explicó lo que se refería a él en todas las

---

[2]En Lucas 24:19 los dos viajeros que iban por el camino de Emaús también hablaron de Jesús como «profeta», poniéndole de ese modo en la categoría general de líderes religiosos enviados por Dios, quizá lo hicieron para ayudar al extraño a quien suponían poco conocedor de los sucesos que rodearon la vida de Jesús.

Escrituras» (Lc 24:27). Les dijo a estos discípulos: «¡Qué torpes son ustedes, y qué tardos de corazón para creer *todo lo que han dicho* los profetas!, y les señaló: «¿Acaso no tenía que sufrir el Cristo estas cosas antes de entrar en su gloria?» (Lc 24:25-26; cf. 1 P 1:11, donde se dice que los profetas del Antiguo Testamento testificaron «de antemano acerca de los sufrimientos de Cristo y de la gloria que vendría después de éstos»). Así que los profetas del Antiguo Testamento apuntaban *al futuro* hacia Cristo en lo que escribieron, y los apóstoles del Nuevo Testamento miraban hacia *atrás* a Cristo e interpretaban su vida para beneficio de la iglesia.

2. Jesús no fue simplemente un mensajero de revelación de Dios (como lo fueron todos los otros profetas), sino que él mismo era la *fuente* de la revelación de Dios. Más bien que decir como solían hacer todos los profetas del Antiguo Testamento «Así dice el Señor», Jesús podía empezar su enseñanza con autoridad divina con la asombrosa declaración: «Pero yo les *digo* [...]» (Mt 5:22; et al.). La palabra del Señor *venía* a los profetas del Antiguo Testamento, pero Jesús habló en base a su propia autoridad como el Verbo eterno de Dios (Jn 1:1) que nos revelaba perfectamente al Padre (Jn 14:9; He 1:1-2).

En el sentido más amplio de *profeta*, refiriéndonos solo a alguien que nos revela a Dios y nos habla las palabras de Dios, Cristo, por supuesto, es verdadera y completamente un profeta. De hecho, él es aquel a quien los profetas del Antiguo Testamento prefiguraban en sus discursos y en sus acciones.

B. Cristo como sacerdote

En el Antiguo Testamento, los sacerdotes eran nombrados por Dios para ofrecer sacrificios. También ofrecían oraciones y alabanzas a Dios en nombre del pueblo. Mediante su ministerio «santificaban» al pueblo o le hacían aceptable para acercarse a la presencia de Dios, si bien es cierto que de una forma limitada en el período del Antiguo Testamento. En el Nuevo Testamento Jesús se convirtió en nuestro sumo sacerdote. Este tema lo encontramos ampliamente desarrollado en la carta a los Hebreos, donde encontramos a Jesús funcionando como sacerdote en dos maneras.

1. Jesús ofreció un sacrificio perfecto por el pecado. El sacrificio que Jesús ofreció por los pecados no fue la sangre de los animales como los toros o machos cabríos: «Ya que es imposible que la sangre de los toros y de los machos cabríos quite los pecados» (Heb 10:4). En su lugar, Jesús se ofreció a sí mismo en sacrificio: «Si así fuera, Cristo habría tenido que sufrir muchas veces desde la creación del mundo. Al contrario, ahora, al final de los tiempos, se ha presentado una sola vez y para siempre a fin de acabar con el pecado *mediante el sacrificio de sí mismo*» (Heb 9:26). Fue un sacrificio completo y definitivo, que nunca habrá que repetirse, tema en el que con frecuencia se hace hincapié en el libro de Hebreos (vea 7:27; 9:12, 24-28; 10:1-2, 10, 12, 14; 13:12). Por tanto, Jesús cumplió todas las expectativas que fueron prefiguradas, no solo por los sacrificios del Antiguo Testamento, sino también por medio de la vida y acciones de los sacerdotes que los ofrecían: él fue a la vez el sacrificio y el sacerdote que ofrecía el sacrificio. Jesús es ahora el «gran sumo sacerdote que ha atravesado los cielos» (Heb 4:14) y el que se ha presentado «ante Dios en favor nuestro» (Heb 9:24), puesto que él ha ofrecido un sacrificio que acaba para siempre con la necesidad de otros sacrificios.

CAPÍTULO 5 · LOS OFICIOS DE CRISTO

2. Jesús continuamente nos lleva cerca de Dios. Los sacerdotes del Antiguo Testamento no solo ofrecían sacrificios, sino que también en una forma representativa entraban a la presencia de Dios en fechas determinadas a favor del pueblo. Pero Jesús hace mucho más que eso. Como nuestro perfecto sumo sacerdote, nos *lleva* continuamente a la presencia de Dios de forma que ya no tenemos necesidad de un templo como el de Jerusalén, ni de un sacerdocio especial que esté entre Dios y nosotros. Y Jesús no entra a la parte interior (el lugar santísimo) de un templo terrenal en Jerusalén, sino que ha ido a lo que es equivalente al lugar santísimo en el cielo, a la misma presencia de Dios en el cielo (Heb 9:24). Por tanto, tenemos la esperanza de que le seguiremos allí: «Tenemos como firme y segura ancla del alma una esperanza que penetra hasta detrás de la cortina del santuario, hasta donde Jesús, el precursor, entró por nosotros, llegando a ser sumo sacerdote para siempre» (Heb 6:19-20). Esto quiere decir que tenemos un privilegio mucho más grande que el que tuvieron los creyentes que vivieron en los tiempos del templo del Antiguo Testamento. Ellos ni siquiera podían entrar al primer cuarto en el templo, el lugar santo, porque solo los sacerdotes podían entrar allí. Y solo el sumo sacerdote podía entrar al cuarto más interior del templo, es decir, al lugar santísimo, y solo podía hacerlo una vez al año (Heb 9:1-7). Cuando Jesús ofreció un sacrificio perfecto por los pecados, la cortina o velo del templo que cerraba el lugar santísimo se rasgó de arriba abajo (Lc 23:45), indicando de esa forma simbólica en la tierra que el camino de acceso a Dios en el cielo había quedado abierto mediante la muerte de Jesús el Cristo. Por tanto, el autor de Hebreos puede exhortar de esta manera tan asombrosa a todos los creyentes:

> Así que, hermanos, mediante la sangre de Jesús, tenemos plena libertad para *entrar en el Lugar Santísimo*, por el camino nuevo y vivo que él nos ha abierto a través de la cortina, es decir, a través de su cuerpo; y tenemos además un gran sacerdote al frente de la familia de Dios. *Acerquémonos, pues, a Dios con corazón sincero y con la plena seguridad que da la fe.* (Heb 10:19-22)

Jesús abrió para nosotros el camino de acceso a Dios de manera que podamos continuamente acercarnos a la misma presencia de Dios sin temor, con «plena libertad» y con la «plena seguridad que da la fe».

3. Como sumo sacerdote, Jesús ora continuamente por nosotros. Otra de las funciones sacerdotales en el Antiguo Testamento era la de orar a favor del pueblo. El autor de Hebreos nos dice que Jesús también cumple con esta función: «Por esto también puede salvar por completo a los que por medio de él se acercan a Dios, ya que vive siempre *para interceder por ellos*» (Heb 7:25). Pablo afirma lo mismo cuando dice que Cristo Jesús «está a la derecha de Dios e *intercede por nosotros*» (Ro 8:34).

Algunos han argumentado que esta actividad de intercesión como sumo sacerdote es solo el acto de permanecer en la presencia del Padre como un recordatorio continuo de que él ya ha pagado el castigo por todos nuestros pecados. Según este punto de vista, Jesús no hace en realidad oraciones específicas a Dios el Padre sobre necesidades individuales en nuestra vida, y que «intercede» solo en el sentido de permanecer en la presencia de Dios como nuestro sumo sacerdote que nos representa.

Sin embargo, este punto de vista no parece coincidir con el vocabulario que se usa en Romanos 8:34 y Hebreos 7:25. En ambos casos, la palabra intercede traduce el término griego *entygcano*. La palabra no parece indicar simplemente «estar ante alguien representando a otra persona», sino que tiene claramente el sentido de hacer peticiones o solicitudes específicas delante de alguien. Por ejemplo, Festo usa la palabra para decirle a Agripa: «Aquí tienen a este hombre. Todo el pueblo judío me ha *presentado una demanda* contra él» (Hch 25:24). Pablo también la usa en cuanto a Elías cuando «*acusó* a Israel delante de Dios» (Ro 11:2). En ambos casos las peticiones son muy específicas, no solo representaciones generales[3].

Podemos concluir, entonces, que tanto Pablo como el autor de Hebreos están diciendo que Jesús vive continuamente en la presencia de Dios para hacer peticiones específicas y para llevar a Dios peticiones específicas a nuestro favor. Esta es una función de Jesús, como Dios-hombre, para la que está singularmente calificado. Aunque Dios cuida de todas nuestras necesidades en respuesta a su observación directa (Mt 6:8), no obstante, a Dios le ha placido en sus relaciones con la raza humana, actuar más bien en respuesta a la oración, porque, al parecer, él es glorificado mediante la fe que se muestra por medio de la oración. Son especialmente agradables para él las oraciones de hombres y mujeres creados a su imagen y semejanza. En Cristo, tenemos a un hombre verdadero y perfecto, que ora por nosotros y de ese modo Dios es glorificado continuamente mediante la oración. Así nuestra condición humana se eleva a una posición exaltada: «Hay un solo Dios y un solo mediador entre Dios y los hombres, Jesucristo *hombre*» (1 T. 2:5).

Pero solo en su naturaleza humana Jesús no podía ser, por supuesto, un sumo sacerdote así para todo su pueblo en todo el mundo. Él no podía oír las oraciones de personas que estaban lejos, no podía escuchar las oraciones que eran solo dichas en la mente de las personas. Él no podía oír todas las peticiones simultáneamente (porque en el mundo en cualquier momento determinado hay millones de personas que están orando a Jesús). Por tanto, a fin de ser el sumo sacerdote perfecto que intercede por nosotros, él tiene que ser Dios además de hombre. Él tiene que ser uno que en su naturaleza divina puede conocer todas las cosas y llevarlas a la vez a la presencia del Padre. Con todo, debido a que se hizo hombre y continúa siendo un hombre, tiene el derecho de representarnos ante Dios y puede expresar su petición desde la perspectiva del sumo sacerdote compasivo que conoce por experiencia lo que nosotros estamos pasando.

Por tanto, Jesús es la única persona en todo el universo que puede por toda la eternidad ser un sumo sacerdote celestial que es verdaderamente Dios y verdaderamente hombre, exaltado para siempre sobre los cielos.

El pensamiento de que Jesús está continuamente orando a nuestro favor debe darnos gran aliento. Él siempre ora por nosotros conforme a la voluntad del Padre, de manera que podamos saber que sus peticiones son concedidas. Berkhof dice:

---

[3]La literatura fuera del Nuevo Testamento provee de otros ejemplos del uso de *entygchano* que significa «presentar peticiones o solicitudes». Vea, p. ej., Sab. 8:21 («Recurrí al señor y le pedí, y dije con todo mi corazón» (Biblia Jerusalén); 1 Mac. 8:32; 3 Mac. 6:37 («Ellos le pidieron al rey que los enviara de regreso a su hogar»); 1 Cle. 56:1; Eps. de Policarpo a los Filipenses 4:3; Josefo, *Antigüedades* 12:18; 16:170 (los judíos de Cirene le hicieron una petición a Marco Agripa en relación con personas en su tierra que falsamente estaban recogiendo impuestos. Se pueden encontrar también otros ejemplos (cf. también Ro 8:27, y usando una palabra relacionada, v. 26).

Es un pensamiento consolador saber que Cristo está orando por nosotros, incluso cuando somos negligentes en nuestra vida de oración; que está presentando al Padre aquellas necesidades espirituales que no estaban presentes en nuestra mente y que a menudo olvidamos incluir en nuestras oraciones; y que ora por nuestra protección en contra de peligros de los que no estamos conscientes, y en contra de enemigos que nos amenazan, aun cuando nosotros no nos demos cuenta. Está orando que nuestra fe no cese y que salgamos al final vencedores[4].

C. Cristo como rey

En el Antiguo Testamento el rey tenía la autoridad de gobernar sobre la nación de Israel. En el Nuevo Testamento, Jesús nació para ser rey de los judíos (Mt 2:2), pero rehusó los intentos de las personas para hacerle rey terrenal con poder terrenal militar y político (Jn 6:15). Jesús respondió a Pilato: «Mi reino no es de este mundo. Si lo fuera, mis propios guardias pelearían para impedir que los judíos me arrestaran. Pero mi reino no es de este mundo» (Jn 18:36). Sin embargo, Jesús tiene un reino cuya llegada él anunció en su predicación (Mt 4:17, 23; 12:28, et al). Él es en realidad el verdadero rey del nuevo pueblo de Dios. Por eso no quiso reprender a sus discípulos cuando le aclamaban en su entrada triunfal a Jerusalén: «¡Bendito el *Rey* que viene en el nombre del Señor!» (Lc 19:38; cf. vv. 39-40; también Mt 21:5; Jn 1:49; Hch 17:7).

Después de su resurrección, Jesús recibió del Padre mucha más autoridad sobre la iglesia y el universo. Dios lo resucitó de entre los muertos y «lo sentó a su derecha en las regiones celestiales, *muy por encima de todo gobierno y autoridad, poder y dominio*, y de cualquier otro nombre que se invoque, no solo en este mundo sino también en el venidero. Dios sometió todas las cosas al dominio de Cristo, y lo dio como cabeza de todo a la iglesia» (Ef 1:20-22; Mt 28:18; 1 Co 15:25). Esa autoridad sobre la iglesia y sobre el universo quedará completamente reconocida por las personas cuando Jesús regrese a la tierra en poder y gran gloria para reinar (Mt 26:64; 2 Ts 1:7-10; Ap 19:11-16). En aquel día será reconocido como «*Rey de reyes* y Señor de señores» (Ap 19:16) y toda rodilla se doblará ante él (Fil 2:10).

D. Nuestros papeles como profetas, sacerdotes y reyes

Si miramos retrospectivamente a la situación de Adán antes de la Caída, y más adelante a nuestro estatus futuro con Cristo en el cielo por toda la eternidad, podemos ver que estos papeles de profeta, sacerdote y rey tenían paralelismos en la experiencia que Dios pensó originalmente para el hombre, y se volverán a cumplir en nuestra vida en el cielo.

En el huerto del Edén, Adán era un «profeta» en el sentido de que tenía verdadero conocimiento de Dios y que siempre habló verazmente acerca de Dios y de su creación. Era un «sacerdote» ya que era capaz de ofrecer libre y abiertamente oraciones y alabanzas

---

[4]Berkhof, *Systematic Theology*, p. 403.

a Dios. No había necesidad de sacrificios por el pago de los pecados, pero en otro sentido de sacrificio el trabajo de Adán y Eva hubiera sido una ofrenda a Dios de gratitud y acción de gracias, y hubiera sido un «sacrificio» de otra clase (cf. He 13:15). Adán y Eva serían también «reyes» en el sentido de tener dominio y autoridad sobre la creación (Gn 1:26-28).

Después de que el pecado entrara en el mundo, los seres humanos caídos ya no funcionaron más como profetas, porque creyeron informaciones falsas acerca de Dios y hablaron falsamente acerca de él y de otros. Ya no tenían acceso sacerdotal a Dios porque el pecado los alejó de su presencia. En vez de tener dominio sobre la creación como reyes, quedaron sujetos a la dureza de la creación y tiranizados por las inundaciones, las sequías y las tierras improductivas, así como por la crueldad de los tiranos humanos. La nobleza del hombre con la que Dios le había creado —para ser profeta, sacerdote y rey— se perdió por causa del pecado.

Hubo una recuperación parcial de la pureza de estas tres posiciones en el establecimiento de los tres oficios de profeta, sacerdote y rey en el reino de Israel. De vez en cuando hombres piadosos ocuparon estas posiciones. Pero también aparecieron falsos profetas, sacerdotes deshonestos y reyes déspotas, y la pureza y santidad original que Dios deseaba para el cumplimiento de estas funciones nunca fue completa.

Cuando Cristo vino, vimos por primera vez el cumplimiento de estas tres funciones, dado que él fue el profeta perfecto que declaró plenamente las palabras de Dios, el sacerdote perfecto que ofreció el sacrificio supremo por el pecado y que llevó a su pueblo más cerca de Dios, y el verdadero y legítimo rey del universo que reinará para siempre con un cetro de justicia sobre nuevos cielos y nueva tierra.

Pero maravillosamente nosotros como cristianos empezamos a imitar a Cristo en cada uno de estos papeles, aunque en una forma subordinada. Tenemos una función «profética» al proclamar el evangelio al mundo llevando a las personas la Palabra salvadora de Dios. De hecho, cada vez que hablamos verazmente acerca de Dios a los creyentes o a los incrédulos estamos cumpliendo una función «profética» (usando la palabra *profética* en un sentido muy amplio).

Somos también sacerdotes, porque Pedro nos llamó «real sacerdocio» (1 P 2:9). Nos invita a que seamos edificados en un templo espiritual para llegar «a ser un sacerdocio santo, para ofrecer sacrificios espirituales que Dios acepta por medio de Jesucristo» (1 P 2:5). El autor de Hebreos también nos ve como sacerdotes capacitados para entrar al lugar santísimo (Heb 10:19, 22) y ofrecer «continuamente a Dios, por medio de Jesucristo, un sacrificio de alabanza, es decir, el fruto de los labios que confiesan su nombre» (Heb 13:15). También nos dice que nuestras buenas obras son sacrificios agradables a Dios: «No se olviden de hacer el bien y de compartir con otros lo que tienen, porque ésos son los *sacrificios que agradan a Dios*» (Heb 13:16). Pablo también tenía en mente un ministerio sacerdotal cuando escribe: «Hermanos, tomando en cuenta la misericordia de Dios, les ruego que cada uno de ustedes, en adoración espiritual, ofrezca su cuerpo *como sacrificio vivo*, santo y agradable a Dios» (Ro 12:1).

Nosotros también compartimos en parte en el reinado de Cristo, puesto que hemos sido resucitados para sentarnos con él en los lugares celestiales (Ef 2:6), y por tanto participando en cierto grado de su autoridad sobre las fuerzas espirituales malignas que pueden

CAPÍTULO 5 · LOS OFICIOS DE CRISTO

dirigirse contra nosotros (Ef 6:10-18; Stg 4:7; 1 P 5:9; 1 Jn 4:4). Dios incluso ha puesto en nuestras manos autoridad sobre varias áreas en este mundo o en la iglesia, dándonos algo de autoridad sobre mucho y algo de autoridad sobre poco. Pero cuando el Señor regrese los que sean fieles sobre lo poco les será dada autoridad sobre mucho (Mt 25:14-30).

Cuando Cristo regrese y reine sobre los nuevos cielos y nueva tierra, seremos una vez más verdaderos «profetas» porque nuestro conocimiento será perfecto y conoceremos como somos conocidos (1 Co 13:12). Hablaremos entonces solo la verdad acerca de Dios y acerca de este mundo, y se cumplirá en nosotros el propósito profético original que Dios tenía con Adán. Seremos sacerdotes para siempre, porque le adoraremos eternamente y ofreceremos oraciones a Dios al contemplar su rostro y morar en su presencia (Ap 22:3-4). Continuamente nos ofreceremos a nosotros mismos, ofreceremos todo lo que somos y tenemos como sacrificios a nuestro Rey que todo lo merece.

Nosotros también, en sujeción a Dios, participaremos en el gobierno del universo, porque reinaremos con él «por los siglos de los siglos» (Ap 22:5). Jesús dice: «Al que salga vencedor le daré el derecho de *sentarse conmigo en mi trono*, como también yo vencí y me senté con mi Padre en su trono» (Ap 3:21). De hecho, Pablo les dice a los corintios: «¿Acaso no saben que *los creyentes juzgarán al mundo?* [...] *¿No saben que* aun a los ángeles los juzgaremos?» (1 Co 6:2-3). Por tanto, por toda la eternidad, funcionaremos para siempre como profetas, sacerdotes y reyes subordinados, siempre sujetos al Señor Jesucristo, el profeta, sacerdote y rey supremo.

PREGUNTAS DE APLICACIÓN PERSONAL

1. ¿Puede usted ver algunas formas en las que entender el papel de Cristo como profeta, sacerdote y rey le ayudará a entender mejor las funciones de los profetas, sacerdotes y reyes del Antiguo Testamento? Lea la descripción del reino de Salomón en 1 Reyes 4:20-34 y 1 Reyes 10:14-29. ¿Ve usted en el reino de Salomón alguna prefigura de los tres oficios de Cristo? ¿Ve alguna prefigura del reino eterno de Cristo? ¿Piensa usted que tiene ahora privilegios mayores o menores como miembro de la iglesia en esta era del nuevo pacto?

2. ¿Puede usted ver algún cumplimiento del papel de profeta en su vida ahora? ¿O del papel del sacerdote? ¿O del papel de rey? ¿Cómo se podrían desarrollar cada una de estas funciones en su propia vida?

TÉRMINOS ESPECIALES

intercesión
profeta

rey
sacerdote

BIBLIOGRAFÍA

Baker, J. P. «Offices of Christ». En *NDT* pp. 476–77.

Clowney, Edmund P. *The Unfolding Mystery: Discovering Christ in the Old Testament*. Presbyterian and Reformed, Phillipsburg, New Jersey, 1988.

Letham, Robert. *The Work of Christ*. InterVarsity Press, Downers Grove, Ill., 1993.

Reymond, R. L. «Offices of Christ». En *EDT* p. 793.'

PASAJE BÍBLICO PARA MEMORIZAR

1 Pedro 2:9-10: *Pero ustedes son linaje escogido, real sacerdocio, nación santa, pueblo que pertenece a Dios, para que proclamen las obras maravillosas de aquel que los llamó de las tinieblas a su luz admirable. Ustedes antes ni siquiera eran pueblo, pero ahora son pueblo de Dios; antes no habían recibido misericordia, pero ahora ya la han recibido.*

HIMNO

«A Cristo Coronad»

Este poderoso himno nos anima a regocijarnos por el señorío presente y futuro de Cristo.

A Cristo coronad, divino Salvador;
sentado en alta majestad es digno de loor;
Al Rey de gloria y paz loores tributad,
Y bendecid al Inmortal por toda eternidad.

A Cristo coronad, Señor de nuestro amor;
al Rey triunfante celebrad, glorioso vencedor;
potente Rey de paz, el triunfo consumó,
Y por su muerte de dolor su grande amor mostró.

A Cristo coronad, Señor de vida y luz;
Con alabanzas proclamad los triunfos de la cruz;
A él solo adorad, Señor de salvación;
Loor eterno tributad de todo corazón.

AUTOR: ESTR. # 1 Y 2 MATTHEW BRIDGES,
ESTR. # 3 GODFREY THRING,
TRAD. E. A. STRANGE (TOMADO DE CELEBREMOS SU GLORIA, # 235)

Capítulo 6

LA OBRA DEL ESPÍRITU SANTO

¿Cuáles son las actividades características del Espíritu Santo a lo largo de la historia de la Biblia?

EXPLICACIÓN Y BASES BÍBLICAS

En los capítulos anteriores hemos examinado con cierta amplitud la persona y la obra de Dios el Hijo, Cristo Jesús. Hemos examinado también la evidencia bíblica de la deidad y la personalidad distintiva del Espíritu Santo (en relación con la doctrina de la Trinidad). Es apropiado ahora que nos enfoquemos en este capítulo en la obra característica del Espíritu Santo. Entre las diferentes actividades de los miembros de la Trinidad, ¿qué actividades se dice que son especialmente obra de Dios el Espíritu Santo?

En este capítulo intentaremos obtener una perspectiva general de la enseñanza de todas las Escrituras sobre la obra del Espíritu Santo con el fin de entender de manera más completa qué clase de actividades han sido especialmente delegadas al Espíritu Santo por Dios el Padre y Dios el Hijo.

Podemos definir la obra del Espíritu Santo de la forma siguiente: *La tarea del Espíritu Santo es la de manifestar la presencia activa de Dios en el mundo, y especialmente en la iglesia.* Esta definición indica que el Espíritu Santo es el miembro de la Trinidad que las Escrituras representan con más frecuencia como estar *presente* para hacer la obra de Dios en el mundo. Aunque esto es cierto hasta cierto punto a lo largo de las Escrituras, es particularmente cierto en lo referente al nuevo pacto. En el Antiguo Testamento, la presencia de Dios se manifestó muchas veces en la gloria de Dios y en las teofanías, y en los Evangelios Jesús mismo manifestó la presencia de Dios entre los hombres. Pero después de la ascensión de Jesús a los cielos, y continuando a lo largo de toda la era de la iglesia, el Espíritu Santo es ahora la manifestación *primaria* de la presencia de la Trinidad entre nosotros. Él es el que está prominentemente *presente* entre nosotros ahora[1].

---

[1] En este estudio, cuando uso la palabra «presente» me refiero a «presente para bendecir». Por supuesto, dado que él es Dios, el *ser* del Espíritu Santo está siempre presente en todas partes (él es omnipresente), pero no siempre muestra su presencia en actividades que traen bendición.

Desde el mismo principio de la creación tenemos una indicación de que la obra del Espíritu Santo es la de completar y sostener lo que el Padre ha planeado y lo que Dios el Hijo ha empezado, porque en Génesis 1:2: «el Espíritu de Dios iba y venía sobre la superficie de las aguas». Y en Pentecostés, con el comienzo de la nueva creación en Cristo, es el Espíritu Santo el que viene a la iglesia con gran poder (Hch 1:8; 2:4, 17-18). Debido a que el Espíritu Santo es la persona de la Trinidad mediante la cual Dios manifiesta particularmente su presencia en la era del nuevo pacto, es apropiado que Pablo llamara al Espíritu Santo «las primicias» (Ro 8:23) y la «garantía» (o «anticipo», 2 Co 1:22; 5:5) de la plena manifestación de la presencia de Dios que nosotros conoceremos en el nuevo cielo y nueva tierra (cf. Ap 21:3-4).

Incluso en el Antiguo Testamento, se predijo que la presencia del Espíritu Santo traería bendiciones abundantes de parte de Dios. Isaías predijo un tiempo cuando el Espíritu traería una gran renovación.

> La fortaleza será abandonada, y desamparada la ciudad populosa [...] *hasta que desde lo alto el Espíritu sea derramado sobre nosotros.* Entonces el desierto se volverá un campo fértil, y el campo fértil se convertirá en bosque. La justicia morará en el desierto, y en el campo fértil habitará la rectitud. El producto de la justicia será la paz; tranquilidad y seguridad perpetuas serán su fruto. Mi pueblo habitará en un lugar de paz, en moradas seguras, en serenos lugares de reposo. (Is 32:14-18)

Del mismo modo, Dios le profetizó a Jacob por medio de Isaías: «Regaré con agua la tierra sedienta, y con arroyos el suelo seco; *derramaré mi Espíritu sobre tu descendencia*, y mi bendición sobre tus vástagos» (Isaías 44:3).

Por otro lado, la salida del Espíritu Santo eliminaba las bendiciones de Dios en el pueblo: «Pero ellos se rebelaron y *afligieron a su santo Espíritu.* Por eso se convirtió en su enemigo, y luchó él mismo contra ellos» (Is 63:10). No obstante, varias profecías del Antiguo Testamento predijeron un tiempo cuando el Espíritu Santo vendría en una plenitud mayor, un tiempo cuando Dios haría un nuevo pacto con su pueblo (Ez 36:26-27; 37:14; 39:29; Jl 2:28-29).

¿En qué formas específicas nos trae el Espíritu Santo las bendiciones de Dios? Podemos distinguir cuatro aspectos de la obra del Espíritu Santo que nos traen evidencias de la presencia y de la obra de Dios: (1) el Espíritu Santo *habilita*; (2) el Espíritu Santo *purifica*; (3) el Espíritu Santo *revela*; (4); el Espíritu Santo *unifica*. Examinaremos a continuación cada una de estas cuatro actividades. Por último, debemos reconocer que estas actividades del Espíritu Santo no deben ser dadas por descontadas, y no suceden así automáticamente entre el pueblo de Dios. Más bien, el Espíritu Santo refleja el agrado o desagrado de Dios con la fe y la obediencia —o la incredulidad y la desobediencia— del pueblo de Dios. A causa de esto, necesitamos conocer un quinto aspecto de la actividad del Espíritu Santo: (5) el Espíritu Santo nos da *una evidencia más fuerte o más débil* de la presencia y bendición de Dios, según nuestra respuesta a él.

CAPÍTULO 6 · LA OBRA DEL ESPÍRITU SANTO

A. El Espíritu Santo habilita

1. Da vida. En la esfera de la naturaleza es la tarea del Espíritu Santo dar vida a todas las criaturas que se mueven, ya sea sobre la tierra o en el cielo o en el mar, porque «si envías tu Espíritu, son creados» (Sal 104:30). A la inversa, «si pensara en retirarnos su espíritu, en quitarnos su hálito de vida, todo el género humano perecería, ¡la humanidad entera volvería a ser polvo!» (Job 34:14-15). Aquí vemos el papel del Espíritu Santo en dar y sostener la vida humana y animal.

Paralelo a esto está el papel del Espíritu Santo de darnos nueva vida en la regeneración[2]. Jesús le dijo a Nicodemo: «Lo que nace del cuerpo es cuerpo; *lo que nace del Espíritu es espíritu*. No te sorprendas de que te haya dicho: "Tienen que nacer de nuevo"» (Jn 3:6-7; cf. vv. 5, 8; 6:63; 2 Co 3:6). También dijo: «El Espíritu da vida; la carne no vale para nada» (Jn 6:63; cf. 2 Co 6:3; Hch 10:44-47; Tit 3:5)[3]. Consecuente con esta función del Espíritu Santo de dar vida está el hecho que fue el Espíritu Santo quien concibió a Jesús en el vientre de María su madre (Mt 1:18, 20; Lc 1:35). Y en el día cuando Cristo regrese, este mismo Espíritu es el que completará su tarea de dar vida dando vida nueva resucitada a nuestros cuerpos mortales: «Y si el Espíritu de aquel que levantó a Jesús de entre los muertos vive en ustedes, el mismo que levantó a Cristo de entre los muertos también dará vida a sus cuerpos mortales *por medio de su Espíritu*, que vive en ustedes» (Ro 8:11).

2. Nos da el poder para servir

a. Antiguo Testamento: En el Antiguo Testamento, el Espíritu Santo habilitó con frecuencia a las personas para un servicio especial. Le dio a Josué dones de liderazgo y sabiduría (Nm 27:18; Dt 34:9), y habilitó a los jueces para que liberaran a Israel de sus opresores (note cómo «el Espíritu del Señor vino sobre» Otoniel en Jueces 3:10, Gedeón en 6:34, Jefté en 11:29 y Sansón en 13:25; 14:6, 19; 15:14). El Espíritu Santo vino sobre Saúl con poder y lo habilitó para la guerra contra los enemigos de Israel (1 S 11:6), y cuando David fue ungido como rey, «el Espíritu del Señor vino con poder sobre David, y desde ese día estuvo con él.» (1 S 16:13), habilitando a David para que cumpliera con la tarea de reinar para la cual Dios le había llamado[4]. En una forma ligeramente diferente de capacitación, el Espíritu Santo dotó a Bezaleel de habilidades artísticas para la construcción del tabernáculo y su mobiliario (Éx 31:3; 35:31), y también le dio la capacidad de enseñar estas habilidades a otros (Éx 35:34)[5].

El Espíritu Santo también protegía al pueblo de Dios y le capacitaba para vencer a sus enemigos. Por ejemplo, Dios puso su Espíritu en medio de ellos durante el tiempo

---

[2]La frase «el bautismo del Espíritu Santo» se usa en el Nuevo Testamento (por ejemplo, en 1 Co 12:13) para hablar de la obra del Espíritu Santo en el momento en que nos hacemos cristianos (aunque muchos evangélicos hoy, especialmente en los grupos carismáticos y pentecostales, entenderían «bautismo del Espíritu Santo» para referirse a algo que el Espíritu hace después de la conversión).

[3]Relacionado con la obra de dar vida del Espíritu Santo está el hecho de que él también sella su obra en nosotros a fin de guardar a los verdaderos creyentes de apartarse de Dios y perder su salvación (Ef 1:13).

[4]Al parecer fue en este sentido de capacitación para ser rey que David pidió que Dios no le quitara su Espíritu Santo: «No me alejes de tu presencia *ni me quites tu santo Espíritu*» (Sal 51:11). Del mismo modo que el Espíritu en su papel de ungir a Saúl como rey se había alejado de él al mismo tiempo que vino sobre David (cp. 1 S 16:13 con 14), de manera que David, después de su pecado con Betsabé (vea el título del Salmo 51), oró pidiendo que el Espíritu no le fuera quitado.

[5]El Espíritu Santo también habilitó a los profetas del Antiguo Testamento dándoles las revelaciones que tenían que comunicar, pero he incluido esa función en la sección C más abajo («El Espíritu Santo revela»).

del Éxodo (Is 63:11-12) y más tarde, después del regreso del cautiverio, puso su Espíritu en medio de ellos para protegerlos y librarlos del temor (Hag 2:5). Cuando Saúl intentaba capturar a David por la fuerza, el Espíritu Santo vino sobre los mensajeros de Saúl (1 S 19:20) y al final también sobre el mismo Saúl (v. 23) haciendo que ellos cayeran involuntariamente al suelo y profetizaran durante horas, frustrando de esa manera el propósito de Saúl y humillándole en respuesta a su maliciosa exhibición de fuerza en contra de David y Samuel. De una manera similar, mientras Ezequiel estaba profetizando juicio mediante el poder del Espíritu Santo en contra de algunos líderes de Israel (Ez 11:5), uno de los líderes llamado Pelatías cayó muerto (Ez 11:13). En esta manera el Espíritu Santo hizo descender castigo sobre él de manera inmediata.

Por último, el Antiguo Testamento predijo un tiempo cuando el Espíritu Santo ungiría a un Siervo-Mesías con gran plenitud y poder:

El Espíritu del Señor reposará sobre él: espíritu de sabiduría y de entendimiento, espíritu de consejo y de poder, espíritu de conocimiento y de temor del Señor. Él se deleitará en el temor del Señor. (Is 11:2-3)

Isaías profetizó que Dios diría de su Siervo que venía: «Sobre él he puesto mi Espíritu» (Is 42:1), y él mismo diría: «El Espíritu del Señor omnipotente está sobre mí, por cuanto me ha ungido» (Is 61:1; cf. Lc 4:18).

Antes de dejar estas reflexiones sobre la habilitación del Espíritu Santo en el Antiguo Testamento, debiéramos notar que a veces se dice que en el Antiguo Testamento no había una obra del Espíritu Santo *dentro* del pueblo. Esta idea se ha inferido sobre todo de las palabras de Jesús a sus discípulos en Juan 14:17: «Vive con ustedes y estará en ustedes». Pero no debiéramos concluir basados en este versículos que no había una obra del Espíritu Santo dentro del pueblo antes de Pentecostés. Aunque el Antiguo Testamento no habla con frecuencia de las personas que tenían el Espíritu Santo en ellas o que estaban llenas del Espíritu Santo, hay unos pocos ejemplos. Se dice que Josué tenía el Espíritu Santo dentro de él (Nm 27:18; Dt 34:9), como también Ezequiel (Ez 2:2; 3:24), Daniel (Dn 4:8-9, 18; 5:11), y Miqueas (Mi 3:8)[6]. Esto significa que cuando Jesús le dice a sus discípulos que «ustedes sí lo conocen, porque vive con ustedes y estará en ustedes» (Jn 14:17), no quiere decir que había una diferencia absoluta entre la obra del Espíritu Santo en el antiguo pacto y el nuevo pacto. Tampoco puede significar Juan 7:39 («Hasta ese momento el Espíritu no había sido dado, porque Jesús no había sido glorificado todavía») que *no* había actividad del Espíritu Santo en la vida de las personas antes de Pentecostés. Estos dos pasajes deben ser formas diferentes de decir que la obra más poderosa y completa del Espíritu Santo que es la característica de la vida después de Pentecostés todavía no había comenzado en la vida de los discípulos. El Espíritu Santo todavía no había venido para morar dentro de ellos en la manera en que Dios había prometido que enviaría a su Espíritu para que estuviera con los creyentes cuando llegara la era del nuevo pacto (vea Ez 36:26, 27; 37:14), ni el Espíritu Santo se había derramado en la gran abundancia y

---

[6]Antes de Pentecostés en el Nuevo Testamento también encontramos que se dice que Juan el Bautista (Lc 1:15), Elisabet (Lc 1:41) y Zacarías (Lc 1:67) estarían llenos con el Espíritu Santo.

plenitud que caracterizaría la nueva era del pacto (Jl 2:28-29). En este sentido poderoso del nuevo pacto, el Espíritu Santo no estaba todavía obrando dentro de los discípulos.

b. El Nuevo Testamento: La obra habilitadora del Espíritu Santo en el Nuevo Testamento la vemos por primera vez y de una forma más plena en el ungimiento y habilitación de Jesús como el Mesías. El Espíritu Santo descendió sobre Jesús en su bautismo (Mt 3:16; Mr 1:11; Lc 3:22). Juan el Bautista dijo: «Vi al Espíritu descender del cielo como una paloma y permanecer sobre él» (Jn 1:32). Por tanto, Jesús fue al desierto para enfrentar las tentaciones «lleno del Espíritu» (Lc 4:1), y después de las tentaciones, al comienzo de su ministerio: «Jesús regresó a Galilea en el poder del Espíritu» (Lc 4:14). Cuando se levantó para predicar en la sinagoga de Nazaret, declaró que se había cumplido en él la profecía de Isaías: «El Espíritu del Señor está sobre mí, porque me ha ungido para anunciar buenas nuevas a los pobres. Me ha enviado para proclamar libertad a los presos y dar vista a los ciegos, para poner en libertad a los oprimidos, para proclamar el año del favor del Señor» (Lc 4:18-19). El poder del Espíritu Santo se pudo ver en la vida de Jesús en los milagros que empezó a hacer, como el expulsar demonios con solo una palabra y la curación de todos los que acudían a él (Lc 4:36, 40-41). El Espíritu Santo estaba complacido de morar en Jesús y de habilitarle, porque se deleitaba en la absoluta pureza moral de la vida de Jesús. Cuando habla acerca de su propio ministerio, y de las bendiciones del Padre en ese ministerio, Jesús dice: «Dios mismo le da su Espíritu sin restricción. El Padre ama al Hijo, y ha puesto todo en sus manos» (Jn 3:34-35). Jesús tenía la unción del Espíritu Santo sin medida, y esta unción permaneció sobre él (Jn 1:32; cf. Hch 10:38). El Espíritu Santo también habilitó a los discípulos de Jesús para varias clases de ministerio, Jesús les había prometido: «*Cuando venga el Espíritu Santo sobre ustedes, recibirán poder* y serán mis testigos tanto en Jerusalén como en toda Judea y Samaria, y hasta los confines de la tierra» (Hch 1:8)[7]. Hay varios ejemplos específicos de la habilitación de los primeros cristianos por parte del Espíritu Santo para hacer milagros al tiempo que proclamaban el evangelio (note Esteban en Hch 6:5, 8; y Pablo en Ro 15:19; 1 Co 2:4). Pero el Espíritu Santo también dio gran poder para la predicación a la naciente iglesia de tal manera que los discípulos llenos con el poder del Espíritu proclamaban la Palabra con valor y gran poder (Hch 4:8, 31; 6:10; 1 Ts 1:5; 1 P 1:12). En general, podemos decir que el Espíritu Santo habla por medio del mensaje del evangelio al proclamarse eficazmente al corazón de las personas. El Nuevo Testamento termina con una invitación de parte del Espíritu y de la iglesia, quienes juntos invitan a las personas a la salvación: «El Espíritu y la novia dicen: "¡Ven!"; y el que escuche diga: "¡Ven!"» (Ap 22:17). De hecho, no solo en la predicación del mensaje del evangelio, sino también en la lectura y

---

[7] La palabra que se traduce aquí como «poder» (*dynamis*) aparece otras nueve veces en Hechos. En un caso (4:3), no está claro si este «poder» se refiere a la predicación con poder que convence a los oyentes o a las señales milagrosas que acompañaban a la predicación. Pero en los otros ocho ejemplos (2:22; 3:12; 4:7; 6:8; 8:10 [en este versículo se refiere al poder de hechicero pagano obrador de milagros], 13; 10:38; 19:11) se refieren al *poder para obrar milagros*. El significado del término *dynamis* se confirma aun más por su uso frecuente en el Evangelio de Lucas para hablar del poder de hacer milagros. Por tanto, cuando Jesús prometió a los discípulos en Hechos 1:8 que ellos recibirían «poder» cuando el Espíritu Santo viniera sobre ellos, parece probable que ellos le entenderían al menos el poder del Espíritu Santo para obrar milagros que probarían la veracidad del evangelio. Debido a que el contexto inmediato de la frase habla acerca de ser testigos de Jesús, puede que ellos también entendieran que quería decir que recibirían el poder del Espíritu Santo para obrar por medio de su predicación y llevar a las personas a la convicción de sus pecados y a despertar la fe en los corazones de las personas. Este poder de la predicación fue evidente en los sucesos subsecuentes, como cuando los oyentes de Pedro «se sintieron profundamente conmovidos» (Hch. 2:37), o cuando «muchos de los que oyeron el mensaje creyeron, y el número de éstos llegaba a unos cinco mil» (Hch 4:4).

enseñanza de las Escrituras, el Espíritu Santo continúa hablando al corazón de las personas cada día (vea He 3:7 y 10:15, donde el autor cita un pasaje del Antiguo Testamento y dice que el Espíritu Santo está ahora hablando ese mensaje a sus lectores).

Otro aspecto de la habilitación de los cristianos para el servicio es la actividad del Espíritu Santo al dar dones espirituales para equipar a los cristianos para el ministerio. Después de mencionar una variedad de dones espirituales, el apóstol Pablo dice: «*Todo esto lo hace un mismo y único Espíritu*, quien reparte a cada uno según él lo determina» (1 Co 12:11). Puesto que el Espíritu Santo es el que muestra o manifiesta la presencia de Dios en el mundo, Pablo puede llamar a los dones espirituales «manifestación especial» del Espíritu Santo (1 Co 12:7)[8]. Cuando los dones espirituales están activos, esa es otra indicación de la presencia de Dios el Espíritu Santo en la iglesia[9].

En la vida de oración de cada creyente encontramos que el Espíritu Santo nos habilita para la oración y la hace eficaz. «No sabemos qué pedir, pero el Espíritu mismo intercede por nosotros con gemidos que no pueden expresarse con palabras» (Ro 8:26). Y Pablo dice que «por medio de él tenemos acceso al Padre por un mismo Espíritu» (Ef 2:18). Una clase específica de oración que el Nuevo Testamento dice que el Espíritu posibilita que se haga es orar en lenguas (1 Co 12:10-11; 14:2, 14-17).

Otro aspecto de la obra del Espíritu Santo en habilitar a los cristianos para el servicio es el de capacitarlos para vencer la oposición espiritual a la predicación del evangelio y a la obra de Dios en la vida de las personas. Este poder en la guerra espiritual lo vemos primero en acción en la vida de Jesús, quien dijo: «En cambio, si expulso a los demonios *por medio del Espíritu de Dios*, eso significa que el reino de Dios ha llegado a ustedes» (Mt 12:28). Cuando Pablo llegó a Chipre se encontró con la oposición de Elimas el hechicero, pero Pablo, «lleno del Espíritu Santo, clavó los ojos en Elimas y le dijo: "¡Hijo del diablo y enemigo de toda justicia, lleno de todo tipo de engaño y de fraude! ¿Nunca dejarás de torcer los caminos rectos del Señor? Ahora la mano del Señor está contra ti; vas a quedarte ciego y por algún tiempo no podrás ver la luz del sol." Al instante cayeron sobre él sombra y oscuridad, y comenzó a buscar a tientas quien lo llevara de la mano» (Hch 13:9-11). El don de «discernir espíritus» (1 Co 12:10), que el Espíritu Santo concede, es también una herramienta en la guerra en contra de las fuerzas de las tinieblas, como lo es la Palabra de Dios, que funciona como «la espada del Espíritu» (Ef 6:17) en el conflicto espiritual.

B. El Espíritu Santo purifica

Puesto que este miembro de la Trinidad es conocido como el Espíritu *Santo*, no nos sorprende encontrar que una de sus actividades principales es limpiarnos del pecado y «santificarnos» o hacernos más santos en nuestra conducta. Aun en la vida de los incrédulos hay cierta influencia restrictiva del Espíritu Santo al convencer él al mundo de pecado (Jn, 16:8-11; Hch 7:51). Pero cuando las personas se hacen cristianas, el Espíritu Santo

---

[8] La palabra griega que traducimos «manifestación» es *fanerosis*, y significa algo que se revela, algo que se hace públicamente evidente o claro. El adjetivo relacionado *faneros* significa «visible, claro, que se puede ver, abierto, evidente, conocido» (BAGD, p. 852).

[9] El Espíritu Santo también nos habilita para obedecer a Dios durante la vida cristiana (vea el estudio abajo sobre la obra de purificación del Espíritu Santo).

hace una obra de limpieza inicial en ellos, propiciando un rompimiento decisivo con las pautas de pecado que tenían antes[10]. Pablo dice de los corintios: «Pero ya han sido lavados, ya han sido santificados, ya han sido justificados en el nombre del Señor Jesucristo y por el Espíritu de nuestro Dios» (1 Co 6:11; vea también Tit 3:5). Esta obra de limpieza y purificación del Espíritu Santo es la que al parecer está simbolizada por la metáfora del fuego cuando Juan el Bautista dice que Jesús bautizará a los creyentes «con el Espíritu Santo y con fuego» (Mt 3:11; Lc 3:16).

Después de ese rompimiento inicial con el pecado que el Espíritu produce en nuestra vida en la conversión, también produce en nosotros un crecimiento en la santidad de la vida. Hace que brote dentro de nosotros el *«fruto del Espíritu»* («amor, alegría, paz, paciencia, amabilidad, bondad, fidelidad, humildad y dominio propio», Gá 5:22-23), cualidades que reflejan el carácter de Dios. A medida que continuamente «somos transformados a su semejanza con más y más gloria» debiéramos recordar que esto sucede «por la acción del Señor, que es el Espíritu» (2 Co 3:18). La santificación viene por el poder del Espíritu Santo (2 Ts 2:13; 1 P 1:2; cf. Ro 8:4, 15-16), porque si *«por medio del Espíritu»* podemos dar «muerte a los malos hábitos del cuerpo, vivirán» y creceremos en santidad personal (Ro 8:13; vea 7:6; Fil 1:19).

Algunas personas hablan hoy de la obra de purificación (o curación) del Espíritu Santo que tiene lugar cuando son «derribados en el Espíritu», experiencia mediante la cual caen de repente al suelo en un estado medio inconsciente y permanecen así durante unos minutos u horas. Aunque la frase «derribados en el Espíritu» no se encuentra en las Escrituras, sí hay ocasiones en que las personas caen al suelo, o caen en un trance, en la presencia de Dios[11]. Las experiencias contemporáneas debieran ser evaluadas conforme a los resultados perdurables («frutos») que producen en la vida de las personas (vea Mt 7:15-20; 1 Co 14:12, 26c).

C. El Espíritu Santo revela

1. Revelación a los profetas y apóstoles. Es conocida la obra del Espíritu Santo en la revelación de las palabras de Dios a los profetas del Antiguo Testamento y a los apóstoles del Nuevo Testamento, de tal manera que en muchos casos esas palabras pudieron ser expresadas mediante las Escrituras (vea, por ejemplo, Nm 24:2; Ez 11:5; Zac 7:12, et al.). Todas las Escrituras del Antiguo Testamento llegaron a formarse porque «los profetas hablaron de parte de Dios, impulsados por el Espíritu Santo» (2 P 1:21). Varios otros pasajes mencionan esta obra del Espíritu Santo en los profetas del Antiguo Testamento (vea Mt 22:43; Hch 1:16; 4:25; 28:25; 1 P 1:11). Los apóstoles del Nuevo Testamento y otros que escribieron las palabras de las Escrituras del Nuevo Testamento fueron también guiados «a toda la verdad» por el Espíritu Santo (Jn 16:13), quien también les habló a los apóstoles lo que él escuchó de parte del Padre y del Hijo, y les anunció las

---

[10]Vea el estudio sobre esto en el escrito de John Murray, «Definitive Sanctification», en *Collected Writings of John Murray* (Edinburg and Carlisle, Pa: Banner of Truth, 1977), pp. 277-84.

[11]Vea Gn 15:12; Éx 40:35; 1 S 19:24; 1 R 8:11; Ez 1:28; 3:23; Dn 8:27; Jn 18:6; Hch 9:4; 10:10; Ap 1:17; 4:10 (compare los encuentros angelicales en Dn 8:17-18; 10:7-17).

«cosas por venir» (Jn 16:13; cf. Ef 3:5). Otros también, como Elisabet (Lc 1:41), Zacarías (Lc 1:67) y Simeón (Lc 2:25).

2. Da evidencia de la presencia de Dios. Algunas veces se ha dicho que la obra del Espíritu Santo no tiene el propósito de llamar la atención hacia sí mismo sino dar gloria a Jesús y a Dios el Padre. Pero esto parece ser una falsa dicotomía que no está apoyada por las Escrituras. Por supuesto, el Espíritu Santo glorifica a Jesús (Jn 16:14) y da testimonio de él (Jn 15:26; Hch 5:32; 1 Co 12:3; 1 Jn 4:2). ¡Pero eso no quiere decir que no dé a conocer sus propias acciones y palabras! La Biblia tiene cientos de versículos que *hablan acerca de la obra del Espíritu Santo*, que dan a conocer su trabajo, y la Biblia misma es el producto de la obra e inspiración del Espíritu Santo.

Además, *el Espíritu Santo con frecuencia se da a conocer mediante fenómenos que indican su actividad*, tanto en los períodos del Antiguo como del Nuevo Testamentos. Esto quedó evidenciado cuando el Espíritu Santo cayó sobre los setenta ancianos que estaban con Moisés y estos se pusieron a profetizar (Nm 11:25-26), y cuando el Espíritu Santo venía sobre los jueces y los capacitaba para hacer grandes y poderosas obras (Jue 14:6, 19; 15:14, et al.). En estos casos las personas pudieron ver los efectos de la venida del Espíritu sobre aquellos siervos del Señor. Esto lo vemos cuando el Espíritu cayó con poder sobre Saúl y este se puso a profetizar con un grupo de profetas (1 S 10:6, 10), y sucedió también con frecuencia cuando capacitaba a los profetas del Antiguo Testamento para profetizar públicamente.

El Espíritu Santo también hizo que su presencia fuera evidente y visible cuando descendió como una paloma sobre Jesús (Jn 1:32), o vino como el sonido de un viento recio y con lenguas de fuego visibles sobre los discípulos en Pentecostés (Hch 2:2-3). Además, cuando las personas recibían el Espíritu Santo y empezaban a hablar en lenguas o alababan a Dios de una forma notable y espontánea (vea Hch 2:4; 10:44-46; 19:6), el Espíritu Santo hizo que su presencia fuera también conocida. Y Jesús prometió que el Espíritu Santo dentro de nosotros sería tan poderoso que sería como un río de agua viva que brotaría de lo más profundo de nuestro ser (vea Jn 7:39), símil que sugiere que las personas serían conscientes de una presencia que de alguna forma sería perceptible.

En la vida de creyentes individuales, el Espíritu Santo no oculta por completo su obra, sino que hace que su presencia se note de varias formas. Él da testimonio a nuestro espíritu de que somos hijos de Dios (Ro 8:16), y clama «¡Abba! ¡Padre!» (Gá 4:6). Él nos provee de una garantía o anticipo de nuestra futura comunión con él en el cielo (2 Co 1:22; 5:5), y nos revela sus deseos de forma que podamos ser dirigidos por esos deseos y seguirlos (Ro 8:4-16; Gá 5:16-25). Él da dones que manifiestan su presencia (1 Co 12:7-11). Y de vez en cuando realiza señales milagrosas y maravillas que son un fuerte testimonio de la presencia de Dios en la predicación del evangelio (Heb 2:4; cf. 1 Co 2:4; Ro 15:19).

Parece, por tanto, más exacto decir que aunque el Espíritu Santo glorifica a Jesús, también con frecuencia llama la atención sobre su obra y da *evidencias reconocibles que hacen que su presencia sea conocida*. En verdad, parece que uno de sus propósitos principales en la era del nuevo pacto es *manifestar la presencia de Dios*, es dar indicaciones que hacen que la presencia de Dios sea reconocida. Y cuando el Espíritu Santo obra en varias formas que pueden ser percibidas por los creyentes y por incrédulos, esto estimula la fe de las personas de que Dios está cerca y que está trabajando para llevar a cabo sus propósitos en la iglesia y para derramar bendiciones sobre su pueblo.

3. Guía y dirige al pueblo de Dios. Las Escrituras nos dan muchos ejemplos de la dirección directa que el Espíritu Santo dio a muchas personas. De hecho, en el Antiguo Testamento, Dios dice que era un pecado que su pueblo entrara en alianzas con otros cuando se trataba de «alianzas contrarias a mi Espíritu» (Is 30:1). Al parecer el pueblo había tomado decisiones basados en su propia sabiduría y sentido común en vez de buscar la dirección del Espíritu de Dios antes de entrar en tales alianzas. En el Nuevo Testamento, el Espíritu Santo encaminó a Jesús al desierto para ser tentado (Mt 4:1; Lc 4:1). Tan fuerte fue aquella dirección del Espíritu Santo que Marcos dice que «en seguida el Espíritu lo impulsó a ir al desierto» (Mr 1:12)[12].

En otros contextos el Espíritu Santo dio palabras directas, instrucciones para guiar al siervo de Dios, como cuando le dijo a Felipe: «Acércate y júntate a ese carro» (Hch 8:29), o cuando le dijo a Pedro que fuera con tres hombres que habían ido a buscarlo de parte de la familia de Cornelio (Hch 10:19-20; 11:12), o dirigiendo a los cristianos de Antioquía: «Mientras ayunaban y participaban en el culto al Señor, el Espíritu Santo dijo: "Apártenme ahora a Bernabé y a Saulo para el trabajo al que los he llamado"» (Hch 13:2).

También en la categoría de «dirección», pero de una forma mucho más directa y convincente, contamos con varios ejemplos donde el Espíritu Santo transportó realmente a la persona de un lugar a otro. Esto sucedió con Felipe: «Cuando subieron del agua, el Espíritu del Señor se llevó de repente a Felipe. […] Felipe, apareció en Azoto» (Hch 8:39-40). ¡La dirección del Espíritu en este caso no podía ser más clara! Pero cosas similares solían ocurrirles a algunos profetas del Antiguo Testamento, porque los que conocieron a Elías parece que esperaban que el Espíritu de Dios lo arrebatara y transportara a otra parte (1 R 18:12; 2 R 2:16: «Quizá el Espíritu del Señor lo tomó y lo arrojó en algún monte o en algún valle»). Ezequiel dice que el Espíritu lo «elevó» y lo llevó a varios lugares (Ez 11:1; 37:1; 43:5, RVR 1960), una experiencia que tuvo Juan como parte de las visiones registradas en Apocalipsis (Ap 17:3; 21:10)[13].

Pero en la gran mayoría de los casos la dirección del Espíritu Santo no es tan dramática como estas. Las Escrituras más bien hablan del Espíritu Santo que da una dirección diaria, de ser «guiados por el Espíritu de Dios» (Ro 8:14; Gá 5:16). Es posible entender estos versículos en el sentido de que Pablo se está refiriendo solo a la obediencia a los mandamientos morales de las Escrituras, pero esta interpretación parece bastante improbable, especialmente en base a que todo el contexto está tratando con emociones y deseos que nosotros percibimos en una forma más subjetiva, y porque Pablo aquí está contrastando ser guiado por el Espíritu con seguir los deseos de la carne o de la naturaleza pecaminosa:

> Así que les digo: *Vivan por el Espíritu*, y no seguirán los deseos de la naturaleza pecaminosa. Porque ésta desea lo que es contrario al Espíritu, y *el Espíritu desea* lo que

---

[12] El verbo que traducimos «impulsó» es un término fuerte, *ekballo*, que significa literalmente «empujarlo».

[13] Es posible que Ezequiel y Juan estén hablando de ser transportados en una visión (como en Ez. 8:3 y 11:24), más bien que un viaje físico literal. Pablo permite ambas posibilidades en 2 Co. 12:2-3.

es contrario a ella. [...] Las obras de la naturaleza pecaminosa se conocen bien: inmoralidad sexual, impureza y libertinaje; idolatría y brujería; odio, discordia, celos, arrebatos de ira, rivalidades, disensiones, sectarismos y envidia; borracheras, orgías, y otras cosas parecidas. [...] En cambio, el fruto del Espíritu es amor, alegría, paz, paciencia, amabilidad, bondad, fidelidad, humildad y dominio propio. [...] Si el Espíritu nos da vida, andemos guiados por el Espíritu. No dejemos que la vanidad nos lleve a irritarnos y a envidiarnos unos a otros. (Gá 5:16-26)

El contraste entre «los deseos de la carne» y los «deseos del Espíritu» implica que nuestra vida debiera responder momento a momento a los deseos del Espíritu Santo, no a los deseos de la carne. Ahora bien, puede ser que una buena parte de responder a esos deseos sea el proceso intelectual de comprender lo que son el amor, el gozo y la paz (y así sucesivamente), y actuar en una forma amorosa, gozosa o pacífica. Pero esto difícilmente puede constituir el todo de esa dirección del Espíritu porque estas emociones no son solo cosas en las que pensamos, sino también cosas que sentimos en un nivel profundo. En realidad, la palabra que traducimos «deseos» (gr. *epitymia*) se refiere a fuertes deseos humanos, no solo a decisiones intelectuales. Pablo está diciendo que tenemos que seguir esos deseos a medida que el Espíritu los va produciendo en nosotros. Además, la idea de ser «guiados» por el Espíritu Santo (Gá 5:18) implica una participación activa *personal* por parte del Espíritu Santo para guiarnos. Eso es algo más que nuestra reflexión en normas bíblicas comunes, e incluye una participación del Espíritu Santo en relacionarse con nosotros como personas y guiarnos y dirigirnos.

Hay ejemplos específicos del Espíritu guiando directamente a personas en el libro de Hechos. Después de la decisión del Concilio de Jerusalén, los líderes escribieron una carta a las iglesias: «Nos *pareció bien al Espíritu Santo* y a nosotros no imponerles a ustedes ninguna carga aparte de los siguientes requisitos» (Hch 15:28). Este versículo sugiere que el concilio debió haber tenido un sentido de lo que le agradaba al Espíritu en esas cuestiones: Ellos supieron lo que le *pareció bien al Espíritu Santo*. En el segundo viaje misionero de Pablo, Lucas escribe «que el Espíritu Santo les había impedido que predicaran la palabra en la provincia de Asia» y que luego «cuando llegaron cerca de Misia, intentaron pasar a Bitinia, pero el Espíritu de Jesús no se lo permitió» (Hch 16:6-7). Por supuesto, ningún principio escrito de las Escrituras del Antiguo Testamento les hubiera llevado a ellos a concluir que ellos no podían predicar en Asia o Bitinia. El Espíritu Santo debió más bien haberles comunicado directamente lo que deseaba de una forma específica, ya fuera mediante palabras audibles o en la mente, o por medio de impresiones subjetivas fuertes de una falta de presencia del Espíritu Santo o de sus bendiciones al intentar ellos viajar a aquellas diferentes regiones. Más tarde, cuando Pablo se encontraba de camino hacia Jerusalén, dijo: «Y ahora tengan en cuenta que voy a Jerusalén *obligado por el Espíritu*, sin saber lo que allí me espera. Lo único que sé es que en todas las ciudades el Espíritu Santo me asegura que me esperan prisiones y sufrimientos» (Hch 20:22-23). Pablo no cree que pueda tener otra opción, porque fue tan clara para él la manifestación de la presencia del Espíritu y lo que este quería de él que el apóstol podía decir que fue «obligado» por el Espíritu[14].

---

[14]La palabra que la NVI traduce «obligado» y la RVR 1960 como «ligado» es un participio pasivo perfecto de *deo*, y significa un suceso contemplado antes (quizá una fuerte convicción de parte del Espíritu que decidió a Pablo a emprender este viaje a Jerusalén sin demora), pero un

En otros casos el Espíritu Santo los dirigió a colocar personas en varios ministerios de la iglesia. Por ejemplo, el Espíritu dijo a la iglesia en Antioquía: «Mientras ayunaban y participaban en el culto al Señor, el Espíritu Santo dijo: "Apártenme ahora a Bernabé y a Saulo para el trabajo al que los he llamado"» (Hch 13:2). Y Pablo pudo decir que el Espíritu Santo había llamado a los ancianos de la iglesia de Éfeso a sus posiciones de liderazgo porque dijo: «Tengan cuidado de sí mismos y de todo el rebaño sobre el cual el Espíritu Santo los ha puesto como obispos para pastorear la iglesia de Dios, que él adquirió con su propia sangre» (Hch 20:28). Por último, el Espíritu Santo dirige a veces por medio de dones espirituales como el de profecía (1 Co 14:29-33)[15].

4. Provee de una atmósfera piadosa cuando manifiesta su presencia. Debido a que el Espíritu Santo es completamente Dios, y participa de todos los atributos de Dios, su influencia traerá una atmósfera propia del carácter de Dios a la circunstancia en la que él está activo. Como él es el Espíritu *Santo* producirá en ocasiones convicción de pecado, de justicia y de juicio (Jn 16:8-11). Como Dios es amor, el Espíritu derrama el amor de Dios en nuestros corazones (Ro 5:5; 15:30; Col 1:8) y con frecuencia la presencia claramente manifiesta del Espíritu Santo va a crear una atmósfera de amor. A causa de que Dios no es «un Dios de desorden sino de paz» (1 Co 14:33), el Espíritu Santo trae una atmósfera de paz en medio de las circunstancias: «Porque el reino de Dios no es cuestión de comidas o bebidas sino de justicia, paz y alegría en el Espíritu Santo» (Ro 14:17; cf. Gá 5:22). Este último versículo también nos enseña que el Espíritu Santo imparte una atmósfera de gozo (vea también Hch 13:52; 1 Ts 1:6). Aunque esta lista no es exhaustiva, Pablo resume muchas de estas cualidades propias de Dios que el Espíritu produce cuando enumera los varios elementos del fruto del Espíritu en Gálatas 5:22-23.

Otros elementos de esta atmósfera que el Espíritu Santo puede impartir son la verdad (Jn 14:17; 15:26; 16:13; 1 Jn 5:7), sabiduría (Dt 34:9; Is 11:2), consuelo (Hch 9:31), libertad (2 Co 3:17), justicia (Ro 14:17), esperanza (Ro 15:13; cf. Gá 5:5), conciencia de ser hijos de Dios, de adopción (Ro 8:15-16; Gá 4:5-6), e incluso gloria (2 Co 3:8). El Espíritu Santo también trae unidad (Ef 4:3), y poder (Hch 10:38; 1 Co 2:4; 2 Ti 1:7; cf. Hch 1:8). Todos estos elementos de la actividad del Espíritu Santo indican los varios aspectos de una atmósfera en la que hace que su presencia —y de ese modo su carácter— la perciban las personas.

5. Nos da seguridad. El Espíritu Santo «le asegura a nuestro espíritu que somos hijos de Dios» (Ro 8:16), y nos da evidencias de la obra de Dios dentro de nosotros: «¿Cómo sabemos que él permanece en nosotros? *Por el Espíritu que nos dio*» (1 Jn 3:24). «¿Cómo sabemos que permanecemos en él, y que él permanece en nosotros? *Porque nos ha dado de su Espíritu*» (1 Jn 4:13). El Espíritu Santo no solo nos da testimonio de que somos hijos de Dios, sino que también da testimonio de que Dios permanece en nosotros y nosotros

---

suceso que tiene también resultados continuos en el presente, de modo que Pablo permanece «obligado» cuando hablaba (el suceso todavía le influenciaba a Pablo con tanta fuerza que no tenía otra opción sino continuar adelante hacia Jerusalén).

[15]Sin embargo, es siempre peligroso seguir solo profecías espontáneas para nuestra dirección en esta era de la iglesia, puesto que no debemos pensar que cualquier profecía es infalible o 100 por ciento exacta hoy. Los errores pueden aparecer especialmente en el área de la dirección personal. Pero todo eso no nos permite decir que no puede haber dirección que venga por profecía.

en él. Una vez más, en esto participa algo más que nuestro intelecto: el Espíritu obra para darnos seguridad en el nivel subjetivo de la percepción espiritual y emocional.

6. Nos enseña e ilumina. Otro aspecto de la obra reveladora del Espíritu Santo es enseñar ciertas cosas al pueblo de Dios e iluminarlo para que pueda entender ciertas cosas. Jesús prometió especialmente a los discípulos esta función de enseñanza cuando les dijo que el Espíritu Santo «les *enseñará* todas las cosas y les hará recordar todo lo que les he dicho» (Jn 14:26), y dijo: «él los guiará a toda la verdad» (Jn 16:13). Además, prometió que cuando ellos fueran llevados a juicio después de la persecución, el Espíritu les enseñaría qué decir en esos momentos (Lc 12:12; cf. Mt 10:20; Mr 13:11). En otros momentos el Espíritu Santo reveló información específica a las personas, como por ejemplo, le reveló a Simeón que no moriría hasta que viera al Mesías (Lc 2:26), o le reveló a Ágabo que sucedería una hambruna (Hch 11:28) o que Pablo sería encarcelado en Jerusalén (Hch 21:11). En otros casos el Espíritu Santo reveló que Pablo sufriría en Jerusalén (Hch 20:23; 21:4) y le dijo expresamente a Pablo qué cosas sucederían en los últimos tiempos (1 Ti 4:1), y le reveló las cosas que Dios ha preparado para aquellos que le aman (1 Co 2:9).

La obra de iluminación del Espíritu Santo la vemos en el hecho de que nos capacita para entender: «Nosotros no hemos recibido el espíritu del mundo sino el Espíritu que procede de Dios, *para que entendamos* lo que por su gracia él nos ha concedido» (1 Co 2:12). Por tanto, «El que no tiene el Espíritu no acepta lo que procede del Espíritu de Dios. [...] En cambio, el que es espiritual lo juzga todo» (1 Co 2:14-15). Debiéramos orar pidiendo que el Espíritu Santo nos dé su iluminación y de esa manera nos ayude a entender correctamente cuando estudiamos las Escrituras o cuando consideramos las situaciones de nuestra vida. Aunque él no mencionó al Espíritu Santo específicamente, el salmista oró pidiendo esa iluminación cuando le pidió a Dios: «Ábreme los ojos, para que contemple las maravillas de tu ley» (Sal 119:18). Del mismo modo, Pablo oró pidiendo por los cristianos en Éfeso y sus alrededores:

> Pido que el Dios de nuestro Señor Jesucristo, el Padre glorioso, les dé el Espíritu de sabiduría y de revelación, para que lo conozcan mejor. Pido también que les sean iluminados los ojos del corazón para que sepan a qué esperanza él los ha llamado, cuál es la riqueza de su gloriosa herencia entre los santos, y cuán incomparable es la grandeza de su poder a favor de los que creemos. Ese poder es la fuerza grandiosa y eficaz. (Ef 1:17-19)

D. El Espíritu Santo unifica

Cuando el Espíritu Santo fue derramado sobre la iglesia en Pentecostés, Pedro proclamó que se estaba cumpliendo la profecía de Joel 2:28-32:

> En realidad lo que pasa es lo que anunció el profeta Joel:
>
> > Sucederá que en los últimos días, dice Dios,
> > derramaré mi Espíritu sobre todo el género humano.

> Profetizarán sus hijos y sus hijas,
> los jóvenes tendrán visiones
> y los ancianos tendrán sueños.
> En esos días derramaré mi espíritu sobre mis siervos
> y mis siervas, y profetizarán. (Hechos 2:16-18)

Se hace hincapié en la venida del Espíritu Santo sobre la comunidad de los creyentes, no solo sobre líderes como Moisés y Josué, sino sobre los hijos y las hijas, los ancianos y los jóvenes, los siervos y las siervas, todos recibirían el derramamiento del Espíritu Santo en este tiempo[16].

En el acontecimiento de Pentecostés, el Espíritu Santo creó una nueva comunidad que era la iglesia. La comunidad estaba marcada por una unidad sin precedentes, como Lucas nos lo recuerda:

> Todos los creyentes estaban juntos y tenían todo en común: vendían sus propiedades y posesiones, y compartían sus bienes entre sí según la necesidad de cada uno. No dejaban de reunirse en el templo ni un solo día. De casa en casa partían el pan y compartían la comida con alegría y generosidad, alabando a Dios y disfrutando de la estimación general del pueblo. Y cada día el Señor añadía al grupo los que iban siendo salvos. (Hch 2:44-47)

Pablo bendice a la iglesia de Corinto con una bendición que busca la comunión unificadora del Espíritu para todos ellos cuando dice: «Que la gracia del Señor Jesucristo, el amor de Dios y la comunión del Espíritu Santo[17] sean con todos ustedes» (2 Co 13:14). Es significativo que en este versículo trinitario él no atribuye especialmente la profundización del compañerismo entre los creyentes al Padre o al Hijo, sino al Espíritu Santo, una declaración coherente con la obra general unificadora del Espíritu en la iglesia.

Esta función unificadora es también evidente cuando Pablo les dice a los filipenses: «Por tanto, si sienten algún estímulo en su unión con Cristo, algún consuelo en su amor, algún *compañerismo en el Espíritu*, algún afecto entrañable, llénenme de alegría teniendo un mismo parecer, un mismo amor, unidos en alma y pensamiento» (Fil 2:1-2)[18]. De una manera similar, cuando él enfatiza la nueva unidad entre judíos y gentiles en la iglesia, dice que «por medio de él tenemos acceso al Padre por un mismo Espíritu» (Ef 2:18), y dice que en el Señor somos «edificados juntamente para ser morada de Dios por su Espíritu» (Ef 2:22). Cuando quiere recordarles la unidad que debieran tener como cristianos les exhorta a «mantener la unidad del Espíritu mediante el vínculo de la paz» (Ef 4:3).

Las reflexiones de Pablo sobre los dones espirituales repiten también este tema de la obra unificadora del Espíritu Santo. Allí donde nosotros podríamos pensar en personas

---

[16] Esto fue también un cumplimiento del deseo de Moisés de que el Señor derramara su Espíritu sobre todo su pueblo (Nm. 11:29), y de la visión del valle de los huesos secos reavivados por el Espíritu en Ez. 37. Vea también Donald Guthrie, *New Testament Theology*, pp. 512-13, 540, 562.

[17] La palabra *koinonia*, «compañerismo», también podría significar «participación en el Espíritu», pero tendría poco sentido para Pablo desear que ellos tuvieran algo que ya poseían como creyentes (participar en el Espíritu Santo). Es mejor traducir este versículo como «compañerismo del Espíritu Santo», enfatizando de ese modo una bendición del parte del Espíritu Santo que Pablo deseaba que aumentara en la iglesia corintia.

[18] La palabra griega *koinonia* está aquí mejor traducida como «compañerismo» porque el propósito de Pablo en Fil. 2:1-11 es estimular la unidad en la iglesia filipense. (Vea también la nota anterior a esta).

que tienen diferentes dones que quizá no se entiende bien unas con otras, la conclusión de Pablo es la opuesta: «El ojo no puede decirle a la mano: "No te necesito." Ni puede la cabeza decirle a los pies: "No los necesito"» (1 Co 12:21). Pablo nos dice que estos dones diferentes los da «un mismo y único Espíritu, quien reparte a cada uno según él lo determina» (1 Co 12:11), de modo que en la iglesia «a cada uno se le da una manifestación especial del Espíritu para el bien de los demás» (1 Co 12:7). De hecho, «todos fuimos bautizados por un solo Espíritu para constituir un solo cuerpo —ya seamos judíos o gentiles, esclavos o libres—, y a todos se nos dio a beber de un mismo Espíritu» (1 Co 12:13). La idea de que el Espíritu Santo unifica la iglesia es también evidente en el hecho de que las «rivalidades, disensiones, sectarismos» (Gá 5:20) son deseos de la carne opuestos a ser guiados por «el Espíritu» (Gá 5:18; cf. v. 25). El Espíritu Santo es el que produce amor en los corazones (Ro 5:5; Gá 5:22; Col 1:8), y ese amor «es el vínculo perfecto» (Col 3:14). Por tanto, cuando el Espíritu Santo está trabajando fuertemente en una iglesia para manifestar la presencia de Dios, una evidencia será la bella armonía de la comunidad de la iglesia y el amor desbordante entre ellos.

E. El Espíritu Santo da una evidencia más fuerte o más débil de la presencia y bendición de Dios según le respondamos

Muchos ejemplos del Antiguo y Nuevo Testamentos indican que el Espíritu Santo otorgará o retendrá bendiciones según vea si la situación que contempla le agrada o no. Es digno de notar que Jesús estaba completamente limpio de pecado y el Espíritu Santo permaneció sobre él» (Jn 1:32) y le fue dado sin restricción (Jn 3:34). En el Antiguo Testamento el Espíritu Santo vino con poder sobre Sansón varias veces (Jue 13:25; 14:6, 19; 15:14), pero al final lo dejó cuando este persistió en el pecado (Jue 16:20). De igual manera, cuando Saúl persistió en la desobediencia el Espíritu Santo se apartó de él (1 S 16:14). Y cuando el pueblo de Israel se rebeló contra Dios y entristeció al Espíritu Santo, este se volvió contra ellos (Is 63:10).

También en el Nuevo Testamento el Espíritu Santo puede entristecerse y dejar de derramar bendiciones. Esteban reprendió a los líderes judíos, diciendo: «¡Siempre resisten al Espíritu Santo!» (Hch 7:51). Pablo advierte a la iglesia efesia: «*No agravien al Espíritu Santo de Dios, con el cual fueron sellados para el día de la redención*» (Ef 4:30), y exhorta a la iglesia tesalonicense: «No apaguen el Espíritu» (1 Ts 5:19; cf. la metáfora de demorarse en abrir la puerta y de esa manera desilusionar a su amante en el Cantar de los Cantares 5:3, 6). En ese mismo sentido, Pablo advierte seriamente a los cristianos que no contaminen sus cuerpos juntándose con las prostitutas porque el Espíritu Santo mora dentro de sus cuerpos: «¿Acaso no saben que su cuerpo es templo del Espíritu Santo, quien está en ustedes y al que han recibido de parte de Dios? Ustedes no son sus propios dueños; fueron comprados por un precio. Por tanto, honren con su cuerpo a Dios» (1 Co 6:19-20).

Aun más serio que entristecer o apagar al Espíritu Santo es esa forma de desobediencia profunda y endurecida que lleva a un juicio severo. Cuando Pedro reprendió a Ananías: «¿Cómo es posible que Satanás haya llenado tu corazón para que le mintieras al Espíritu Santo y te quedaras con parte del dinero que recibiste por el terreno?» (Hch 5:3), Ananías cayó muerto. Del mismo modo, cuando Pedro le habló a Safira, la esposa de

CAPÍTULO 6 · LA OBRA DEL ESPÍRITU SANTO

Ananías: «¿Por qué se pusieron de acuerdo para poner a prueba al Espíritu del Señor? ¡Mira! Los que sepultaron a tu esposo acaban de regresar y ahora te llevarán a ti» (Hch 5:9), ella también cayó muerta inmediatamente. El libro de Hebreos advierte a los que están en peligro de dejar la fe: «¿Cuánto mayor castigo piensan ustedes que merece el que ha pisoteado al Hijo de Dios, que ha profanado la sangre del pacto por la cual había sido santificado, *y que ha insultado al Espíritu de la gracia*? (Heb 10:29). Para esa persona «solo queda una terrible expectativa de juicio, el fuego ardiente que ha de devorar a los enemigos de Dios» (Heb 10:27)[19].

Por último, queda aun otro nivel en el que se puede ofender al Espíritu Santo. Esta clase de ofensa es aun más seria que la de entristecerlo o endurecerse en la desobediencia y es causa de disciplina y castigo. Es posible ofender de tal forma al Espíritu que su obra de convicción ya no dé resultado en la vida de la persona.

> Todo pecado y toda blasfemia, pero la *blasfemia contra el Espíritu* no se le perdonará a nadie. A cualquiera que pronuncie alguna palabra contra el Hijo del hombre se le perdonará, pero el que hable contra el Espíritu Santo no tendrá perdón ni en este mundo ni en el venidero. (Mt 12:31-32; cf. Mr 3:29; Lc 12:10)

Estas declaraciones surgen en un contexto en el que los fariseos voluntaria y maliciosamente atribuyen a Satanás la acción poderosa del Espíritu Santo que era tan evidente en el ministerio de Jesús. Puesto que el Espíritu Santo manifiesta tan claramente la presencia de Dios, aquellos que voluntaria y maliciosamente hablaban en contra de él y atribuían su actividad al poder de Satanás habían cometido, dijo Jesús, «un pecado eterno» (Mr 3:29).

Todos estos pasajes indican que debemos ser muy cuidadosos en no entristecer u ofender al Espíritu Santo. Él no va a forzar su presencia en nosotros en contra de nuestra voluntad (vea 1 Co 14:32), pero si le resistimos, le apagamos o nos oponemos a él, se apartará de nosotros y retirará mucha de la bendición de Dios en nuestra vida.

Por otro lado, el Espíritu estará presente en la vida de los cristianos que se esfuerzan por agradarle y traerá grandes bendiciones. El Espíritu Santo se derramó plenamente en Pentecostés (vea Hch 2:17-18) y ahora mora dentro de todos los verdaderos creyentes, haciendo que sean templos del Dios vivo (1 Co 3:16; 6:19-20). Podemos experimentar una comunión y compañerismo íntimo con el Espíritu Santo en nuestra vida (2 Co 3:14; Fil 2:1). Él nos confía dones (1 Co 12:11), la verdad (2 Ti 1:14) y ministerios (Hch 20:28). En realidad, tan plena y abundante será su presencia que Jesús podía prometer que rebosaría de nuestro ser interior como «ríos de agua viva» (Jn 7:38-39). Pedro promete que su presencia descansará especialmente sobre los que sufren por amor de Cristo: «Dichosos ustedes si los insultan por causa del nombre de Cristo, porque el glorioso Espíritu de Dios reposa sobre ustedes» (1 P 4:14)

Por tanto, es importante que todo nuestro ministerio se ejerza en el Espíritu Santo, es decir, que vivamos conscientemente en la atmósfera piadosa creada por el Espíritu

---

[19] Este pasaje lo podríamos poner también en la siguiente categoría, que estudiamos en el siguiente párrafo.

Santo, una atmósfera de poder, amor, gozo, verdad, santidad, justicia y paz. Pero mayor que estas características de la atmósfera creada por el Espíritu Santo es el sentido de la presencia del Espíritu mismo. *Estar en el Espíritu Santo es estar realmente en la atmósfera de la presencia manifiesta de Dios* Esto es por lo que las personas en el Nuevo Testamento caminaban en la fortaleza del Espíritu Santo (Hch 9:31), y por qué es posible estar «en el Espíritu» como Juan lo estaba en el día del Señor (Ap 1:10; cf. 4:2).

Es sorprendente cuántas actividades en particular se dice en el Nuevo Testamento que eran hechas «en» el Espíritu: Es posible *regocijarse* en el Espíritu Santo (Lc 10:21), *resolver* o decidir algo en el Espíritu Santo (Hch 19:21), que nuestra *conciencia* nos confirme algo en el Espíritu (Ro 9:1), tener *acceso* a Dios en el Espíritu Santo (Ef 2:18), *orar* en el Espíritu santo (Ef 6:18; Jud 20), y *amar* en el Espíritu Santo (Col 1:8). A la luz de estos versículos, podríamos preguntarnos, ¿en cuántas de estas actividades durante cada día estamos conscientes de la presencia y bendiciones del Espíritu Santo?

Es también posible estar lleno del Espíritu Santo (Ef 5:18; cf. Lc 1:15, 41, 67; 4:1; Hch 2:4; 4:8; 6:3,5; 7:55; 9:17; 11:24; 13:9). Estar lleno del Espíritu Santo es estar lleno de la presencia inmediata de Dios mismo, y eso, por tanto, resultará en sentir lo que Dios siente, desear lo que Dios desea, hacer lo que Dios quiere, hablar con poder de Dios, orar y ministrar en el poder de Dios, y conocer con el conocimiento que Dios mismo da. En las ocasiones cuando la iglesia experimenta avivamiento el Espíritu Santo produce estos resultados en la vida de las personas en formas especialmente poderosas.

Por tanto, es importante en nuestra vida cristiana que dependamos del poder del Espíritu Santo, reconociendo que todo trabajo significativo es llevado a cabo no «por la fuerza ni por ningún poder, sino por mi Espíritu dice el Señor Todopoderoso» (Zac 4:6). Pablo hace gran hincapié en decirles a los gálatas que recibieron al Espíritu Santo por la fe al comienzo de su vida cristiana (Gá 3:2) y este continuaría obrando en sus vidas conforme a su fe después de su conversión: «Después de haber comenzado con el Espíritu, ¿pretenden ahora perfeccionarse con esfuerzos humanos? [...] Al darles Dios su Espíritu y hacer milagros entre ustedes, ¿lo hace por las obras que demanda la ley o por la fe con que han aceptado el mensaje?» (Gá 3:3, 5). Por consiguiente, tenemos que andar conforme a la dirección del Espíritu Santo (Ro 8:12-16; Gá 5:16-26) y fijar la mente en las cosas que son del Espíritu (Ro 8:4-6). Todo lo que hagamos en nuestro ministerio, cualquiera que este sea, debemos hacerlo en el poder del Espíritu Santo.

PREGUNTAS DE APLICACIÓN PERSONAL

1. En el pasado, ¿ha sido difícil para usted pensar en el Espíritu Santo como una persona más bien que como una presencia o fuerza? ¿Qué partes (si alguna) en este capítulo le han ayudado a pensar mejor en el Espíritu Santo como una persona? ¿Cree usted que tiene conciencia de sus relaciones con el Espíritu Santo como persona que es distinta de Dios el Padre y de Dios el Hijo? ¿Qué podría ayudarle a usted a estar más consciente de las distinciones entre los miembros de la Trinidad en sus relaciones con usted?

2. ¿Percibe usted alguna diferencia en la manera en que el Padre, el Hijo y el Espíritu Santo se relacionan con usted en su vida cristiana? Si es así, ¿puede usted explicar cuál es la diferencia y cómo está consciente de ella?

3. ¿Ha estado usted alguna vez especialmente consciente de la habilitación del Espíritu Santo en alguna circunstancia específica de su ministerio? (Esto pudo haber sido mientras evangelizaba, aconsejaba, enseñaba o predicaba, oraba, adoraba o en alguna otra circunstancia en su ministerio.) ¿Cómo percibió la presencia del Espíritu Santo en ese tiempo, o qué es lo que lo hizo consciente de su presencia?

4. En su experiencia, ¿en qué formas llega a usted la dirección del Espíritu Santo? ¿Es principalmente (o exclusivamente) por medio de las Escrituras? Si es así, ¿hay veces cuando ciertos pasajes de las Escrituras parecen que cobran vida y le hablan con gran relevancia y vitalidad en ese momento? ¿Cómo sabe usted cuando eso está sucediendo? Si la dirección del Espíritu Santo ha venido a usted en otras formas además de hablarle por medio de las palabras de las Escrituras, ¿cuáles han sido esas otras formas?

5. ¿Percibe de vez en cuando la complacencia o desagrado del Espíritu Santo sobre algún curso de acción que usted haya tomado? ¿Hay algo en su vida ahora mismo que está entristeciendo al Espíritu Santo? ¿Qué se propone hacer acerca de ello?

6. ¿Le dejó el Espíritu inmediatamente a Sansón cuando este empezó a pecar (vea Jue 13:25; 14:6, 19; 15:14)? ¿Por qué sí o por qué no? ¿Es la presencia de poder espiritual en el ministerio de alguien una garantía de que el Espíritu Santo está complacido con la vida de esa persona?

TÉRMINOS ESPECIALES

blasfemia contra el Espíritu Santo
en el Espíritu Santo
Espíritu Santo
llenos con el Espíritu Santo
manifestación de la presencia activa de Dios

BIBLIOGRAFÍA

Bruner, Frederick Dale. *A Theology of the Holy Spirit*. Eerdmans, Grand Rapids, 1970.
Carson, D. A. *Showing the Spirit: A Theological Exposition of 1 Corinthians 12–14*. Baker, Grand Rapids, 1987.
Carter, Charles. *The Person and Ministry of the Holy Spirit*. Baker, Grand Rapids, 1974.
Caulley, T. S. «Holy Spirit». En *EDT*, pp. 521–27.
Gaffin, Richard B., Jr. «The Holy Spirit». *WTJ* 43:1 (otoño de 1980), pp. 58–78.
Green, Michael. *I Believe in the Holy Spirit*. Eerdmans, Grand Rapids, 1975.

Hawthorne, Gerald. *The Presence and the Power: The Significance of the Holy Spirit in the Life and Ministry of Jesus.* Word, Dallas, 1991.

Hoekema, Anthony A. «The Role of the Holy Spirit». En *Saved By Grace.* Eerdmans, Grand Rapids, y Paternoster, Exeter, 1989, pp. 28–53.

Horton, S. M. *What the Bible Says About the Holy Spirit.* Gospel Publishing House, Springfield, Mo., 1976.

Ladd, George E. *The Presence of the Future: The Eschatology of Biblical Realism.* Eerdmans, Grand Rapids, 1974.

Moule, C. F. D. *The Holy Spirit.* Eerdmans, Grand Rapids, 1978.

Pache, Rene. *The Person and Work of the Holy Spirit.* Moody, Chicago, 1954.

Packer, J. I. «Holy Spirit». En *NDT* pp. 316–19.

_____. *Keep in Step with the Spirit.* Revell, Old Tappan, N. J., 1984.

Palmer, Edwin H. *The Person and Ministry of the Holy Spirit.* Baker, Grand Rapids, 1958.

Ryrie, C. C. *The Holy Spirit.* Moody, Chicago, 1965.

Smeaton, G. *The Doctrine of the Holy Spirit.* 2ª ed. T. and T. Clark, Edinburgh, 1889.

Sproul, R. C. *The Mystery of the Holy Spirit.* Tyndale, Wheaton, Ill., 1990.

Stott, John R. W. *Baptism and Fullness: The Work of the Holy Spirit Today.* Inter-Varsity Press, Downers Grove, Ill., 1964.

Swete, Henry B. *The Holy Spirit in the New Testament.* 2ª ed. . Macmillan, London, 1910.

White, John. *When the Spirit Comes with Power.* InterVarsity Press, Downers Grove, Ill., 1988.

Wood, Leon J. *The Holy Spirit in the Old Testament.* Zondervan, Grand Rapids, 1976.

PASAJE BÍBLICO PARA MEMORIZAR

Romanos 8:12–14: *Por tanto, hermanos, tenemos una obligación, pero no es la de vivir conforme a la naturaleza pecaminosa. Porque si ustedes viven conforme a ella, morirán; pero si por medio del Espíritu dan muerte a los malos hábitos del cuerpo, vivirán. Porque todos los que son guiados por el Espíritu de Dios son hijos de Dios.*

HIMNO

«Santo Espíritu, desciende»
Santo Espíritu, desciende
A mi pobre corazón,
Llénalo de tu presencia,
Y haz en mí tu habitación.

Coro:
¡Llena hoy, llena hoy,
Llena hoy mi corazón!
Santo Espíritu, desciende,

CAPÍTULO 6 · LA OBRA DEL ESPÍRITU SANTO

Y haz en mí tu habitación.

De tu gracia puedes darme
Inundando el corazón,
Ven, que mucho necesito,
Dame hoy tu bendición.

Débil soy, oh sí, muy débil,
Y a tus pies postrado estoy,
Esperando que tu gracia
con poder me llene hoy.

Santo Espíritu, tú eres,
Ese prometido don;
Mucho anhelo recibirte,
Dame hoy tu santa unción.

Ven, bautízame ahora,
Obediente espero aquí;
Ven a ser mi eterno guía,
Haz tu voluntad en mí.

AUTOR: E. H. STOKES, TRAD. VICENTE MENDOZA
(TOMADO DE HIMNOS DE FE Y ALABANZA, #263)

Nos agradaría recibir noticias suyas.
Por favor, envíe sus comentarios sobre este libro
a la dirección que aparece a continuación.
Muchas gracias.

Editorial Vida
Vida@zondervan.com
www.editorialvida.com

www.ingramcontent.com/pod-product-compliance
Lightning Source LLC
Chambersburg PA
CBHW080441110426
42743CB00016B/3237